5

D wie Deutsch

Das Sprach- und Lesebuch für alle

Herausgegeben von
Nina Bähnk, Dorothee Braun, Silke González León,
Bernd Hoffmann, Catherine Jaulgey, Renate Teepe

Erarbeitet von
Margret Angel, Katrina Bott-Falkenberg, Ulrich Deters,
Nadine Faltermann, Hanne Frohberg, Inger Hachen-Jehring,
Regina Habedank, Beate Hallmann, Sandra Heidmann-Weiß,
Heike Huck, Susan Kneipp, Michaela Krauß,
Martina Kolbe-Schwettmann, Barbara Maria Krüss,
Corinna Landmann, Stefanie Lange, Catharina Leichnitz,
Susanne Lepke, Mona Miethke-Frahm, Jennifer Piel,
Martin Püttschneider, Christian Rau, Elisabeth Schäpers,
Matthias Scholz, Gesine Siebold, Dagmar Stimpel,
Isabel Tebarth, Stefanie von Rüden, Eva Wannemacher,
Siegfried Wengert, Beate Winkler-Pedernera,
Barbara Wohlrab, Jana Zander

Cornelsen

11 Rechtschreiben
Strategien und Arbeitstechniken kennen und anwenden

Zum Nachschlagen

1 Das sind wir – *sich kennen lernen*

**Anna, Naomi, Tarik und Paul haben verschiedene Hobbys.
Ihre Hände erzählen davon.**

1

2

3

4

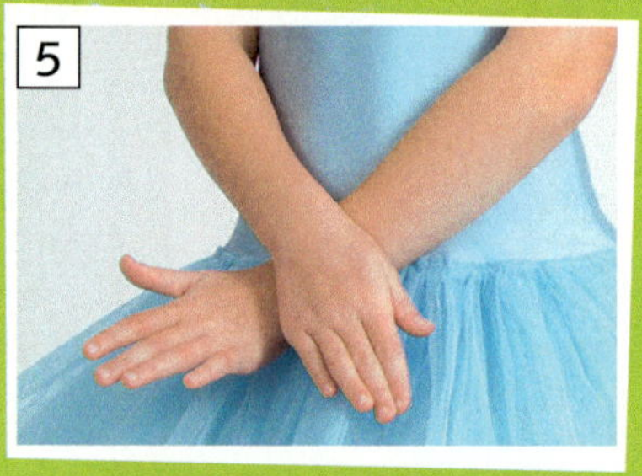

5

6

7

1 Was entdeckt ihr auf den Bildern?

2 Welche Hobbys haben Anna, Naomi, Tarik und Paul?

3 Was sind eure Hobbys? Könnt ihr eure Hobbys ohne Worte darstellen?

Auf den nächsten Seiten stellt ihr euch gegenseitig vor und präsentiert, was euch gemeinsam stark macht.

Wer wir sind – sich selbst vorstellen

Tarik hat sein Handbild gestaltet. Er hat Personen und Dinge, die ihm wichtig sind, gezeichnet, gemalt, geklebt und aufgeschrieben.

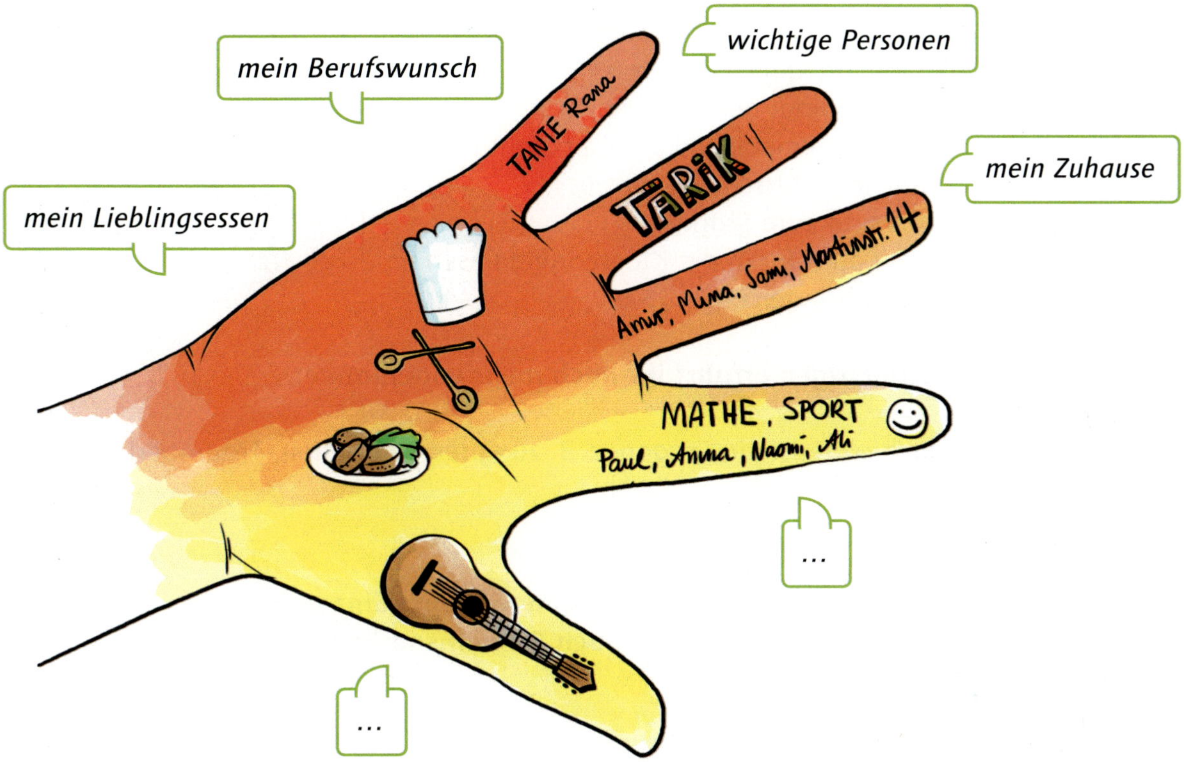

1 Was erzählt Tariks Handbild? Sprecht darüber.
- **a.** Was erfahrt ihr über Tarik?
- **b.** Zu welchen Lebensbereichen gehören die Informationen?
  Tipp: Die Sprechblasen helfen euch.

Wer bin ich?

2 Was möchtest du von dir erzählen? Gestalte dein Handbild.
- **a.** Nimm ein unliniertes DIN-A4-Papier.
- **b.** Zeichne die Umrisse deiner Hand darauf.
- **c.** Überlege dir, was du von dir in welcher Form erzählen möchtest, auch Wünsche und Träume kannst du einbeziehen.
  Du kannst schreiben, zeichnen, malen und kleben.

Unsere Hände – Gemeinsamkeiten entdecken

Wer bist du?
Jede und jeder ist etwas ganz Besonderes. Es gibt aber auch Gemeinsamkeiten.

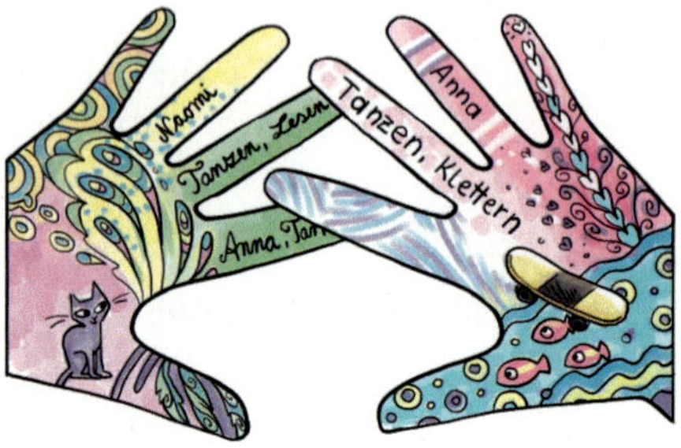

1
a. Sucht euch eine Partnerin oder einen Partner.
b. Stellt euch gegenseitig vor.
Eure Handbilder helfen euch.
- Welche Gemeinsamkeiten erkennt ihr? Welche Unterschiede gibt es?
- Was sind eure Stärken?
- Was könnt ihr in die Klassengemeinschaft mit einbringen?

Durch gezielte Fragen erfahrt ihr noch mehr voneinander.

2 Stellt euch gegenseitig Fragen, z. B. zu euren Wünschen, Traumberufen. Beantwortet sie euch.

Wer sind wir?
Naomi, Tarik, Anna und Paul bilden eine Gruppe. Einzeln sind sie sehr verschieden, aber sie haben auch Gemeinsamkeiten.

Paul

Ich bin der Einzige, der Basketball spielt, koche aber gern wie Tarik und Anna auch …

Ich tanze gern wie Naomi, bin aber die Einzige, die fotografiert …

Anna

3
a. Bildet nun Gruppen mit sechs oder acht Händen. Ihr könnt euch nach Lieblingsfächern, Hobbys oder auch nach Farbwahl zusammenfinden.
b. Stellt eure Hände vor.
c. Findet Gemeinsamkeiten und Unterschiede.
- Was macht eure Gruppe besonders?
- Welchen Beitrag kann sie für die Klassengemeinschaft leisten?
d. Präsentiert eure Gruppe in der Klasse so, dass jeder einen Beitrag leistet.
e. Überlegt euch eine gemeinsame Handbegrüßung.

1 *Besonders gut kann ich … Wir mögen beide spannende Bücher …*

2 *Was ist dein größter Traum? …*

Unsere Klasse – die Gemeinschaft stärken

Was verbindet unsere Klasse?
Wenn ihr eure gemeinsamen Wünsche und Stärken kennt, könnt ihr euer Zusammenleben gut gestalten.

1 Wie stellt ihr euch eure Klassengemeinschaft vor? Was ist euch wichtig?
- **a.** Formuliert jede/jeder einen oder mehrere Wünsche auf einem Zettel.
- **b.** Stellt eure Wünsche der Klasse vor.
- **c.** Sammelt Ideen, wie man diese Wünsche umsetzen könnte.
- **d.** Formuliert Vorschläge, wie ihr euch einzeln oder in eurer kleinen Gruppe für die Klasse stark machen könnt.

Unsere Wünsche	*Unsere Vorschläge*
Hilfe beim Lernen	*Wir vereinbaren Patenschaften.*
Ruhe beim Arbeiten	…
…	*Wir bilden Streitschlichter aus.*
…	…

2 Betrachtet die Handbilder, welches Handbild passt zu euch?
- **a.** Versucht, die „Handbilder“ nachzustellen.
- **b.** Gestaltet eigene Handbilder, die Gemeinschaft ausdrücken.

1

2

3 Spielt gemeinsam: *Ich mag Leute, die …*
- Bildet einen Sitzkreis.
- Eine oder einer steht in der Mitte und sagt, welche Leute sie oder er mag, z. B. „Ich mag Leute, die Turnschuhe tragen“.
- Alle, die Turnschuhe tragen, stehen auf und wechseln den Platz.
- Wer keinen Platz bekommt, stellt sich in die Mitte und sagt, welche Leute sie oder er mag.

2 Miteinander sprechen – *Meinungen begründen*

Wie blöd ist das denn …
Naomi
Ich finde den Vorschlag gut, weil …
Anna
Was spricht denn dagegen?
Tarik
Ruhe! Jetzt bin ich mal …
Paul

1 a. Was seht ihr auf den Bildern?
b. Wie sprechen Anna, Tarik, Naomi und Paul jeweils miteinander?

2 a. Zu welchem Bild könnten welche Sprechblasen passen?
b. In welcher Gruppe würdet ihr euch besser fühlen?

Im neuen Klassenraum der 5a soll ein Bücherregal eingerichtet werden.

Gespräch 1:

Anna: Was wollen wir denn in das Regal stellen, unsere Schulbücher?

Paul: Ich könnte auch ausgelesene Bücher von zu Hause mitbringen.

Naomi: Wie blöd ist das denn, willst du deine alten Comics hier abstellen?

Tarik: Typisch Meckertante. Paul will doch nur einen ...

Naomi: Quatsch, Paul will immer irgendwas ...

Anna: Schrei nicht so und lass Tarik erst mal ausreden!

Paul: Ruhe! Jetzt bin ich mal ...

Gespräch 2:

Anna: Was wollen wir denn in das Regal stellen, unsere Schulbücher?

Paul: Ich könnte auch ausgelesene Bücher von zu Hause mitbringen.

Naomi: Ich finde das nicht so gut, wenn Paul hier seine Bücher einstellt.

Tarik: Was spricht denn dagegen? Paul hat viele spannende Bücher. Du kannst doch deine Bücher auch dazustellen.

Naomi: Ich würde da ein Lexikon und Rechtschreibwörterbücher hinstellen.

Tarik: Dann lese ich schon lieber Pauls Bücher.

Anna: Ich finde Naomis Vorschlag gut, weil man ja immer mal was nachschlagen muss, wenn man zum Beispiel Wörter nicht kennt.

3 Worum geht es in beiden Gesprächen?

4 a. Wie sprechen Anna, Paul, Tarik und Naomi jeweils miteinander?
b. Welches Gespräch passt zu welchem Bild auf Seite 14?
c. Warum nimmt das Gespräch 2 einen anderen Verlauf als das Gespräch 1?

2 Miteinander sprechen – *Meinungen begründen*

Auf den nächsten Seiten stellt ihr Gesprächsregeln auf. Ihr äußert Meinungen und begründet sie in einer Diskussion. Außerdem schreibt ihr einen Brief.

Hört doch mal zu! – Gesprächsregeln vereinbaren

Die 5a möchte nicht nur ihren neuen Klassenraum verändern. Aber wie gelingt ein Gespräch, in dem alle ihre Meinung äußern können?

1 Wählt jede/jeder eines der beiden Gespräche aus und lest zuerst leise.

Gespräch 1

Paul und Katrin haben es übernommen, das Bücherregel einzurichten.

Katrin: Paul, ich putz hier schon die ganze Zeit, du könntest auch mal was tun.
Paul: Spinnst du, oder was? Ich sortiere hier die Bücher.
Katrin: Schrei doch nicht so. Ich bin ja nicht taub.
Paul: Und du meckerst immer. Das ist ja nicht auszuhalten.
Katrin: Und du nervst. Wir sollten das Regal doch zusammen einräumen.
Paul: Dann kannst du ja mal mit den Wörterbüchern anfangen.
Katrin: Ach, das bestimmst du wieder, wer was macht.

Gespräch 2

Anna, Paul und Tarik sprechen über weitere Veränderungen in der Klasse.

Tarik: Was meint ihr, könnten wir im Klassenrat nicht noch andere Veränderungen für unser Klassenzimmer besprechen?
Anna: Ja, neben dem Bücherregal wäre eine bequeme Sitzgelegenheit schön.
Paul: Wie wäre es mal mit einem Basketball-Spiel außerhalb des Sportunterrichts?
Anna: Quatsch nicht so blöd, wir reden über das Klassenzimmer …
Paul: Statt für eure Bequemlichkeit solltet ihr mal was für die Bewegung tun.
Tarik: Soll das 'ne blöde Anspielung werden, nur weil wir dir nicht gleich zustimmen?
Anna: Und weil Basketball dein Hobby ist …
Paul: Ach, bei dir spielt es keine Rolle, dass du gern liest …
Tarik: Ruhe jetzt, so kommen wir doch nicht weiter! Wenn es im Klassenrat auch so läuft, brauchen wir den gar nicht.

2 a. Bildet Gruppen mit je vier oder fünf Schülerinnen und Schülern, die das gleiche Gespräch gelesen haben.
b. Lest das Gespräch mit verteilten Rollen.
c. Untersucht das Gespräch genauer:
– Worüber sprechen die Kinder?
– Wie ist die Stimmung in diesem Gespräch?

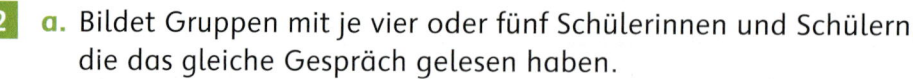

2 c. *Die Stimmung ist gereizt/nervig/unfreundlich/aufgeregt/…*

3 a. Was misslingt in den Gesprächen 1 und 2? Schreibt Stichworte auf.
b. Wie könnten die Gespräche besser verlaufen? Notiert daneben eure Ratschläge.

Was misslingt:	*Unsere Ratschläge:*
Die Gesprächspartner	
– schreien sich an	*– sich freundlich ansprechen*
– hören nicht zu	*– den anderen zuhören*
– verwenden Schimpfwörter	*– keine Beleidigungen*
– …	*– …*

Wenn ihr einem Gesprächspartner sagen wollt, dass ihr mit seinem Verhalten nicht einverstanden seid, könnt ihr Ich-Botschaften verwenden, zum Beispiel: Ich möchte nicht, dass du mich anschreist.

4 Schreibt nun gemeinsam das gewählte Gespräch so um, dass es ein freundliches Gespräch wird. Verwendet auch Ich-Botschaften.

Beispiel: Gespräch 1:

Katrin: Paul, was tust du gerade, könntest du helfen?
Katrin: … du könntest auch mal was tun.

Paul: Das mache ich doch. Ich sortiere …
Paul: Spinnst du, oder was?

Gesprächsregeln helfen, gut miteinander umzugehen.

5 Welche Gesprächsregeln sind euch wichtig?
Findet es in drei Schritten heraus: Think-Pair-Share.
a. Was ist dir wichtig? Schreibe fünf Gesprächsregeln auf. Think.
b. Was ist für alle in der Gruppe wichtig?
Einigt euch in eurer Gruppe auf fünf Gesprächsregeln. Pair.
c. Was ist allen in der Klasse wichtig?
Stellt die Regeln der Gruppe in der Klasse vor. Share.
Formuliert alle Regeln in ganzen Sätzen.

6 Gestaltet mit euren Gesprächsregeln ein Plakat für euren Klassenraum.
Tipp: Überprüft einmal pro Woche, ob die Gesprächsregeln von allen eingehalten werden.

4 *Ich bin unterbrochen worden. / Ich möchte, dass du mich ausreden lässt. / Ich fühle mich beleidigt. / Ich möchte …*

5 c. *Wir lassen andere ausreden. / Wir beschimpfen niemanden. Wir fragen nach, …*

Sofa oder Tablet-PC? – Meinungen begründen

Auf dem Schulfest hat die Klasse 5a mit ihrem Gruselkabinett den Hauptpreis gewonnen. 200€ kommen in die Klassenkasse. Wofür soll das Geld ausgegeben werden? Sofort werden viele Vorschläge und Meinungen geäußert.

Anna: Toll, dann schlage ich vor, dass wir zu unserem Bücherregal noch ein Sofa anschaffen, **weil** das ein gemütlicher Platz zum Lesen wäre.

Tarik: Ich bin gegen ein Sofa, **denn** dafür haben wir viel zu wenig Platz. Ich schlage vor, dass wir einen Tablet-PC kaufen.

Paul: Was haben wir von einem einzigen Tablet-PC? Dann bin ich schon eher für Fische oder Pflanzen, **weil** wir damit unser Klassenzimmer verschönern können.

Naomi: Ein Aquarium? Nein. Ich finde Tariks Vorschlag besser, **denn** auf einem Tablet-PC könnten wir im Internet recherchieren.

1 a. Welche Vorschläge machen Anna, Tarik, Naomi und Paul?
b. Welche Meinungen vertreten sie jeweils zu den Vorschlägen der anderen? Tipp: Zur besseren Übersicht könnt ihr in eine Tabelle schreiben.

Name	*Vorschlag*	*Zustimmung zu*	*Ablehnung zu*
Tarik	*Tablet-PC*		*Sofa*
...	...	...	

2 Anna, Tarik, Naomi und Paul begründen einige ihrer Meinungen.
a. Schreibt die Sätze auf, die eine Begründung enthalten.
b. Markiert in den Sätzen die Wörter denn und weil.
c. Sprecht darüber, ob euch die Begründungen überzeugen könnten.

3 a. Wählt jede/jeder einen der drei Vorschläge aus und schreibt eine Zustimmung oder Ablehnung dazu.
b. Begründet eure Meinung mit weil- und denn-Sätzen.
c. Sprecht in der Klasse über eure Begründungen.

Gesprächsregeln einhalten – Meinungen begründen

In Gesprächen werden oft verschiedene Meinungen geäußert, zum Beispiel zu einer Frage oder einem Problem.
Das Gespräch gelingt, wenn sich alle an Regeln halten.
Mit einer Checkliste könnt ihr das überprüfen.

Checkliste: Gesprächsregeln

Diese Gesprächsregeln halten wir ein	**immer**	**häufig**	**selten**	**nie**
Wir melden uns zu Wort und reden nicht einfach los.				
Wir äußern uns nur zu dem Thema, um das es geht.				
Wir hören anderen aufmerksam zu.				
Wir lassen andere ausreden.				
Wir fragen nach, wenn wir etwas nicht verstanden haben.				
Wir sind freundlich, auch wenn wir anderer Meinung sind.				
Wir beleidigen und verspotten niemanden.				

Info

Meinungen begründen
Möchte ich andere von meiner Meinung oder meinem Vorschlag überzeugen, dann benötige ich gute Begründungen.
Begründungen kann ich z. B. mit weil- und denn-Sätzen einleiten:
Ein Sofa ist eine gute Anschaffung, ***weil*** *es den Klassenraum gemütlich macht und* ***weil*** *wir dort gut lesen können. Ich bin gegen ein Aquarium oder Pflanzen im Klassenraum,* ***denn*** *Fische oder Pflanzen muss man auch während der Ferien versorgen.*

Arbeitstechnik

Ein Plakat gestalten
- Ich wähle ein **Papierformat** aus.
- Ich finde eine passende Überschrift.
- Ich entscheide, welche **Texte** und welche **Bilder** auf mein Plakat sollen.
- Ich schreibe nur wichtige Informationen auf, in kurzen Sätzen oder Stichworten.
- Ich überlege, wie ich die Überschrift, die Texte und Bilder anordnen will.
- Ich schreibe in gut lesbarer und großer Schrift.

Sitzsäcke, ja oder nein? – Meinungen begründen

In der 5a gibt es viele verschiedene Wünsche, wofür das Preisgeld verwendet werden soll. Bei einer Abstimmung melden sich viele Schülerinnen und Schüler für die Anschaffung von Sitzsäcken.

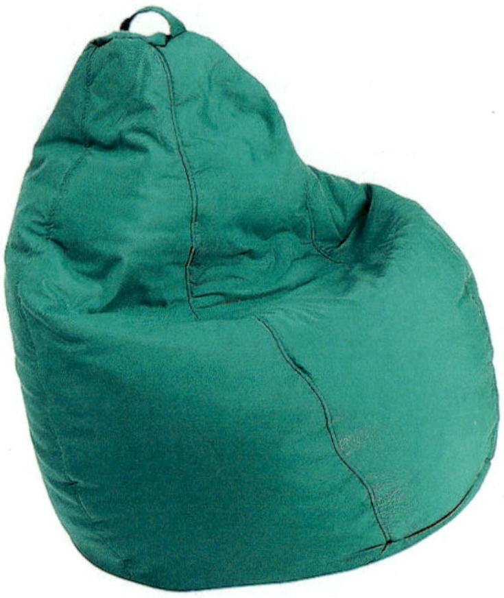

Meinungen	Begründungen
Ich möchte keine Sitzsäcke.	… weil gute Sitzsäcke viel Geld kosten.
Ich bin für Sitzsäcke in der Klasse.	… weil sie zu viel Platz wegnehmen.
Sitzsäcke für die Klasse finde ich zu teuer.	… weil ich keine Kuschelecke brauche.
Mir ist es egal, ob wir Sitzsäcke in der Klasse haben.	… weil wir es uns dort in den Pausen gemütlich machen können.

1 Schreibe die Meinungen mit den passenden Begründungen auf.

Ich möchte keine Sitzsäcke, weil sie zu viel Platz wegnehmen.

2 Wie ist deine Meinung zum Thema Sitzsäcke im Klassenraum?
Schreibe deine Meinung mit einer Begründung auf.

Ich bin der Meinung, Ich schlage vor,	dass wir	mehrere keine	Sitzsäcke anschaffen,	**weil**	es gemütlich ist. wir bequem lesen können. es Streit gibt. sie schmutzig werden. …

3 Was würdest du für 200 € für deine Klasse kaufen?

a. Schreibe eine Liste mit deinen Vorschlägen auf. Überlege:
- Nutzt es allen in der Klasse?
- Reicht das Geld?

b. Schreibe zwei Vorschläge mit Begründungen auf.

c. Tausche dich darüber mit einer Partnerin oder einem Partner aus.

Warum Pflanzen? – Mit Begründungen überzeugen

In der Klasse 5a wird von einigen Schülerinnen und Schülern der Vorschlag gemacht, für die 200 € Pflanzen zur Begrünung der Klasse zu kaufen. In der Klasse gibt es dazu verschiedene Meinungen.

Jannis
Ich fände es toll, wenn wir Pflanzen hätten.
..., weil die Pflanzen sowieso nicht regelmäßig gegossen werden.
..., denn Pflanzen machen unsere Klasse freundlicher.
Ich wünsche mir viele verschiedene Pflanzen, ...
Lea
Tim
Ich möchte nicht, dass wir das Geld für Pflanzen ausgeben.
Ich bin dagegen, Pflanzen zu kaufen, ...
Nadja
Mir ist es egal, ob wir Pflanzen kaufen, ...
..., ich mag zwar Pflanzen, aber einen Ausflug fände ich auch toll.

1 **a.** Erstelle eine Tabelle mit 3 Spalten (Pro = (+), Kontra = (–), neutral = (0))

(+) (–) (0)	*Meinung*	*Begründung*
(+)	*Ich fände es toll, ...*	*denn Pflanzen machen ...*

b. Schreibe die Meinungen in die richtige Spalte der Tabelle.
c. Schreibe die passenden Begründungen neben die Meinungen.

2 Sollen Pflanzen angeschafft werden oder nicht?
a. Stimme zu oder widersprich.
b. Begründe, ob es deiner Meinung nach eine gute Anschaffung für die Klasse ist.
c. Tausche dich mit einer Partnerin oder einem Partner darüber aus.

zustimmen
Ich finde auch, dass ...
Ich bin der gleichen Meinung wie ...
Meiner Meinung nach ist ... die beste Begründung, da/denn/weil ...

widersprechen
Ich finde nicht, dass ...
Ich bin anderer Meinung als ...
Meiner Meinung nach ist ... Begründung nicht richtig ..., da/denn/weil ...

Fische oder Schließfach? – Mit Begründungen überzeugen

Als die Klassenlehrerin der 5a die Nachricht über 200€ Preisgeld für die Klassenkasse überbringt, bricht großer Jubel los. Alle reden durcheinander.

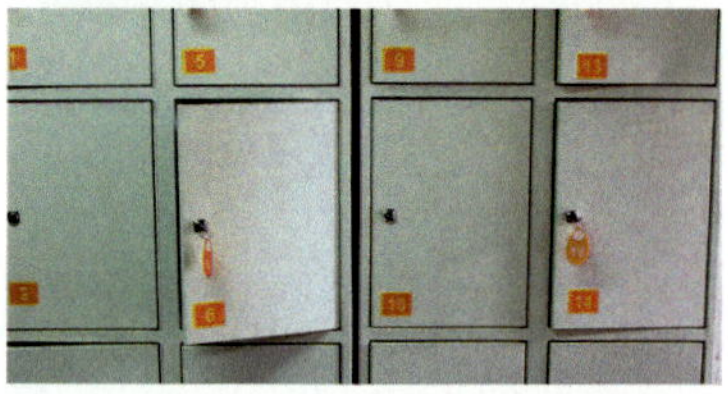

Paul: Ich will ein Aquarium. Oder lieber eine Spielekiste.

Emma: Was sind das denn für blöde Wünsche? Schließfächer wären viel wichtiger.

Sami: Wir könnten auch einen Ausflug planen, zum Beispiel in den Kletterpark. Oder wir könnten uns ein Logo ausdenken und auf T-Shirts für die ganze Klasse drucken lassen. Dann sehen beim Sportfest alle, dass wir in einer Klasse sind.

Elif: So bringt das doch nichts. Damit wir nicht so viel Zeit verlieren, sollte jeder überlegen: Bringt der Vorschlag der gesamten Klasse was? Ist der Vorschlag durchführbar? Reicht das Geld dafür?

Sami: Aber auch Vorschläge, die für alle gut sind, haben wir viele. Wie sollen wir uns da einigen?

Elif: Wie? Du musst nur begründen, warum dein Vorschlag so gut ist.

Paul: Ja genau, und mein Vorschlag ist der beste: Ich wünsche mir für die Klasse ein Aquarium, weil wir dann immer die Fische beobachten können, wenn es mal langweilig ist.

Emma: Und wer kümmert sich dann um die Fische, du Schlaumeier? Mein Vorschlag, Schließfächer für alle, ist viel besser, denn wir könnten unsere Schulsachen einschließen und müssten nicht alle schweren Bücher hin- und hertragen.

1 **a.** Welche Vorschläge machen die Kinder? Schreibe ihre Vorschläge auf.
b. Mit Hilfe welcher Fragen sollen die Kinder ihre Vorschläge überprüfen?
c. Im Text widerspricht Emma ihrem Mitschüler Paul zweimal. Dabei hält sie sich nicht an die Gesprächsregeln. Verbessere Emmas Sätze so, dass sie den Widerspruch ausdrücken, aber freundlich sind.

1 **c.** *Ich stimme dir nicht zu, … / Ich bin anderer Meinung als du, weil … / Ich finde nicht, dass …*

2 Welche Anschaffung würdest du für deine Klasse vorschlagen?
a. Ergänze die Vorschläge. Schreibe sie auf.
b. Überprüfe deine Vorschläge mit Hilfe der Fragen, die Elif im Text auf Seite 22 vorgegeben hat. Überlege, ob alle Bedingungen für einen guten Vorschlag erfüllt sind. Ist eine Bedingung nicht erfüllt, streiche den Vorschlag durch.
c. Vergleiche deine Liste mit der einer Partnerin oder eines Partners.

Wenn du andere von deinem Vorschlag überzeugen möchtest, musst du ihn gut begründen.

3 Welche Vorschläge werden im Gespräch auf Seite 22 begründet?
a. Schreibe die Vorschläge mit ihren Begründungen auf.
b. Notiere dir in Stichworten dazu, ob dich die Begründung überzeugt oder ob sie dich nicht überzeugt.
c. Markiere Wörter (zum Beispiel weil oder denn), mit denen die Begründungen eingeleitet werden.

4 **a.** Sieh dir deine eigene Vorschlagsliste an. Zu welchen Vorschlägen fallen dir Begründungen ein, die deine Klasse überzeugen könnten? Kreuze sie an.

► Meinungen begründen, S. 19

b. Wähle drei deiner Vorschläge aus und schreibe sie mit ihren Begründungen auf.
Leite deine Begründungen mit weil- oder denn-Sätzen ein.
Finde viele und möglichst unterschiedliche Begründungen für deine Vorschläge, mindestens jedoch zwei.
c. Erstelle nun eine Rangliste für deine drei Vorschläge. Der Vorschlag mit den besten Begründungen sollte ganz oben auf deiner Rangliste stehen.

Auch wenn du gute Begründungen für deine Vorschläge hast, kann es sein, dass andere deinen Vorschlag ablehnen oder dir widersprechen.

5 **a.** Trage einer Partnerin oder einem Partner deinen besten Vorschlag mit deinen Begründungen vor.
b. Deine Partnerin / Dein Partner kann zustimmen, wenn sie / er der gleichen Meinung ist, oder deinen Vorschlag ablehnen.
c. Wenn etwas gegen den Vorschlag spricht, überlegt gemeinsam, ob ihr eine Lösung dafür findet.
d. Tauscht danach die Rollen, sodass die / der andere den besten Vorschlag äußert und Zustimmung oder Ablehnung bekommt.

5 *Ich finde es gut, wenn wir … / Auch wenn mich deine Begründung nicht überzeugt, könnten wir vielleicht gemeinsam …*

Worauf sich einigen? – Eine Diskussion durchführen

In der Klassenstunde besprechen die Schülerinnen und Schüler der Klasse 5 a, wie sie ein Preisgeld von 200 € verwenden wollen. Klassensprecherin Naomi leitet die Diskussion.

Naomi: Ich finde es ganz toll, dass wir auf dem Schulfest diesen Preis gewonnen haben. Frau Mawick hat gesagt, dass wir die 200 € für uns selbst verwenden können. Vielleicht könnten wir das Geld ja für unsere Klassenraumgestaltung verwenden.

Ben: Das ist doch eine Schwachsinnsidee. Wir haben das Geld für unsere eigenen Ideen bekommen, also sollten wir auch richtig was davon haben.

Mehmet: Ich finde gar nicht so schlecht, was Naomi vorschlägt. Schließlich könnten wir doch den Raum verschönern und hätten auch alle was davon. Ich fände z. B. Vorhänge nicht schlecht, denn die Sonne blendet manchmal sehr.

Lina: Das sehe ich nicht so. Das ist doch Aufgabe der Schule, für Sonnenschutz zu sorgen.

Naomi: Vielleicht sollten wir ganz anders vorgehen, vielleicht sammeln wir erst einmal Vorschläge an der Tafel und diskutieren dann darüber.

Ben: Das finde ich nicht gut. Wir sind doch schon mitten in der Diskussion. Ich bin dafür, dass wir von dem Geld gemeinsam ins Kino gehen.

Lina: Ich stimme Ben zu. Aber ich fände es noch besser, wenn wir das Geld während der Klassenfahrt als Taschengeld ausgeben könnten.

Jonas: Mal ehrlich, Lina, wie blöd ist das denn. Ich lehne es ab, das Geld als Taschengeld auszugeben. Viel besser wäre es doch, wenn wir damit auf der Klassenfahrt etwas gemeinsam unternehmen, zum Beispiel eine Dampferfahrt. Die kostet auch Geld, das sonst vielleicht nicht jeder ausgeben möchte.

Lina: Das kann doch dann jeder machen, wie er will – einer kauft sich von dem Taschengeld Eis und Getränke und was weiß ich, eine andere bezahlt davon das Ticket für die Dampferfahrt.

Ben: Da hat Lina völlig recht, da kann ich mich nur anschließen.

Mehmet: Also, ich möchte noch mal auf Naomis Vorschlag zurückkommen. Vielleicht wäre ja auch ein Klassensofa gut, denn in einer gemütlichen Ecke kommen uns sicher wieder gute Ideen für das nächste Klassenfest.

Lina: Typisch Mehmet, dasitzen und auf eine Idee warten. Ich bin dagegen.

Naomi: Lina, jetzt wird es aber unfair. Wir sollten besser die Vorschläge erst einmal auflisten und festhalten, wer wofür und wer wogegen ist.

In der Diskussion gibt es unterschiedliche Meinungen.

1 Welche Ansichten vertreten die Schülerinnen und Schüler?
a. Formuliere zwei gegensätzliche Meinungen, die in dieser Diskussion vertreten werden.
b. Notiere, wer welche Meinung vertritt.

2 Wie äußern die Diskussionsteilnehmer Zustimmung oder Ablehnung? Untersuche dazu die Einleitungssätze.
a. Notiere in einer Tabelle Einleitungssätze, die Zustimmung oder Ablehnung ausdrücken.
b. Ergänze die Tabelle durch eigene Beispiele.

In einer Diskussion ist gegenseitiger Respekt wichtig, auch wenn man verschiedener Meinung ist.

3 Welche Formulierungen sind nicht in Ordnung? Formuliere sie so um, dass der Respekt gegenüber der anderen Meinung deutlich wird.

4 Naomis Äußerungen enthalten Vorschläge, aber keine Meinung zur Verwendung des Geldes. Überlege, was Naomi mit ihren Äußerungen erreichen möchte.

In einer Diskussion kannst du andere besser überzeugen, wenn du deine Meinung begründest.

5 Vergleiche die verschiedenen Schüleräußerungen. Welche sind überzeugend, welche nicht? Notiere deine Meinung in Stichworten.

6 Untersuche die Begründungen. Ordne sie den Fragen in der Tabelle zu:

Was spricht dafür, das Geld für die Klassenraumgestaltung zu verwenden?	*Was spricht dafür, das Geld für die einzelnen Schülerinnen und Schüler zu verwenden?*
…	…

Begründungen sind einleuchtender, wenn man sie durch Beispiele veranschaulicht.

7 **a.** Welche Schüleräußerungen enthalten Beispiele? Notiere sie.
b. Ergänze weitere Begründungen der Schülerinnen und Schüler durch Beispiele.

8 Schreibe auf, wofür du das Geld ausgeben würdest, und begründe deine Meinung.

2

Einleitungssätze für Zustimmung	*Einleitungssätze für Ablehnung*	*Eigene Beispiele*
Ich finde gar nicht so schlecht, …	*Das sehe ich nicht so …*	…

Eine Diskussion durchführen und auswerten

In diesem Kapitel habt ihr gelernt, dass Gespräche und Diskussionen dann am besten verlaufen, wenn sich alle an die gemeinsam erarbeiteten Regeln halten.

1 Führt nun in eurer Klasse eine Diskussion zum Thema Ausgestaltung des Klassenraumes durch oder wählt ein eigenes Thema. Geht so vor:

Die Vorbereitungen

▶ Gesprächsregeln, S. 19

a. Bestimmt eine Diskussionsleiterin / einen Diskussionsleiter. Sie / Er erteilt den Teilnehmerinnen und Teilnehmern jeweils das Wort.

b. Teilt eure Klasse in mindestens zwei Gruppen auf:
   - In einer Gruppe sind die Teilnehmerinnen und Teilnehmer der Diskussion. In dieser Gruppe sollten unterschiedliche Wünsche oder Meinungen möglichst gleich verteilt sein.
   - Die zweite Gruppe sind die Zuhörerinnen und Zuhörer. Sie beobachten die Diskussion und schätzen ein, ob die Gesprächsregeln eingehalten werden. Außerdem notieren sie, welche Meinungen überzeugend begründet wurden. Jede Zuhörerin und jeder Zuhörer bekommt nur einen Beobachtungsauftrag.
     Tipp: Verwendet die Checklisten. Ihr könnt sie auch ergänzen.

Die Durchführung

Diskutiert das von euch gewählte Thema. Achtet darauf, dass ihr eure Meinungen gut begründet und mit Beispielen erläutert.

2 **Die Auswertung**

Wertet eure Diskussion gemeinsam aus.
- Die Teilnehmer äußern sich dazu, wie sie sich in der Diskussion gefühlt haben.
- Die Zuhörer erklären, wie gut die Regeln der Checklisten eingehalten wurden.
- Sprecht gemeinsam darüber, welche Begründungen überzeugend waren.

Checkliste: Gesprächsregeln	Ja	Nein
Alle haben nur zum Thema gesprochen.		
Alle haben sich aufmerksam zugehört.		
Alle haben andere ausreden lassen.		
Es wurde niemand beleidigt oder ausgelacht.		

Checkliste: Inhalt	Ja	Nein
Für die Meinung wurde eine Begründung (Argument) genannt.		
Für die Meinung wurden mehrere Begründungen genannt.		
Für die Begründung wurden Beispiele angeführt.		

Einen Brief an die Schulleitung schreiben

Die Klasse 5a hat entschieden, das Preisgeld für eine Klassenfahrt an die Nordsee auszugeben. In einem Brief informieren die Schülerinnen und Schüler die Schulleiterin Frau Dieckmann.

1 Besprecht in Partnerarbeit die folgenden Fragen:
a. Warum will die 5a der Schulleiterin Frau Dieckmann einen Brief schreiben und nicht persönlich mit ihr sprechen?
b. Wie sollte sich der Brief an die Schulleiterin von einem Brief an eine Freundin oder einen Freund unterscheiden?

Briefe sind oft ähnlich aufgebaut. Sie enthalten z. B. Ort und Datum, eine Anrede, eine Grußformel und natürlich den Text mit dem Anliegen.

2 Vervollständigt den folgenden Brief gemeinsam.
– An einigen Stellen müsst ihr euch für eine Formulierung entscheiden.
– An einigen anderen Stellen ergänzt ihr den Brief mit Informationen und Begründungen.
Tipp: Ihr könnt einige Wortgruppen auf der Seite unten verwenden.

Köln, 24.10.20

Liebe Frau Dieckmann, / Sehr geehrte Frau Dieckmann, / Hallo Frau Dieckmann!

wir / Wir, die Klasse 5a, möchten die 200 Euro vom Schulfest für unsere Klassenfahrt an verwenden.
Wir möchten , weil
Vielleicht / Außerdem würden wir auch , weil / denn .
Wir hoffen, dass Sie / sie mit unserer Entscheidung einverstanden sind.
Mit freundlichen Grüßen / Viele Grüße / Es grüßt
unsere Klasse / die Klasse 5a / Naomi und die Klasse 5a

3 **a.** Schreibe den vollständigen Brief an Frau Dieckmann auf.
b. Markiere den Ort, das Datum, die Anrede und die Grußformel.

2 *die Nordsee / eine Wattwanderung … / das Sea Life Center in Emden …*

3 Unsere Schule – *sachlich beschreiben*

In jeder Schule sieht es anders aus. Was entdeckt ihr auf diesem Bild?

1 Wie sieht es in dieser Schule aus?
a. Welche Räume seht ihr? Wo befinden sie sich?
b. Welche Räume gibt es auch in eurer Schule? Welche nicht?

An einem Schultag legt man verschiedene Wege zurück.

2 a. Wie kommt man vom Haupteingang zum Musikraum?
b. Wie kommt man vom Nebeneingang zum Sekretariat?
c. Welche Gegenstände fallen auf den Wegen besonders auf?

3 Welche Wege geht ihr häufig in eurer Schule? Welche selten?

In manchen Räumen gibt es besondere Gegenstände.

4 a. Wo befindet sich das Schlagzeug?
b. Wie sieht das Schlagzeug aus?

5 Welche Gegenstände gibt es in eurer Klasse.
a. Beschreibt Gegenstände in eurer Klasse.
b. Erratet, was beschrieben wurde.
c. Was war leicht zu erraten? Was schwer? Was hat euch geholfen?

3 Unsere Schule

sachlich beschreiben

**In diesem Kapitel beschreibt ihr Wege, Gegenstände und Räume genau.
Der Schreib-Profi hilft euch dabei.**

Der Fluchtweg – Wege beschreiben

Probealarm in der neuen Schule:
Die Schulpaten haben aufgeschrieben, auf welchem Weg die 5 a das Schulgebäude im Notfall verlassen soll.

Fluchtweg

*1 Einfach **dort** auf den Flur hinaus.*

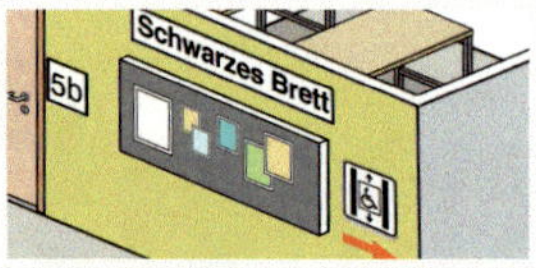

*2 **Da** hängt das Schwarze Brett.*

3 Dann gehst du an den Räumen der 5 b und 5 c vorbei.

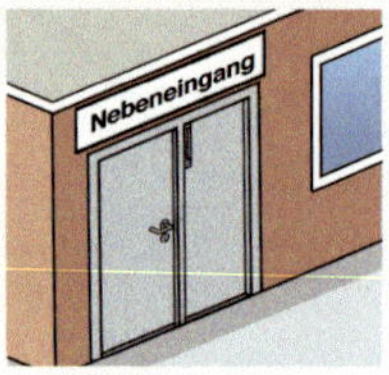

*4 **Irgendwann** kommt auf der linken Seite der Nebeneingang.*

5 Dann musst du geradeaus über den Schulhof gehen.

*6 **Irgendwo** gegenüber ist dein Sammelplatz.*

1 Lest die Beschreibung.
Verfolgt dabei den Weg vom Klassenraum der 5 a zum Sammelplatz auf dem Bild auf Seite 28.

2 Tauscht euch über die Beschreibung aus.
– Welche Textstellen sind verständlich?
– Welche sind nicht verständlich? Warum?

*Was ist in Satz 1 mit **dort** gemeint?*

3 Wie würdet ihr den Weg genauer beschreiben?
a. Sammelt Formulierungen.
b. Stellt sie in der Klasse vor.

3 *Am Ende der Treppe gehst du … Auf der linken/rechten Seite befindet sich …*
Wenn du dem Gang weiter folgst, kommt … Durch den Nebeneingang gelangst du …
Direkt gegenüber befindet sich …

Eine gute Wegbeschreibung enthält genaue Angaben.

Schritt 1: Vor dem Schreiben

dort | am Ende des Flurs | da | rechts um die Ecke | hier | nach 10 Metern | irgendwo | durch die Glastür hindurch | am Schwarzen Brett vorbei | irgendwie weiter | die Treppe hinab | links neben dem Sekretariat | in Richtung Treppenhaus | irgendwann abbiegen

4 Welche Angaben sind genau? Welche ungenau?
a. Übertragt die Tabelle in euer Heft.
b. Schreibt die Angaben in die passende Spalte.
c. Ergänzt weitere genaue Angaben.

genaue Angaben	ungenaue Angaben
am Ende des Flurs, ...	dort, ...

Schritt 2: Beim Schreiben

5 Beschreibe nun den Fluchtweg.
Nutze die Angaben aus deiner Tabelle.
Tipp: Deine Wegbeschreibung soll auch ohne Bild verständlich sein.

Schritt 3: Nach dem Schreiben

6 Lest euch die Wegbeschreibungen gegenseitig vor:
- Sind alle Beschreibungen genau?
- Welche Verbesserungsvorschläge habt ihr?

7 Beschreibt verschiedene Wege zum Bild auf Seite 28.
Verratet nur den Startpunkt.
Finden eure Mitschülerinnen und Mitschüler mit eurer Beschreibung das Ziel?

5

Wo?
rechts/links/gegenüber von
neben dem/neben der
vor/hinter dem/der
im/in der

Wohin?
den Flur entlang
ins Erdgeschoss
bis zum Eingang

Was tun?
nach rechts/links wenden
den Hof überqueren
rechts/links abbiegen
geradeaus weitergehen

Der neue Klassenraum – Räume beschreiben

Die Klasse 5a zieht um!
Die Schülerinnen und Schüler dürfen den neuen Klassenraum einrichten.
Sie haben ihre Wunsch-Einrichtung beschrieben.

1 Der Schrank steht genau gegenüber der Tafel. Daneben steht das kleine Regal.
2 Bei der Tafel ist die Wanduhr. Sie ist in einem Abstand von 1 m unter der Decke angebracht.
3 Die Garderobe ist da an der Wand mit der Tür.
4 Der Lehrertisch steht vorne am ersten Fenster von der Tafel aus gezählt.
5 Die Tische stehen wie in meiner alten Schule.

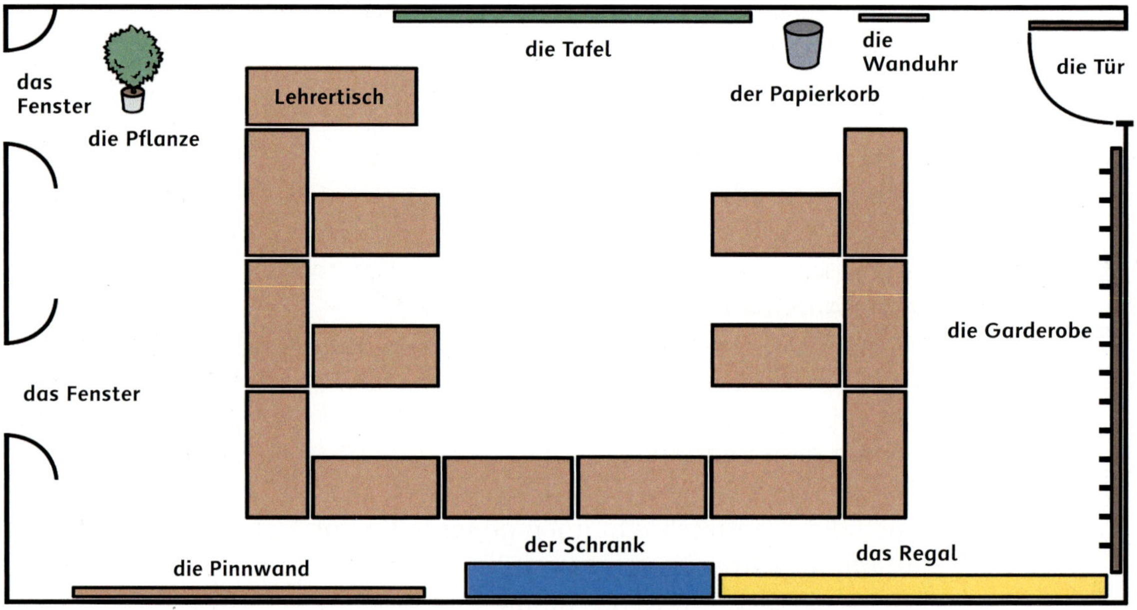

Der Hausmeister möchte der Klasse beim Einrichten helfen.
Ihr beschreibt den neuen Klassenraum der 5a mit Hilfe einer Skizze genauer.

Schritt 1: Vor dem Schreiben

1 Vergleicht die Sätze 1 bis 5 mit der Skizze.

Schritt 2 und 3: Beim Schreiben und nach dem Schreiben

2 **a.** Beschreibe die Skizze so, dass sich Herr Berg die Einrichtung genau vorstellen kann.
b. Überarbeitet gegenseitig eure Beschreibungen.

Ein Kleidungsstück – Gegenstände beschreiben

Im Klassenraum der 5a hängen an der Garderobe zwei vergessene Jacken.

Die Klassenlehrerin bekommt nach der Schule eine E-Mail.

Liebe Frau Müller,
ich glaube, dass meine Tochter Anna ihre neue Jacke in der Schule vergessen hat.
Es ist eine dunkelblaue Jacke. Sie hat eine Kapuze und große Knöpfe.
Am Oberarm befindet sich eine gelbe Stickerei. Die große Brusttasche hat einen Reißverschluss. Die Jacke hat auch eine Kordel mit Stoppern aus Plastik.
Wir hoffen, dass sich die Jacke wieder anfindet. Anna hat sie letzte Woche erst zum Geburtstag bekommen.
Mit freundlichen Grüßen
Beate Sondermann

Schritt 1: Vor dem Schreiben

1 Welche Jacke gehört Anna?
a. Begründet eure Vermutung.
b. Tragt die Unterschiede in eine Tabelle ein.

Annas Jacke	*andere Jacke*
neue …	*…*

Schritt 2: Beim Schreiben

2 Beschreibe die andere Jacke genau und unterstreiche alle Adjektive.

Schritt 3: Nach dem Schreiben

3 Ist eure Beschreibung genau?
Tauscht eure Beschreibungen und vergleicht sie mit dem Bild.

Mit dem Schreib-Profi schreiben

Der Schreib-Profi hilft mir beim Planen, Schreiben und Überarbeiten.

Schritt 1: **Vor dem Schreiben** **Ich plane meinen Text.** **Ich mache Notizen (zum Beispiel Stichworte oder eine Gliederung).**	– Für wen schreibe ich? – Was will ich mit meinem Text erreichen? – Was will ich schreiben? – Welche Wörter und Wortgruppen brauche ich?
Schritt 2: **Beim Schreiben** **Ich schreibe den Text.** **Ich kann Hilfen benutzen:** **– meine Notizen** **– die Checkliste** **– ein Wörterbuch**	– Was muss mein Text enthalten? – Was darf mein Text nicht enthalten? – Wie kann ich meinen Text aufbauen? – Wie formuliere ich meinen Text?
Schritt 3: **Nach dem Schreiben** **Ich überprüfe meinen Text mit der Checkliste.** **Ich lasse mir von anderen ein Feedback oder Tipps geben.** **Ich überarbeite meinen Text.**	– Erfüllt mein Text seinen Zweck? – Kann ich meinen Text lesen und verstehen? – Können andere meinen Text lesen und verstehen? – Sind alle Wörter richtig geschrieben?

Info

Sachlich beschreiben

Ich verwende genaue Angaben.
Ich schreibe sachlich und ohne persönlich zu werten.
Ich schreibe (die Verben) im Präsens.

Diese Fragen helfen mir bei einer

Wegbeschreibung	Gegenstandsbeschreibung	Raumbeschreibung
– Wohin muss man gehen? – Welche Reihenfolge ist richtig? – Woran kann man sich orientieren? – Welche Informationen sind wichtig? – Welche sind überflüssig?	– Wie sieht etwas aus? – Aus welchen Teilen besteht es? – Wo sind die einzelnen Teile angebracht? – Welche Informationen sind wichtig? – Welche sind überflüssig?	– Wie ist der Gesamteindruck? – Wo befindet sich was? – Von wo aus gesehen beschreibe ich? – Welche Informationen sind wichtig? – Welche sind überflüssig?

Was ist eine Beschreibung?

Die Wegbeschreibung

Ich beschreibe in der Reihenfolge, in der man geht. Ich beschreibe, in welche Richtung man gehen muss, und nenne auffällige Wegmarken.

Zuerst gehst du zum Raum der Schulsozialarbeit am Eingang die Treppe hinauf. **Danach** gehst du den Gang **weiter geradeaus** bis zur **blauen Tür** mit der **großen Palme**. Dahinter ist unser Klassenraum.

Diese Wörter kann ich verwenden:

zuerst | erst | als Erstes | danach | dann | anschließend | daraufhin | nun | jetzt | zum Schluss | zuletzt | am Ende

(weiter) geradeaus | links/rechts abbiegen | an der Ecke | in der (ersten) Etage | die Treppe hinauf/hinunter | den (Flur) entlang | in Richtung

Bilder | Pflanzen | Farben an den Wänden und Türen | Schilder | Steine | Plakate

Die Gegenstandsbeschreibung

Ich beschreibe die Merkmale eines Gegenstandes.
Ich beschreibe alle Teile und ihre Position.

Meine Armbanduhr ist **schwarz** und hat ein **großes, rundes Ziffernblatt** mit zwei **gelben Zeigern**, die leuchten, wenn man das Gehäuse berührt. Das Armband ist hellgrau **gepunktet** und **aus Kunststoff**. **Links am Gehäuserand** befindet sich ein kleiner **Drehknopf aus Metall**.

die Form: *oval | eckig | quadratisch | spitz | länglich*

die Farbe: *silbern | dunkelblau | bunt | einfarbig*

die Größe: *groß | winzig | handbreit | faustgroß*

das Muster: *gestreift | kariert | schraffiert*

das Material: *aus Glas | aus Metall | aus Leder*

die Position: *am linken Rand | über dem Schriftzug*

Wie komme ich dahin? – Wege beschreiben

In jeder Schule gibt es verschiedene Räume.

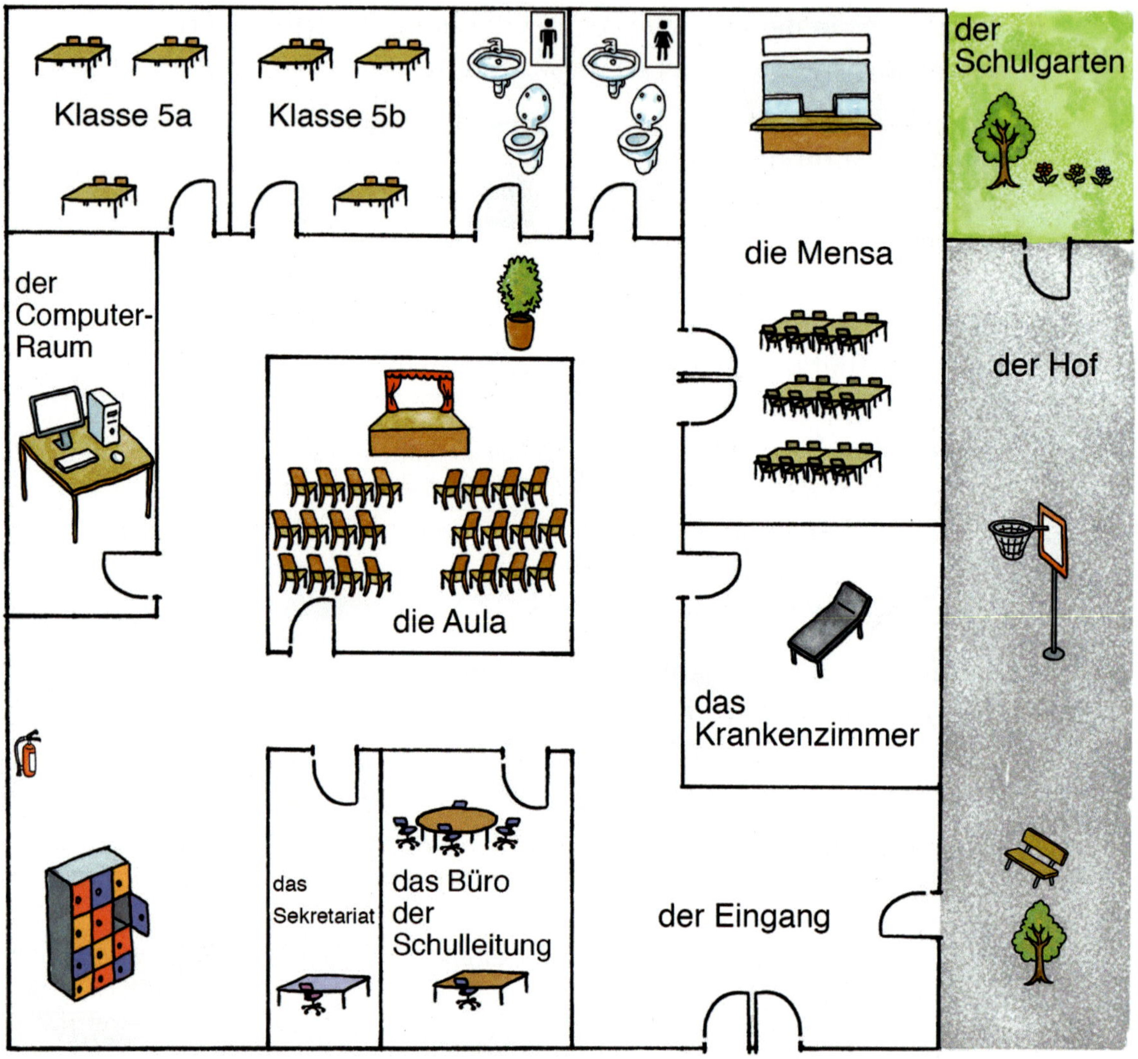

1 Welche Räume gibt es in diesem Stockwerk?

Es gibt zwei Klassenräume, zwei Toiletten, eine …

2 **a.** Welche Räume gibt es auch in deiner Schule? Welche nicht?
b. Wo hältst du dich gern auf?

Naomi, Anna, Paul und Tarik beschreiben Wege.

*Zur **Mensa** gehst du vom Computerraum aus zuerst ein kleines Stück nach links den Gang entlang. Vor den Klassenräumen der 5 a und 5 b biegst du rechts ab. Hinter der Pflanze gehst du wieder nach rechts. Gleich die erste Tür auf der linken Seite führt zur Mensa.*

Naomi

Tarik

*Das **Krankenzimmer** ist gleich vorn.*

*Die **Schließfächer** sind in dem langen Gang.*

Paul

Anna

*So findest du das **Sekretariat**: Vom Eingang gehst du geradeaus und biegst dann nach links ab. Die zweite Tür auf der linken Seite führt zum Sekretariat.*

3 Wie unterscheiden sich die Wegbeschreibungen?
Mit welcher Beschreibung findest du das richtige Ziel?

Mit genauen Angaben führt eine Wegbeschreibung ans Ziel.

Du gehst zum Haupteingang hinein.	*Du gehst hinein.*
Du gehst da lang.	*Du gehst den Gang entlang.*
Du gehst da rum.	*Du biegst rechts/links ab.*
Es ist die zweite Tür auf der linken Seite.	*Da ist dann irgendwo eine Tür.*
Du gehst geradeaus bis zu den Schließfächern.	*Du musst dahinten langgehen.*

4 Welche Angaben sind genau?
a. Wählt gemeinsam aus.
b. Schreibt die genauen Angaben ab.

5 Beschreibt einen Weg mit Hilfe der Skizze auf Seite 36.
Finden eure Mitschüler das Ziel?

Mein Schließfach – Gegenstände beschreiben

Paul ist auf dem Weg zu den Schließfächern.

Anna

Kannst du meine Trinkflasche mitbringen? Mein Fach ist rot und blau. Es hat oben einen Aufkleber.

Bringst du bitte mein Sportzeug mit? Mein Fach ist blau. Es hat oben und unten orangefarbene Streifen. Das Schloss ist gelb.

Tarik

Paul sucht die Fächer von Anna und Tarik.

1 Mit welcher Beschreibung findet Paul das richtige Fach? Begründe deine Entscheidung.

Du beschreibst ein Schließfach.

▶ Die Gegenstandsbeschreibung, S. 35

Der Schreib-Profi hilft.

Schritt 1: Vor dem Schreiben

2 Wie sehen die Fächer aus?

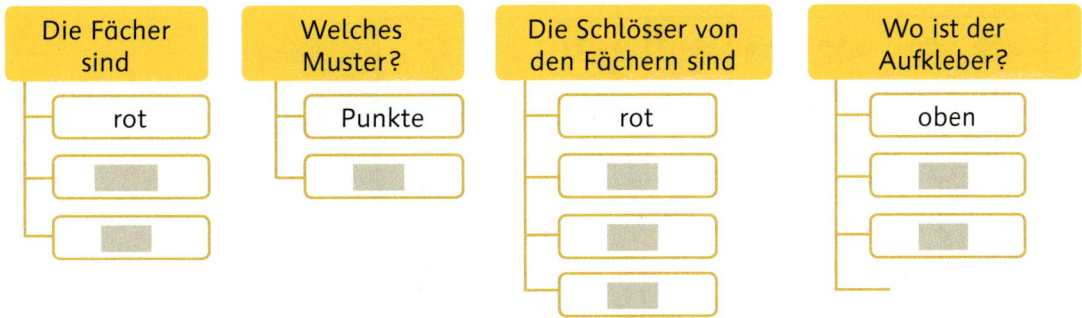

- **Die Fächer sind**
  - rot
- **Welches Muster?**
  - Punkte
- **Die Schlösser von den Fächern sind**
  - rot
- **Wo ist der Aufkleber?**
  - oben

Schritt 2: Beim Schreiben

3 a. Wähle ein Schließfach aus.
b. Beschreibe es.

<table>
<tr><td rowspan="3">Das Schließfach
Es</td><td rowspan="3">hat</td><td></td><td>rote
blaue
orangefarbene</td><td>Punkte.
Streifen.</td></tr>
<tr><td>in der Mitte
oben
unten</td><td colspan="2">einen Aufkleber.</td></tr>
<tr><td></td><td>ein gelbes
ein grünes
ein rotes
ein blaues
ein schwarzes</td><td>Schloss.</td></tr>
</table>

Schritt 3: Nach dem Schreiben

4 Tauscht eure Beschreibungen.
Erkennt ihr das beschriebene Schließfach?

5 Überarbeite deine Beschreibung.

Üben: Die Schritte des Schreib-Profis

Wege beschreibst du mit dem Schreib-Profi: Schritt für Schritt.

Schritt 1: Vor dem Schreiben
Ich suche den Start und das Ziel.
Ich suche den Weg vom Start bis zum Ziel.

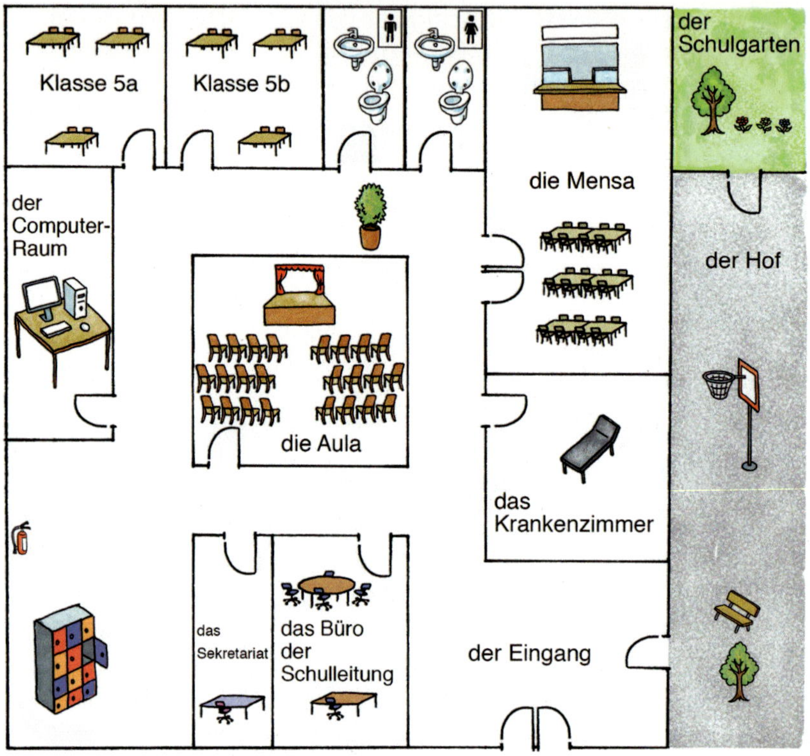

1 Verfolge mit dem Finger den Weg vom Eingang:
- zu den Schließfächern
- zum Klassenraum der 5 a
- zum Schulgarten

Ich suche Wegmarken.

2 Was fällt mir auf den Wegen auf?
a. Zeige es auf dem Plan.
b. Schreibe die Sätze vom Rand ab und ergänze sie.

Du läufst auf den  *zu.*
Du biegst hinter der großen  *nach rechts ab.*
Du gehst am  *geradeaus weiter.*
Du wendest dich an der  *nach links.*

Schritt 2: Beim Schreiben
Ich beschreibe, wohin jemand gehen muss.
Ich achte auf die richtige Reihenfolge.

Zuerst Dann Im Anschluss Danach Nun Schließlich Zum Schluss	gehst du läufst du	nach links. nach rechts. geradeaus.
	biegst du	nach rechts ab. nach links ab.
	wendest du dich	nach rechts. nach links.

3 Wie kommt man vom Eingang
– zu den Schließfächern?
– zum Klassenzimmer der 5 a?
– zum Schulgarten?

a. Beschreibe mindestens einen Weg.
b. Verwende passende Satzanfänge.
Tipp: Du kannst deine Sätze zu Aufgabe 2 b an passenden Stellen einfügen.

Zuerst gehst du geradeaus.
Dann biegst du …

Schritt 3: Nach dem Schreiben
Ich prüfe:
Habe ich den Weg in der richtigen Reihenfolge beschrieben?

4 Lies deine Beschreibung Satz für Satz.
Verfolge den Weg auf dem Plan.

Kann jemand aus meiner Klasse den richtigen Weg finden?

5 Lies jemandem deine Beschreibung vor.
Verrate nicht das Ziel.
Wo ist deine Partnerin / dein Partner angekommen?

6 Verbessere deine Wegbeschreibung.

Wer sucht mit? – Den Weg beschreiben

Naomi hat ihre neue Uhr verloren.
Für einen Aushang am Schwarzen Brett schreibt sie zwei Texte zur Probe.

Wer sucht mit?

Irgendwo zwischen der Turnhalle und meinem Klassenraum habe ich meine Uhr verloren. So kannst du meinen Weg verfolgen und mir bei der Suche helfen:

Zuletzt hatte ich sie in der **Umkleidekabine.** Verlasse die Umkleide **in Richtung Mensa** und gehe dann an den vielen **bunten Sitzbänken** entlang. Anschließend musst du **durch den Haupteingang** ins Schulgebäude und hoch in die **1. Etage** laufen. Dann gehst du **am Sekretariat vorbei** und direkt auf meinen Klassenraum zu. Vor der Tür steht **eine Pflanze.**

Hilfe: Armbanduhr verloren!

Wenn du mir bei der Suche helfen willst, kannst du meinen Weg so verfolgen:

Halte dich von der Turnhalle aus **nach ca. 30 Metern rechts** Richtung Mensa. Anschließend gehst du **geradeaus** durch die **Glastür** ins Schulgebäude. Du steigst die **Treppen** hoch in die **1. Etage.** Du gehst geradeaus an einem **gelben und** an einem **grünen Bild** vorbei. **Nach ca. 10 Metern** stehst du vor meinem Klassenraum.

Naomi hat verschiedene Angaben gemacht.

Wegmarken: auffällige Gegenstände oder Orte	Zahlenangaben	Richtungsangaben
bunte Sitzbänke, …	nach ca. 10 Metern, …	in Richtung Mensa, …

1 Schreibe die Tabelle ab und ergänze sie.

2 Welche Angaben helfen euch am besten? Sprecht darüber.

2 *Mir hilft es, wenn jemand auffällige Gegenstände oder Orte nennt./ Mir helfen Zahlenangaben/Richtungsangaben./Ich finde … hilfreich.*

Naomi möchte im Fundbüro nachfragen, ob jemand ihre Uhr abgegeben hat. Sie fragt abends im Klassenchat nach dem Weg ins Fundbüro.

Du beschreibst den Weg vom Klassenraum der 5a zum Fundbüro. Nutze den Schreib-Profi.

▶ Der Schreib-Profi, S. 34

Schritt 1: Vor dem Schreiben

3 Notiere Wegmarken, Zahlenangaben und Richtungsangaben.

4 Mit welchen Wörtern verdeutlichst du die Reihenfolge in deiner Beschreibung? Schreibe die Tabelle ab und trage die Satzanfänge in die richtige Spalte ein.

am Anfang	in der Mitte	am Ende
…	…	Zum Schluss …

Zum Schluss
Zuerst
Dann
Nun
Zuletzt
Anschließend
Danach
Erst
Zunächst

Schritt 2: Beim Schreiben

5 Beschreibe den Weg.
Verwende deine Notizen zu den Aufgaben 3 und 4.

Schritt 3: Nach dem Schreiben

6 Prüft, ob ihr diese Fragen beantwortet habt:
- Wohin muss man gehen?
- Geben die Satzanfänge die richtige Reihenfolge vor?
- Woran kann man sich auf dem Weg orientieren?

Wie sieht die Uhr aus? – Einen Gegenstand beschreiben

Das Fundbüro ist in dieser Woche geschlossen.
Deshalb hinterlässt Naomi dem Hausmeister, Herrn Berg, eine Mitteilung.

Lieber Herr Berg,

ich habe meine Armbanduhr verloren! Zuletzt hatte ich sie in der Mädchen-Umkleidekabine der Turnhalle. Im Klassenraum war sie dann weg. Seitdem bin ich total traurig, weil sie ein Geburtstagsgeschenk von meinen Großeltern war. Sie ist außerdem noch fast neu und ich habe Angst, dass sie jetzt dreckig wird. Meine Uhr sieht irgendwie witzig aus. Buntstifte sind auch drauf, das gefällt mir am besten an meiner Uhr. Das Armband ist aus buntem Stoff. Der Sekundenzeiger sieht anders aus als die anderen Zeiger, weil er schwarz und schmal ist.

Ich hoffe sehr, dass jemand meine Uhr findet. ☹

Herr Berg hat mehrere Uhren gefunden. Er weiß nicht genau, welche Naomi gehört. Er stellt diese Fragen.

1 Welche Farben hat die Uhr?

2 Wie sieht das Ziffernblatt genau aus?

3 Wie viele Zeiger hat die Uhr?

4 Welche Besonderheiten haben die Zeiger?

5 Wie sieht das Armband genau aus?

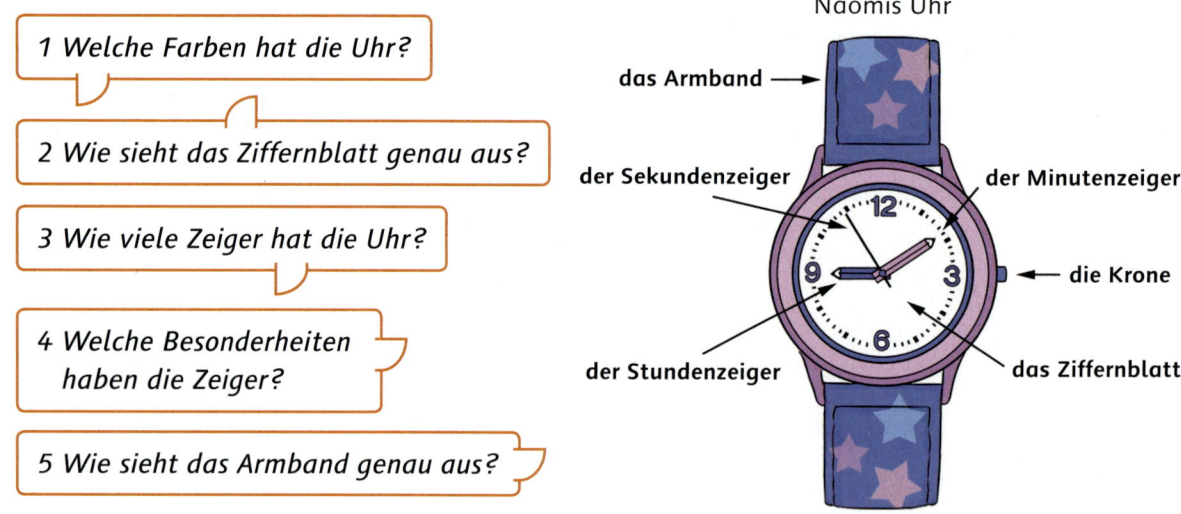

Naomis Uhr

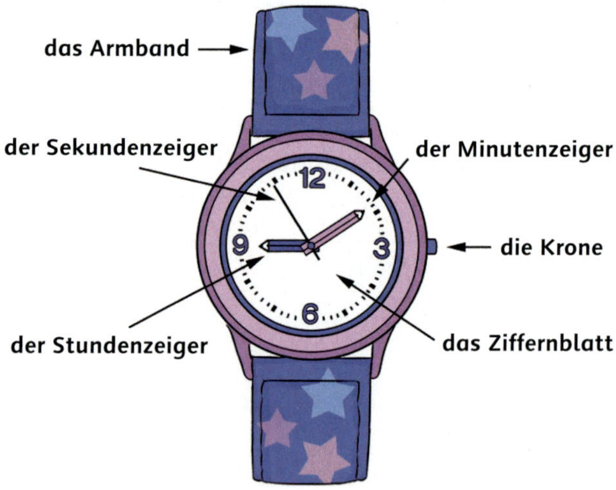

1 Beantworte die Fragen mit Hilfe der Abbildung.
Notiere Stichworte.

1 Farben: – blaues Armband

Naomis Mitteilung enthält auch Informationen, die überflüssig sind.

2 Welche Informationen braucht Herr Berg nicht, um die Uhr zu erkennen? Notiere Stichworte.

Herr Berg gibt Naomi einen Tipp.

*Eine Gegenstandsbeschreibung muss **sachlich** sein.*

3 Was meint er damit?
Schreibe die Merksätze ab und ergänze mit den Wörtern am Rand.

Eine sachliche Beschreibung ist …
Sie enthält …
Sie enthält keine …

genau | verständlich | Einzelheiten | wichtige Informationen | überflüssigen Informationen | Bewertung | eigene Meinung

Du beschreibst Naomis Uhr sachlich und genau.
Nutze den Schreib-Profi.

Schritt 1: Vor dem Schreiben

4 **a.** Schau das Bild an und lies die Beschriftung der einzelnen Teile.
b. Lies noch einmal deine Notizen zu den Aufgaben 1 und 2.
c. Ergänze deine Notizen mit passenden Adjektiven.

dunkelblau | hellblau | rosa | violett | groß | angespitzt | bunt | rund | schwarz | schmal | lang

Schritt 2: Beim Schreiben

5 Verfasse die Beschreibung mit Hilfe deiner Notizen.
- Beschreibe sachlich.
- Beschreibe so genau wie möglich.

Schritt 3: Nach dem Schreiben

6 Lest euch eure Beschreibungen gegenseitig vor.
Habt ihr genau beschrieben?
a. Vergleicht jede Beschreibung mit dem Bild von Naomis Uhr auf Seite 44.
b. Überarbeitet ungenaue Textstellen.

Üben: Wegmarken und Richtungsangaben verwenden

Auf dieser Faustskizze sind zwei Wege eingezeichnet.

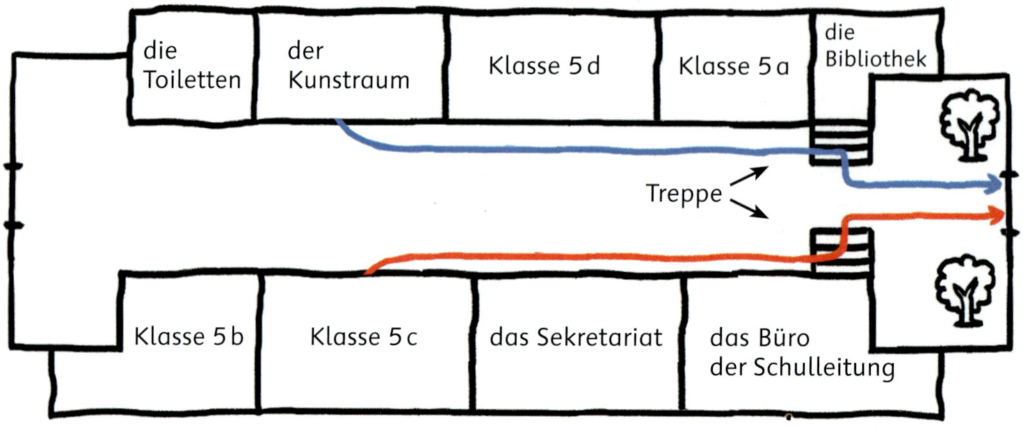

1 Verfolge beide Wege vom Start bis zum Ziel.

Diese Sätze beschreiben einen der beiden Wege.

- *Zum Schluss musst du nur noch an den Bäumen vorbei und durch das Schultor gehen.*
- *Zuerst verlässt du den Klassenraum der 5c und hältst dich rechts.*
- *Dann kommst du am Sekretariat vorbei.*
- *Danach läufst du weiter bis zur Treppe.*
- *Anschließend gehst du hinaus auf den Schulhof und überquerst ihn.*
- *Jetzt steigst du die Treppe hinunter bis ins Erdgeschoss.*

2 Zu welchem Weg passt die Beschreibung?
Schreibe die Sätze in der richtigen Reihenfolge ab.

3 Umkreise in deinem Text alle Satzanfänge.

4 Unterstreiche alle Wegmarken und Richtungsangaben mit verschiedenen Farben.

5 Beschreibe den anderen Weg auf dem Plan.
Verwende verschiedene Satzanfänge in der richtigen Reihenfolge.
Verwende passende Wegmarken und Richtungsangaben.

Üben: Treffende Adjektive verwenden

Diese beiden Uhren sind im Fundbüro abgegeben worden.

Uhr 1

Uhr 2

Diese Beschreibung passt zu einer der beiden Uhren.

*Meine Armbanduhr ist **neu** und hat die Grundfarbe Blau. Das Armband ist aus weichem Plastik und ist **bunt** gemustert. Das Ziffernblatt ist **weiß** und es sind Ziffern von 1 bis 12 aufgedruckt. Meine Uhr hat drei Zeiger, wobei der **schwarze** Sekundenzeiger der **dünnste** ist. Das Gehäuse besteht aus **dunkelblauem** Plastik. Die Krone ist **sehr klein** und aus Metall.*

1 Zu welcher Uhr passt die Beschreibung?
Begründe deine Antwort.

2 Mit welchen Adjektiven kannst du die Uhren beschreiben?
a. Schreibe die Tabelle ab.
b. Trage die Adjektive aus der Beschreibung in die richtige Spalte ein.
c. Ergänze die andere Spalte mit Adjektiven, die zur anderen Uhr passen.

Uhr 1	Uhr 2
…	…

3 Überarbeite die Beschreibung so, dass sie zur anderen Uhr passt.
– Was musst du ändern?
– Was musst du weglassen?
– Was musst du ergänzen?

Vertiefen: Eine Wegbeschreibung überarbeiten

Auf die Reihenfolge kommt es an.
In dieser Wegbeschreibung sind die Sätze durcheinandergeraten.

Du gehst nach rechts.
Du gehst durch die Glastür.
Du biegst links ab.
Du hältst dich links Richtung Mensa.
Du durchquerst die Pausenhalle.
Du gehst die Treppe hinunter
in das Erdgeschoss.
Du bist angekommen.

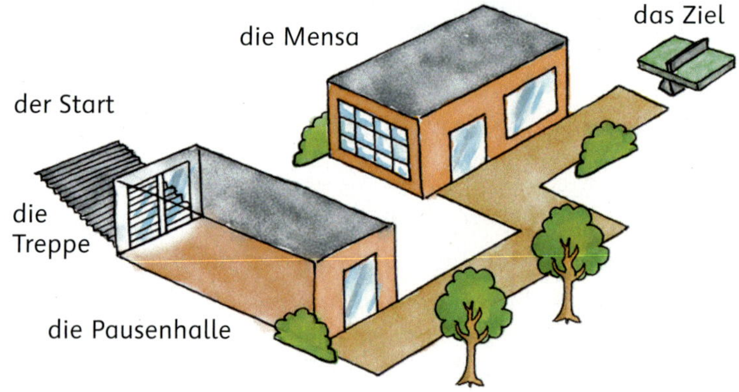

1 Schreibe die Sätze in der richtigen Reihenfolge auf.

Mit passenden Wörtern kannst du die Reihenfolge verdeutlichen.

2 Schreibe die Wörterliste am Rand ab und ergänze sie.

als Erstes
anschließend
zuletzt
…

3 Überarbeite die Wegbeschreibung.
Ergänze die Wörter aus deiner Liste.

Zunächst gehst du …
Du hältst dich anschließend …

4 Beschreibe einen Weg auf deinem Schulgelände.
Verwende Wörter aus der Wörterliste.

3 *Die Wörter können an verschiedenen Stellen im Satz stehen:*
Zunächst *gehst du die Treppe hinunter in das Erdgeschoss.*
Du gehst ***zunächst*** *die Treppe hinunter in das Erdgeschoss.*

Vertiefen: In Beschreibungen Sätze verbinden

Sätze sinnvoll verknüpfen und umstellen

Eine sachlich richtige Beschreibung kannst du sprachlich verbessern.
Du kannst zum Beispiel Sätze miteinander verbinden.

*1 **Die Jacke** ist rot. **Sie hat** blaue Strickbündchen. **Sie hat** ein dickes Futter.*
*2 Die Jacke ist rot**,** hat blaue Strickbündchen **und** ein dickes Futter.*

1 Welche Formulierung ist besser?
a. Vergleiche die Sätze 1 und 2.
b. Begründe deine Antwort.

2 Verbinde die folgenden Sätze.
Tipp: Achte auch auf die Kommasetzung.

A *Es gibt in unserem Klassenraum sechs Gruppentische. Es gibt ein großes Lehrerpult. Es gibt drei große Regale mit ausziehbaren Fächern.*
B *In der Ecke rechts neben der Tafel befindet sich ein Waschbecken. Dort befindet sich der Seifenspender. Dort befindet sich der Papierhandtuchhalter.*
C *Die Jacke ist aus leichtem Jeansstoff. Sie hat Knöpfe aus Metall. Sie hat eine Stickerei auf der linken Schulter.*

Du kannst auch Sätze umstellen.

1 Dann gehst du am Ende der Treppe nach links.
2 Am Ende der Treppe gehst du dann nach links.
3 Nach links gehst du dann am Ende der Treppe.

3 Welche Informationen werden durch den Satzbau betont?
a. Lies die Sätze halblaut.
b. Erkläre, an welcher Stelle im Satz die betonten Wörter stehen.

4 Stelle die folgenden Sätze um.

Der Klassenraum befindet sich in der vierten Etage.
Vorne ist eine riesengroße Tafel angebracht.

5 Du hast schon einige Beschreibungen geschrieben.
Wähle eine aus und überarbeite sie.
– Vermeide Wiederholungen.
– Stelle die Sätze so um, dass wichtige Informationen betont werden.

▶ Die Wegbeschreibung, S. 43, 46–48

▶ Die Gegenstandsbeschreibung, S. 45–47

Wie kommt man zum Schulgarten? – Wege beschreiben

In dieser Schule wird ein neuer Schulgarten eingeweiht.

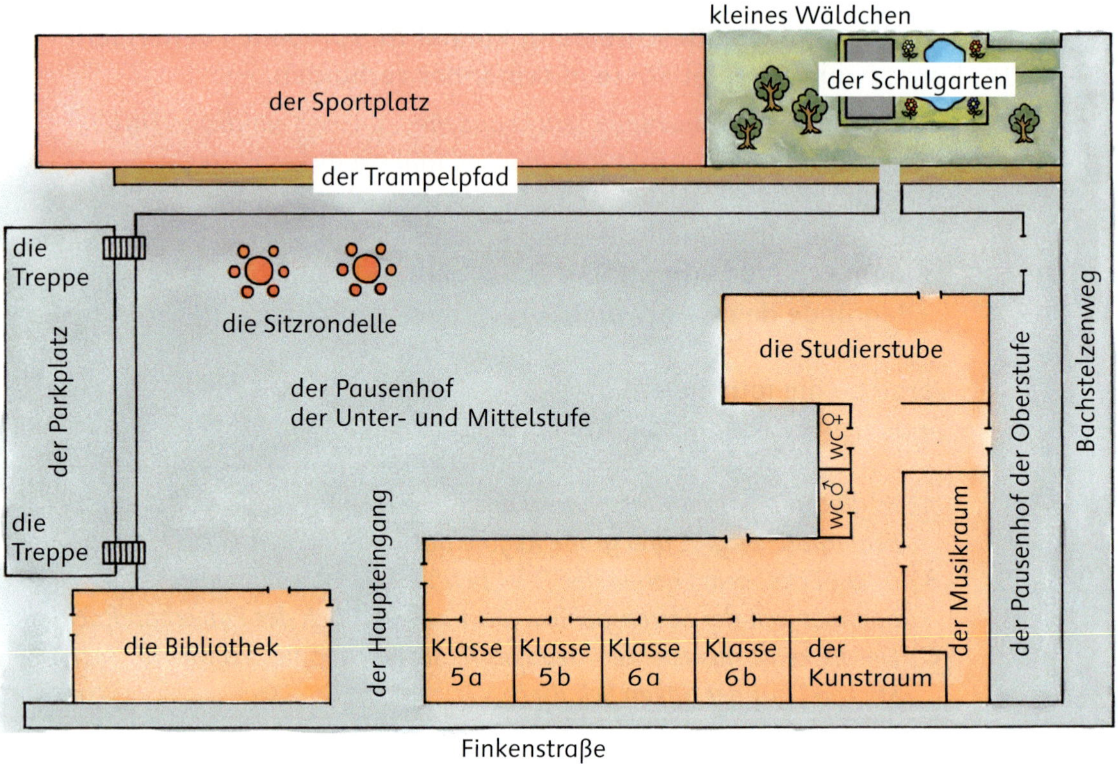

1 Wie kommt man zum Schulgarten?
a. Beschreibe den kürzesten Weg von zwei verschiedenen Startpunkten aus.
b. Lass jemanden die Ausgangspunkte mit Hilfe deiner Beschreibungen erraten.

2 Welche auffälligen Stellen (Wegmarken) haben euch beim Erraten geholfen? Tauscht euch darüber aus.

Du beschreibst einen Weg in der Reihenfolge, in der man ihn geht.

3 **a.** Prüfe, ob du in der richtigen Reihenfolge beschrieben hast.
b. Ergänze wenn nötig Formulierungen, die ausdrücken, in welcher Reihenfolge etwas geschieht.

Vom Haupteingang in der Finkenstraße geht man zunächst …

3 **b.** – *zunächst, zu Beginn, erst*
– *anschließend, gleich darauf, als Nächstes*
– *am Ende, zuletzt*

Die Wegbeschreibung sollte genaue Angaben enthalten.

beim kleinen Wäldchen | geradeaus über den Pausenhof | den Trampelpfad entlang | die Treppe direkt bei den Sitzrondellen | aus der Bibliothekstür hinaus | im Kunstraum

4 Welche Angaben sind ungenau?
a. Überprüfe sie mit Hilfe des Grundrisses auf Seite 50.
b. Verbessere ungenaue Angaben.

beim kleinen Wäldchen – besser: rechts/links vom kleinen Wäldchen

Eine Wegbeschreibung sollte sachlich sein.

laufen | rennen | gehen | schlendern | abbiegen | überqueren | wandern | schleichen | hinaufsteigen | eilen | hinunterlaufen | schlurfen | hindurchgehen

5 Welche Verben passen zu einer sachlichen Beschreibung? Schreibe sie auf.

Zur Einweihung sollen Gäste nach einem Empfang in der Bibliothek in den neuen Schulgarten kommen. Du beschreibst einen geeigneten Weg für den Fall, dass es am Tag der Einweihung regnet.
Nutze den Schreib-Profi.

Schritt 1: Vor dem Schreiben

6 **a.** Suche einen Weg, der durch das Gebäude führt.
b. Suche Wegmarken auf dem Weg.
c. Wähle eine passende Anrede-Form (du/ihr, Sie).

Schritt 2: Beim Schreiben

7 Beschreibe den Weg.
- Beschreibe vom Ausgangspunkt Schritt für Schritt in der richtigen Reihenfolge.
- Beschreibe genau und sachlich.

Schritt 3: Nach dem Schreiben

8 Überarbeite deine Wegbeschreibung mit Hilfe der folgenden Fragen:
- Fehlen wichtige Angaben?
- Welche Angaben sind nicht sachlich?
- Welche Angaben müssen genauer formuliert werden?

Unser neuer Treffpunkt – Räume beschreiben

Die Schulgarten-AG bekommt einen alten Bauwagen, den die Schülerinnen und Schüler als Treffpunkt nutzen wollen.

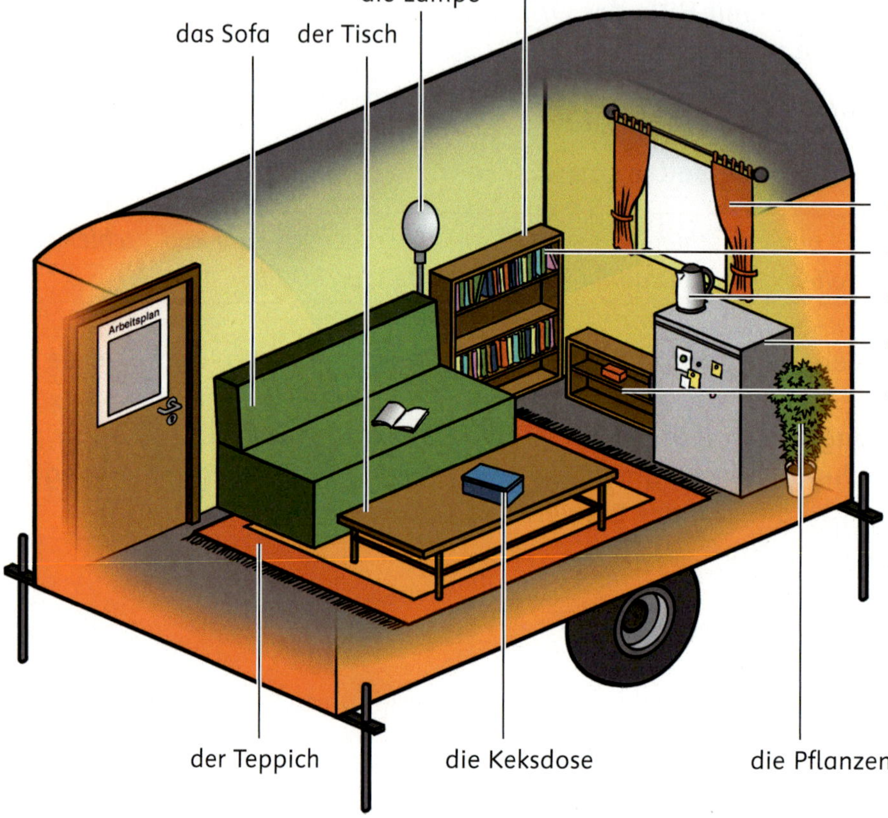

1 Wie sieht der Bauwagen von innen aus?
Beschreibe das Bild.

Eine Raumbeschreibung sollte genaue Angaben enthalten.

1 ***Dort hinten*** *befindet sich das grüne Sofa.*
2 *Im Regal stehen unsere Bücher und Comics.*
3 *Neben dem Kühlschrank steht eine Pflanze.*
4 *Es gibt einen Vorhang.*
5 *An der Wand steht eine Lampe.*

2 Verbessere die Sätze.
a. Überprüfe mit Hilfe des Bildes, welche Angaben ungenau sind.
b. Ergänze oder ersetze durch genaue Angaben.

Eine Raumbeschreibung sollte sachlich sein.

1 Der Bauwagen sieht von innen ***richtig gemütlich*** *aus.*
2 Er ist meistens aufgeräumt, außer mittwochs direkt nach unseren Treffen.
3 Leider gibt es noch keine Lautsprecher, sodass wir nicht Musik hören können.
4 Die Wände sind sonnengelb gestrichen.
5 An der Tür hängt unser Arbeitsplan für dieses Schuljahr.
6 Am liebsten sitze ich auf dem grünen Sofa mit Blick aus dem Fenster.

3 Welche Informationen sind unsachlich?
Begründe deine Antwort.

▶ Sachlich beschreiben, S. 34

Wie sieht dein Traum-Treffpunkt aus?

Beschreibe mit dem Schreib-Profi.

Schritt 1: Vor dem Schreiben

4 Was willst du beschreiben?
- **a.** Fertige nach deiner Vorstellung eine Skizze an.
- **b.** Beschrifte die Gegenstände.
- **c.** Sieh dir die fertige Skizze an.

Schritt 2: Beim Schreiben

5 Beschreibe deine Skizze.
- Beschreibe, wo genau sich die Gegenstände befinden.
- Beschreibe sachlich.

Schritt 3: Nach dem Schreiben

6 Welche Informationen sind wichtig, um sich den Raum genau vorzustellen?
- **a.** Tauscht zunächst nur eure Beschreibungen aus.
- **b.** Zeichnet nach der Beschreibung eurer Partnerin oder eures Partners eine Skizze.
- **c.** Vergleicht die Skizze, die ihr nach der Beschreibung gezeichnet habt, mit der Skizze eurer Partnerin oder eures Partners (Aufgabe 4).
- **d.** Verbessert eure Beschreibungen.

Üben: Zusammengesetzte Verben verwenden

Anna hat ihren Vater zur Einweihung des neuen Schulgartens eingeladen. Sie beschreibt ihm den Weg vom Parkplatz zum neuen Schulgarten.

Hallo Papa,
den Weg in den Schulgarten findest du ganz leicht:
Du steigst die Treppen am Ende des Parkplatzes hinauf.
Oben biegst du gleich nach rechts ab.
Dann läufst den Trampelpfad entlang.
Du gehst am Sportplatz und am kleinen Wäldchen vorbei.
Danach gehst durch das grüne Tor am Ende des Trampelpfads hindurch.
Dort biegst in den Bachstelzenweg links ein.
Nach wenigen Schritten kommst du schließlich im Schulgarten an.

1 Welchen Weg geht Annas Vater?
a. Schreibe die Sätze auf.
b. Markiere beide Teile des Verbs und verbinde sie.
c. Schreibe den Infinitiv dazu.

Annas Vater steigt die Treppen am Ende des Parkplatzes hinauf. – hinaufsteigen

Merkwissen

Im Satz stehen die Verbteile zusammengesetzter Verben getrennt.
hinaufgehen – Er **steigt** die Treppen **hinauf**.

Auf dem Rückweg möchte Annas Vater mehr vom Schulgelände sehen.

aus dem Schulgarten herausgehen | der Menschenmenge hinterherlaufen | in den nächsten Eingang rechts hineingehen | über den Hof auf die große Tür zulaufen | die Treppen hinuntersteigen | in das Auto einsteigen und losfahren

2 Was tut Annas Vater auf dem Rückweg?
a. Schreibe vollständige Sätze auf.
b. Unterstreiche in den Sätzen die Verbteile und verbinde sie.
c. Schreibe den Infinitiv dazu.

Annas Vater geht aus dem Schulgarten heraus. – herausgehen

3 Beschreibe einen Weg in deiner Schule.
Verwende zusammengesetzte Verben.

Üben: Passende Anredeformen verwenden

**Paul, Naomi und Tarik kennen sich in ihrer Schule gut aus.
So beschreiben sie Wege für verschiedene Personen:**

Naomi: Wenn Sie zum Lehrerzimmer wollen, dann müssen Sie vor dem Klassenzimmer der 5 c nach rechts gehen und gleich links den Gang hinunterlaufen. Auf der linken Seite hinter der zweiten Tür befindet sich das Lehrerzimmer.

Paul: Wenn du vom Klassenzimmer zur Toilette musst, gehst du aus der Tür nach links, den Gang hinunter und biegst dann rechts ab. Dann musst du bis zur letzten Tür auf der linken Seite. Direkt gegenüber der Eingangstür zur Aula sind die Toiletten.

Tarik: So findet ihr den Musikraum: Geht aus dem Klassenraum nach links, den Gang entlang. Biegt dann rechts in den langen Gang ein und lauft immer geradeaus. Die Tür direkt vor euch ist der Eingang zum Musikraum.

1 Wer könnte jeweils nach dem Weg gefragt haben?
a. Achte auf die Anredeformen in den Beschreibungen.
b. Begründe deine Vermutungen
Naomi beschreibt den Weg für eine Person, die ..., zum Beispiel ... denn ...

Diese Personen fragen Anna nach dem Weg:

- *eine Schülergruppe der Partnerschule in Leipzig*
- *zwei Vertreter der Gemeindeverwaltung*

2 Wen sollte Anna wie ansprechen?
Ordne den Personen passende Anredeformen zu.

3 Für wen beschreibst du?
a. Entscheide dich für eine Person oder Personengruppe.
b. Beschreibe den Weg vom Schuleingang zu deinem Klassenzimmer.
Verwende eine passende Anredeform.
Tipp: Achte auf die Groß- und Kleinschreibung.

du: *Erst gehst du geradeaus.*
Gehe erst geradeaus.

Sie (*Höflichkeitsform*): *Erst gehen Sie geradeaus.*
Gehen Sie erst geradeaus.

Vertiefen: Wichtiges ergänzen und Überflüssiges weglassen

Erweiterungsprobe und Weglassprobe

Die Klasse 5.1 bereitet für den Tag der offenen Tür eine Schatzsuche vor. Diese Beschreibung soll zum Schatz führen, der im Klassenraum versteckt ist.

Liebe Schatzsucher,
endlich seid ihr nach langem, langem Suchen und Lösen kniffliger Rätsel fast am Ziel: Mit der folgenden Beschreibung, bei der wir uns viel Mühe gegeben haben, erfahrt ihr, wo und wie ihr weiter suchen und stöbern müsst, um den tollen Schatz zu finden. Am Fenster gibt es zahlreiche Schubladen in verschiedenen Farben, in denen unsere Arbeitsmaterialien geordnet sind. In einer davon befindet sich ein Spiegel, mit dem wir schon interessante Experimente im Unterricht durchgeführt haben. Mit Hilfe des Spiegels könnt ihr entziffern, was in Spiegelschrift an der Tafel steht. Folgt diesem Hinweis und sucht geduldig auf Hüfthöhe nach dem Versteck.

1 Wo ist der Schatz versteckt?
Lies die Beschreibung und sieh dir das Bild an.

Die Beschreibung muss noch überarbeitet werden.

2 Überprüfe die Beschreibung.
- An welchen Textstellen stehen unnötige Wiederholungen oder überflüssige Formulierungen?
- An welchen Textstellen ist die Beschreibung noch ungenau? Was muss ergänzt werden?

3 Schreibe die Beschreibung ab und lass rechts einen Rand:
a. Streiche Überflüssiges.
b. Schreibe Anmerkungen oder Korrekturvorschläge an den Rand.

	Anmerkungen/Korrekturen
Liebe Schatzsucher,	
endlich seid ihr ~~nach langem, langem Suchen und Lösen~~	
~~kniffliger Rätsel~~ fast am Ziel.	

4 Schreibe eine verbesserte Fassung der Beschreibung auf.

Nun kannst du selbst eine Schatzsuche vorbereiten.

5 Wo soll deine Schatzsuche stattfinden?
a. Entscheide dich für einen Startpunkt und ein Ziel.
b. Beschreibe den Weg vom Start zum Ziel und zeichne eine Skizze dazu.
c. Überarbeite deine Beschreibung mit Hilfe des Merkwissens.

6 Führt deine Beschreibung zum Ziel?
a. Lass deine Mitschülerinnen und Mitschüler das Ziel mit Hilfe deiner Beschreibung suchen.
b. Sprecht darüber, welche Textstellen überarbeitet werden müssen.

Merkwissen

Texte überarbeiten: Die Erweiterungsprobe und Weglassprobe
Weglassprobe: Texte straffen, Wiederholungen vermeiden
Mit der Weglassprobe prüfst du, welche Wörter gestrichen werden sollten, weil sie überflüssig sind oder umständlich klingen.
Erweiterungsprobe: Genau und anschaulich beschreiben
Mit der Erweiterungsprobe prüfst du, ob eine Aussage ausreichend genau oder anschaulich genug ist oder ob du noch etwas ergänzen solltest.

Für wen ist die Beschreibung? – Wege beschreiben

Wegbeschreibungen helfen im Alltag, einen gesuchten Ort zu finden.

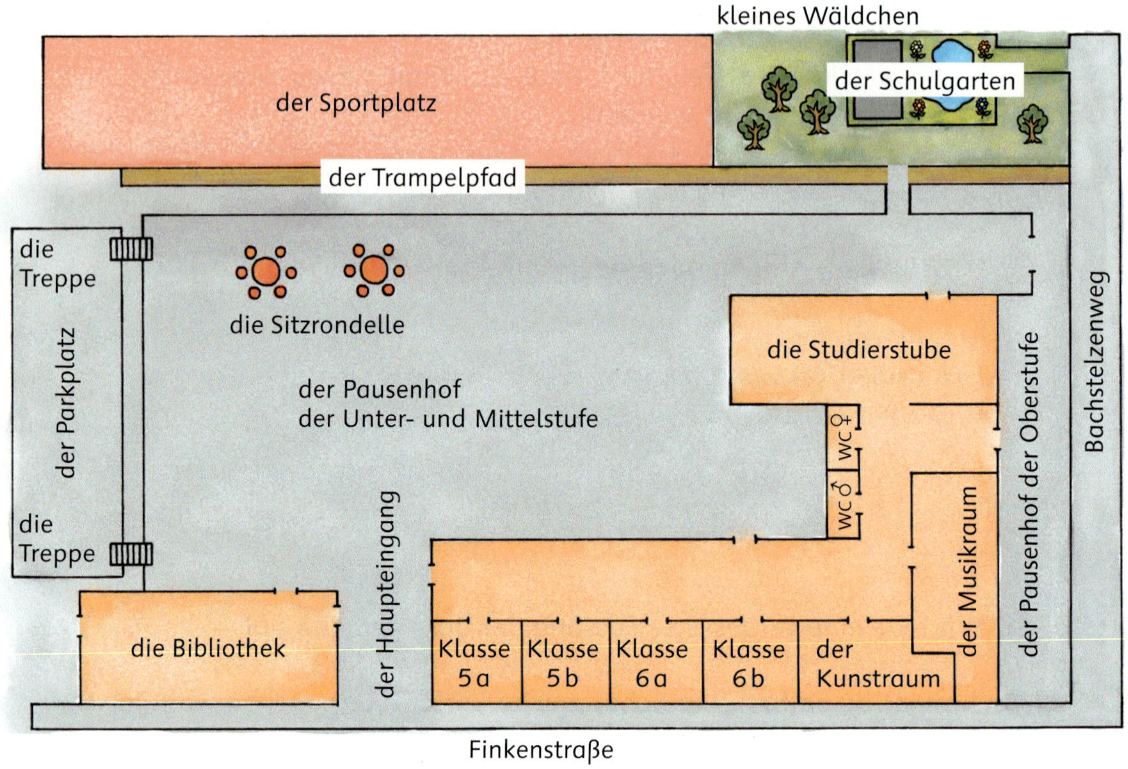

A Du befindest dich in dem Parterre vor den Toiletten. Nachdem du dich nach rechts gewendet hast, läufst du um die Ecke und den Flur entlang an den Klassenräumen der 5. und 6. Klassen in Richtung Bibliothek. Am Ende des Flurs verlässt du das Gebäude und betrittst den Hof der Unter- und Mittelstufe. Rechts der Bibliothek siehst eine Treppe, die du hinuntergehst. Am Ende der Treppe befindet sich dein Ziel.

B Nachdem Sie die Schule durch den Haupteingang in der Finkenstraße betreten haben, überqueren Sie den Schulhof. Gehen Sie geradeaus auf die Sitzrondelle zu und biegen Sie dahinter rechts in den Trampelpfad ein. Laufen Sie am Sportplatz entlang in Richtung kleines Wäldchen. Gehen Sie daran vorbei und schon erblicken Sie auf der linken Seite ihr Ziel.

C Verlasse den Klassenraum der 5a und begib dich nach rechts. Laufe den Flur entlang. Biege am Kunstraum links ab und gehe in Richtung Studierstube. Hinter dem Musikraum wendest du dich nach rechts. Du verlässt das Schulgebäude und gehst parallel zum Bachstelzenweg auf den Schulgarten zu. Biege nach links in den Trampelpfad ein. Wenn du am kleinen Wäldchen vorbeigehst, siehst du rechts vom Trampelpfad dein Ziel.

1 Wohin führen die beschriebenen Wege?
Beantworte die Frage mit Hilfe der Beschreibungen und der Skizze.

2 Begründe deine Antwort auf die folgenden Fragen mit passenden Textstellen.
- Für wen könnten die Wegeschreibungen jeweils angefertigt worden sein?
- In welchen Situationen wären die einzelnen Wegbeschreibungen angemessen?

Bestimmt kennst du dich in deiner Schule gut aus.

3 Fertige eine Skizze deiner Schule oder des Stockwerks an, in dem deine Klasse liegt.

Beschreibe einen Weg mit dem Schreib-Profi. ▶ Der Schreib-Profi, S. 34

Schritt 1: Vor dem Schreiben

4 Für wen und in welcher Situation schreibst du?
Entscheide dich für eine passende Personalform.

Ein neuer Lehrer hat Pausenaufsicht. Er sucht den kürzesten Weg aus deiner Klasse auf den Hof.
Deine Eltern wollen zum ersten Elternabend. Sie kennen den Weg zu deinem Klassenraum nicht.

5 Welchen Weg beschreibst du?
a. Zeichne ihn auf deiner Skizze ein.
b. Trage auch auffällige Wegmarken ein, an denen sich andere orientieren können.

6 Fertige eine Wörtersammlung an.
Notiere passende Verben, orts- und richtungsbeschreibende Wörter.

Schritt 2: Beim Schreiben

7 Verfasse die Wegbeschreibung.
- Beschreibe sachlich und genau.
- Beachte die richtige Reihenfolge.

Schritt 3: Nach dem Schreiben

8 Erstelle eine Checkliste für eine Wegbeschreibung. ▶ Der Schreib-Profi, S. 34
Überprüfe deine Wegbeschreibung mit der Checkliste und überarbeite sie.

Mein Klassenraum – eine Raumbeschreibung gliedern

Damit die Leserinnen und Leser deiner Raumbeschreibung ein möglichst genaues Bild bekommen, ist es entscheidend, dass du planvoll vorgehst und nicht abwechselnd allgemeine Eindrücke und winzige Details beschreibst.

Du beschreibst deinen Klassenraum mit dem Schreib-Profi.

Schritt 1: Vor dem Schreiben

1 Verschaffe dir einen Überblick über die Merkmale, nach denen du deinen Klassenraum beschreiben kannst.
Tipp: Eine Mind-Map ist dafür gut geeignet.

▶ Die Mind-Map, S. 96

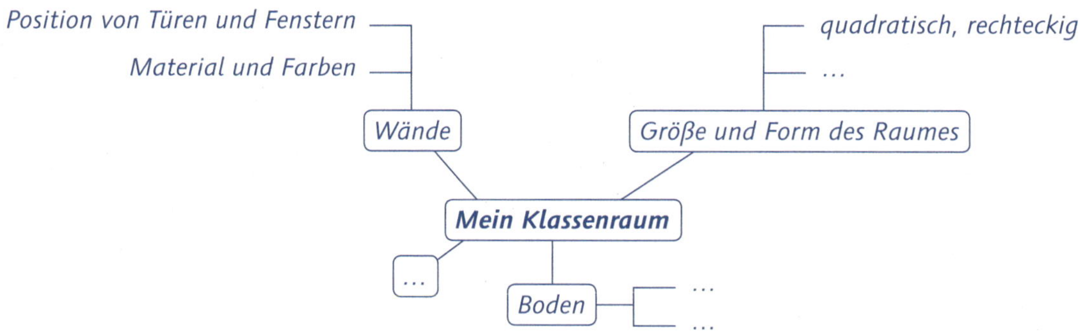

Schritt 2: Beim Schreiben

2 Schreibe eine Gliederung für deine Raumbeschreibung.
Lege eine sinnvolle Reihenfolge fest, zum Beispiel vom Allgemeinen zum Besonderen.

3 Beschreibe deinen Klassenraum sachlich und genau.
Orientiere dich dabei an der Reihenfolge in deiner Gliederung.

Schritt 3: Nach dem Schreiben

4 Überprüfe deine Raumbeschreibung.
- Ist die Beschreibung klar gegliedert und verständlich?
- Ist die Beschreibung sachlich und genau?
- Ist deine Beschreibung sprachlich richtig?

5 Überarbeite deine Raumbeschreibung und korrigiere die Rechtschreibfehler.

Von verschiedenen Standorten aus beschreiben

Einen Raum kannst du unterschiedlich beschreiben, je nachdem, von wo aus du ihn betrachtest.

Raumbeschreibung: Unsere Studierstube
An der vorderen Wand befindet sich ein großes Plakat. Links davon gibt es ein Waschbecken. An der rechten Wandseite befinden sich die Fenster. …

1 Von welchem Standort A – D aus wurde die Studierstube beschrieben? Begründe deine Antwort mit passenden Textstellen.

Wähle eine der folgenden Aufgaben aus.

2 1 Ergänze die Raumbeschreibung unter dem Bild. Berücksichtige den vorgegebenen Standort.

2 2
- **a.** Beschreibe die Studierstube von einem anderen Standort aus.
- **b.** Lies deine Beschreibung vor oder gib sie jemandem zum Lesen.
- **c.** Können andere den von dir gewählten Standort erraten?
- **d.** Verbessere falsche oder ungenaue Angaben.

Vertiefen: Navigationstexte untersuchen

Im Alltag werden verschiedene Hilfsmittel verwendet, um einen Ort zu finden.

A	Luisenstraße 2, 50679 Köln
B	Willy-Brandt-Platz 2, 50679 Köln
7 Min. Über Deutzer Freiheit, Deutz-Kalker Straße	
A	Luisenstraße 2, 50679 Köln
↑	Verlassen Sie Luisenstarße in Richtung Deutzer Freiheit
↱	Biegen Sie rechts auf Deutzer Freiheit ab
↑|	Halten Sie sich links Richtung Deutz-Kalker-Straße
↰	Biegen Sie links auf Östliche Zubringerstraße/L111 ab
●	Ankunft in Östliche Zubringerstraße/L111 auf der linken Seite. Wenn Sie L188 erreichen, sind Sie zu weit gefahren.
B	Willy-Brandt-Platz 2, 50679 Köln

1 Verfolge den Weg von A nach B auf dem Kartenausschnitt.

2 Überprüfe die Wegbeschreibung des Routenplaners mit der Arbeitstechnik unten.
- Welche Schreibtipps werden berücksichtigt? Welche nicht?
- Welche Gründe könnte es für diese Form der Wegbeschreibung geben?

3 Beschreibe deinen Schulweg mit Hilfe der Arbeitstechnik.

Arbeitstechnik: Wege beschreiben

Benenne den **Startpunkt** möglichst genau.
Beschreibe den Weg **der Reihe nach**, so wie man ihn geht oder fährt.
Gib die **Richtung** an, in die man gehen soll: *rechts, links, geradeaus, über die Straße*
Nenne **Bezugspunkte**, z. B. *mit dem Rücken zum Schuleingang, in Fahrtrichtung …*
Nenne **Wegmarken** zur Orientierung, z. B. *am Kiosk, hinter der Feuerwehreinfahrt, gegenüber vom Rathaus*
Gib **Entfernungen und Zeitspannen** an, z. B. *nach 30 Metern, nach 5 Minuten*
Nenne **Namen** von Straßen oder Räumen, die auf dem Weg liegen.
Beschreibe **unübersichtliche Stellen** besonders **genau**, zum Beispiel an Mehrfachkreuzungen oder bei versteckten Eingängen.

Vertiefen: Lernorte der Vergangenheit und der Zukunft beschreiben

In solch einem Klassenzimmer fand Unterricht vor ungefähr 100 Jahren statt.

Du beschreibst das Klassenzimmer mit dem Schreib-Profi.

1 Gehe in deiner Beschreibung auch auf folgende Fragen ein:
- Wie wirkt das Klassenzimmer auf dich: gemütlich, kalt, aufgeräumt, dunkel?
- Was fällt dir besonders auf? Welche Gegenstände erst bei genauerer Betrachtung?
- Welche Gegenstände findest du besonders interessant? Wie sehen sie aus?

2 Was kannst du über das Lernen in einem historischen Klassenzimmer erfahren?
a. Notiere erst Ideen und Fragen zu diesem Thema.

Welche Arbeitsmaterialien wurden verwendet?
Wie war der Unterricht organisiert?

b. Recherchiere weitere Informationen.

Stelle dir vor, du kannst in die Zukunft reisen.

3 Wo und wie werden Schülerinnen und Schüler in 100 Jahren lernen?
a. Zeichne eine Skizze nach deiner Vorstellung.
b. Beschreibe die Skizze und erläutere sie.

▶ Das Futur, S. 289

4 Stelle deine Ergebnisse in einer Präsentation zum Thema Schule früher – Schule der Zukunft vor.

Beschreibungen gemeinsam überprüfen

Ihr habt in diesem Kapitel Wege, Gegenstände und Räume beschrieben. Ob die Beschreibungen euren Leserinnen und Lesern helfen, eine Vorstellung davon zu bekommen, könnt ihr gemeinsam überprüfen.

Wählt aus den folgenden Aufgaben aus. Bildet gemischte Gruppen:

1 1 Gestaltet eine Mal-Mappe mit euren Gegenstandsbeschreibungen.
Können eure Mitschüler den passenden Gegenstand mit Hilfe eurer Beschreibung malen?

▶ Die Gegenstandsbeschreibung, S. 38–39, 44–45, 47

1 2 Führt einen Galeriegang durch.

a. Hängt Bilder von Räumen auf, die ihr beschrieben habt.
b. Hängt eure Beschreibungen ungeordnet dazu.
Finden eure Mitschüler zu jeder Beschreibung das passende Foto?

▶ Die Raumbeschreibung, S. 52–53, 60, 63

1 3 Stellt eure Ergebnisse zum Thema Schule der Zukunft vor.
Können eure Mitschüler zu jeder Beschreibung die passende Skizze finden?

▶ Die Raumbeschreibung, S. 63

Wie gut kennt ihr euch in eurer Schule aus?

1 4 Erkundet eure Schule

a. Notiert, was euch in der Schule besonders interessiert.
b. Ordnet die Fragen.
c. Findet die Antworten auf die Fragen heraus:
Erkundigt euch und überprüft die Antworten.
d. Schreibt ein Informationsblatt für neue Schülerinnen und Schüler oder organisiert eine Rallye.

Unsere Schule – Erkundungsbogen

Allgemeine Informationen
Wo ist das Sekretariat?
Was ist der Vertretungsplan?
Wo findet man ihn?
Gibt es eine Schülerbibliothek?
Wie findet man dorthin?

Unterricht
Wo liegen die Fachräume für …?
Gibt es einen Computerraum?

Pausen
Wo kann man sich in den Pausen aufhalten (drinnen/draußen)?
Wo kann man etwas zu essen oder zu trinken bekommen?
…

Geschichtliches zur Schule
Wann wurde die Schule gegründet?
Was steckt hinter dem Schulnamen?

Sachlich beschreiben – was ist wichtig?

Beim Beschreiben habt ihr verschiedenes beachtet.

Bildet gemischte 3er-Gruppen:

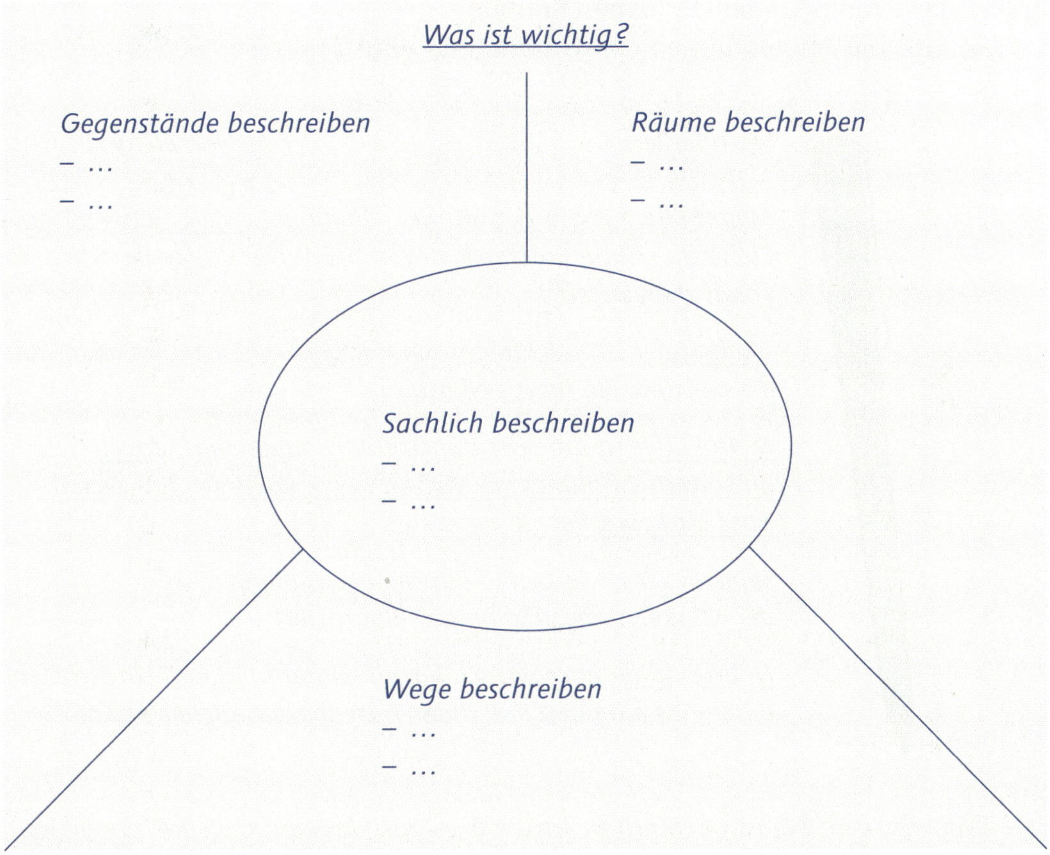

1 Erstellt ein Placemat.
Teilt einen großen Bogen Papier so ein, wie im Beispiel oben.

▶ Das Placemat, S. 345

2 Teilt zunächst die **Außenfelder** unter euch auf.
Jeder von euch trägt seine Überlegungen in ein Außenfeld ein.

3 Was ist für **alle** Beschreibungsformen wichtig?
a. Tauscht euch darüber aus.
b. Einigt euch, was ihr in das mittlere Feld eintragen wollt.
c. Tragt die Ergebnisse eurer Besprechung **in das mittlere Feld** ein.

4 Stellt euer Placemat in der Klasse vor.
Tipp: Ihr könnt es anschließend in der Klasse aufhängen.

Die Schreibkonferenz – Texte überarbeiten

Tarik hat seinen Füller beschrieben. Seine Mitschüler wollen ihm helfen, die Beschreibung zu verbessern.

1 a. Lest Tariks Gegenstandsbeschreibung.
b. Lest die Anmerkungen von Naomi, Paul und Anna.

Achtung: Fehler!

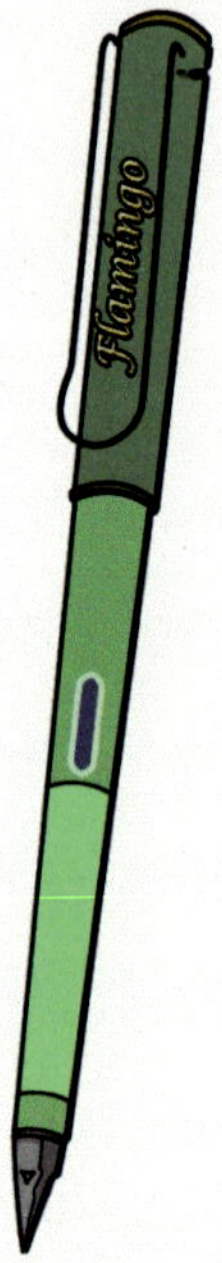

Mein Füller *Name: Tarik*

Mein Füller ist von der Marke „Flamingo". ① Mein Füller ist grün. Es ist ein richtig kräftiges, helles Grün. Die Kappe ist allerdings etwas dunkler. ☺

① Mein Füller ist aus Plastik. Seine Oberfleche (Oberfläche) ist aber nicht glatt wie die meisten. Sie fühlt sich rau an.

① Mein Füller ist an einer Kante etwas angenahgt (angenagt), da ich im Unterricht manchmal darauf kaue, wenn ich nervös bin. ② Aber ihr kennt das ja.

Seine Feder ist spitz und aus metall (Metall). Außerdem ist der Markenname „Flamingo" eingraviert.

Dann sind da noch (?) ein schwarzer Gummiring und ein Sichtfenster, ☺ *durch das man den Stand der Tintenpatrone sehen kann.* ③

Naomi: Dein Text ist ausführlich. Ich finde es gut, dass du so viele Einzelheiten beschreibst. ① Die Satzanfänge sind oft gleich. Schreibe doch statt „Mein Füller" auch mal „Er" oder stelle die Sätze um. ② Den dritten Absatz finde ich nicht sachlich.

Paul: Mir gefällt es, dass du viele verschiedene Wörter benutzt, um deinen Füller zu beschreiben. Du hast deine Beschreibung auch gut in Absätze gegliedert. ③ Du könntest die Kappe noch genauer beschreiben. Was hältst du davon: „Die Kappe besitzt eine Haltespange aus einem runden Metalldraht"?

Anna: Du hast alle Verben im Präsens geschrieben. Das hast du gut gemacht. Im letzten Absatz verstehe ich etwas nicht: Meinst du den Schaft? Schreib doch: „Am Schaft befinden sich ein schwarzer Gummiring und ein Sichtfenster, …" Ach ja, ich habe ein paar deiner Rechtschreibfehler korrigiert.

2 Welche Anmerkungen habt ihr zu Tariks Beschreibung?
Was fällt euch an den Anmerkungen von Naomi, Paul und Anna auf?
Tauscht euch darüber aus.

In einer Schreibkonferenz könnt ihr eure Texte gemeinsam in der Gruppe überarbeiten. Für die Durchführung vereinbart ihr Regeln.

3 Lest die Regeln 1 bis 5.

Arbeitstechnik

Eine Schreibkonferenz durchführen

Regel 1: **Die Autorin oder der Autor** eines Textes prüft:
- Steht mein Name über dem Text?
- Ist meine Handschrift lesbar?

Alle anderen wählen eine Farbe, mit der sie ihren Namen und Anmerkungen unter den Text schreiben.

Regel 2: Schreibt **zuerst** auf, was euch gefällt.

Regel 3: Schreibt Fragen auf, wenn ihr etwas nicht versteht.

Regel 4: Schreibt eure **Anmerkung mit einem Verbesserungsvorschlag** auf, wenn euch eine Textstelle nicht gefällt oder ihr Fehler findet.

Regel 5: Jeder schreibt den eigenen Text noch einmal sauber und gut lesbar auf.
Beachtet dabei die Anmerkungen und Verbesserungsvorschläge.

4 An welche Regeln haben sich Naomi, Paul und Anna gehalten?

a. Lest ihre Anmerkungen auf Seite 66 noch einmal.

b. Begründet eure Antwort mit passenden Textstellen.

Naomi, Paul und Anna haben in Tariks Text verschiedene Zeichen gesetzt. Sie haben verschiedene Bedeutungen.

Zeichen	Bedeutung
	Diese Textstelle/Formulierung gefällt mir besonders gut!
	Diese Textstelle ist unverständlich oder nicht lesbar.
〰〰〰	Das Wort ist falsch geschrieben. Die richtige Schreibung steht darüber.
①, ②, ③, …	Zu dieser Textstelle gibt es eine Anmerkung und einen Verbesserungsvorschlag. Beides steht nummeriert unter dem Text.

5 Schreibt die Tabelle ab und ergänzt die fehlenden Zeichen, die Naomi, Paul und Anna auf Seite 66 verwendet haben.
Ergänzt eigene Zeichen für eure Anmerkungen (Aufgabe 2).

Eine Gegenstandsbeschreibung überarbeiten

Verbesserungsvorschläge helfen, einen Text zu überarbeiten.

Naomi schreibt: Die Satzanfänge sind oft gleich.

Mein Füller ist von der Marke „Flamingo". Mein Füller ist grün.
Mein Füller ist aus Plastik.
Mein Füller ist an der oberen Kante etwas angenagt.

1 Formuliert die Sätze neu.
Verwendet verschiedene Satzanfänge.
Tipp: Ihr könnt Naomis Vorschläge auf Seite 66 nutzen.

Tariks Beschreibung ist an manchen Stellen nicht sachlich.

Mein Füller ist an einer Kante etwas angenagt, da ich im Unterricht manchmal darauf kaue, wenn ich nervös bin. Aber ihr kennt das ja.

2 Welche Informationen sind überflüssig?
Welche enthalten eine persönliche Wertung?
Schreibt die Textstelle ab. Lasst überflüssige und wertende Informationen weg.

Einzelheiten sind für eine Gegenstandsbeschreibung besonders wichtig.
Paul schlägt vor, auch die Kappe des Füllers zu beschreiben.

3 Beschreibt die Kappe so genau wie möglich.
Diese Fragen helfen euch:
- Welche Form hat die Kappe?
- Welche Farbe hat sie?
- Was kannst du über die Größe schreiben?
- Gibt es besondere Merkmale?

4 Vergleicht eure Beschreibungen mit Pauls Vorschlag auf Seite 66.

5 An welcher Stelle würdet ihr die Beschreibung der Kappe einfügen?
Begründet eure Vorschläge.

Anna versteht diese Textstelle nicht.

Dann sind da noch ein schwarzer Gummiring und ein Sichtfenster, durch das man den Stand der Tintenpatrone sehen kann.

6 Beschreibt genau, wo sich der Gummiring und das Sichtfenster befinden.

7 Vergleicht eure Formulierung mit dem Vorschlag von Anna auf Seite 66.

Anna hat mit den Rechtschreibhilfen auch Fehler gefunden.

Achtung: Fehler!

1 Mein Füller ist aus Plastik. Seine Oberfleche [Oberfläche] ist aber nicht glatt wie die meisten.

2 Mein Füller ist an einer Kante etwas angenahgt [angenagt].

3 Seine Feder ist spitz und aus metall [Metall]. Außerdem ist der Markenname „Flamingo“ eingraviert.

Rechtschreibhilfen:

1 Das Wort „Oberfläche“ kann man von dem Adjektiv ___ ableiten.
Darum schreibt man es mit ___.

2 Das Verb „angenagt“ kann man von seiner Grundform ___ ableiten.
Darum schreibt man es ohne ___.

3 Das Wort „Metall“ ist ein Nomen.
Nomen schreibt man ___.
Nomen erkennt man so: ___

---

8 Schreibt die Rechtschreibhilfen ab und ergänzt die Sätze.

Habt ihr alle Verbesserungsvorschläge berücksichtigt?

9 Schreibt Tariks Gegenstandsbeschreibung in Reinschrift ab.
Überarbeitet und ergänzt sie.
Nutzt eure Ergebnisse zu den Aufgaben 1 bis 8.

10 Überarbeitet eine eigene Gegenstandsbeschreibung.
- Ihr könnt sie allein überarbeiten.
- Ihr könnt sie in der Schreibkonferenz überarbeiten.

▶ Gegenstandsbeschreibung, S. 38–39, S. 44–45, 47, 49

4 Besondere Tiere – *lesen mit Strategie*

**In diesem Kapitel findet ihr Texte über besondere Tiere.
Es sind Sachtexte, sie enthalten viele Informationen über Tiere.**

1

2

Das Gleithörnchen – der fliegende Teppich

Das Gürteltier – die Panzerkugel mit vielen Extras

Die Krabbe und ihr unheimliches Aussehen

Der Rote Lippenfledermausfisch – ein echtes Topmodel

3

4

5

1 Was entdeckt ihr auf den Bildern?

2 Wie heißen die Tiere?

3 Wo leben die Tiere? Was vermutet ihr?

1. Rätsel:
Welches Tier bin ich?

Lebensraum: flache Küstengebiete

Aussehen: zehn Beine,
zwei Scheren,
schwenkbare Stielaugen

Nahrung: Fisch, Muscheln und Schnecken

2. Rätsel:
Welches Tier bin ich?

Ich fliege in den Wäldern umher. Mein Name ist so ähnlich wie der vom Eichhörnchen. Aber anders als das Eichhörnchen kann ich durch die Luft gleiten.

Dabei hilft mir eine Haut zwischen den Armen und den Beinen, die ich beim Springen ausbreite. Mit ausgebreiteten Armen und Beinen fliege ich dann los.

3. Rätsel:
Welches Tier bin ich?

Lebensraum:

Besonderheiten:
- extrem gute Nase
- Baggerpfoten
- Panzergürtel zum Schutz
- rollt sich zu einer Panzerkugel zusammen

Nahrung:

4. Rätsel:
Welches Tier bin ich?

Ich lebe im Wasser.
Ich fresse Shrimps.
Meine Augen sind schmal.
Meine Lippen sind rot und dick.
Ich wehre mich bei Bedrohungen.

4 Löst die vier Rätsel.
Tipp: Die Bilder und Überschriften auf Seite 70 helfen euch.

5 Wie seid ihr beim Lösen der Rätsel vorgegangen?

MK **6** Welches Tier findet ihr besonders interessant?
Recherchiert in Tierzeitschriften, in Tierbüchern, im Internet.

4 Besondere Tiere – *lesen mit Strategie*

Auf den nächsten Seiten lest ihr weitere Sachtexte über besondere Tiere. Der Lese-Profi hilft euch dabei.

Vor dem Lesen – was erwarte ich?

Der Sachtext informiert über ein besonderes Tier. Schon vor dem Lesen erhaltet ihr Informationen.

1 Welche Informationen erhaltet ihr? Seht euch die Bilder an und lest die Überschrift.

2 Was könnte der Inhalt des Textes sein? Sprecht über eure Vermutungen.

3 Was wisst ihr nun über den Flughund? Tauscht euch darüber aus.

Volker Thomas

Fliegen kann er, aber bellen nicht: der Flughund

Das Aussehen

Der Flughund bellt nicht und er beißt auch niemanden. Seine lange Schnauze sieht ein bisschen aus wie die **Schnauze eines Hundes**. Daher hat der Flughund seinen **Namen**.

Die Größe und der Körperbau

Flughunde sind die größten fliegenden **Säugetiere**, die es gibt. Die kleinsten Arten werden nur 10 Zentimeter groß und wiegen 100 Gramm. Das ist so viel wie eine Tafel Schokolade. Aber die größten Flughunde haben eine **Flügelspannweite von über 1,50 Metern**.

Das Besondere an den Flughunden ist ihre **Flughaut**. Sie reicht von den Vorderbeinen bis zu den Hinterbeinen und wird zum Fliegen aufgespannt. Die Flügel sind halb durchsichtig, die **Knochen** sehen dünn und zerbrechlich aus. Tatsächlich sind die Knochen aber sehr **stabil** und **elastisch**. Wenn die Flughunde schlafen, falten sie ihre Flügel wie ein Zelt zusammen.

4 Was hat euch schon vor dem Lesen geholfen, etwas über den Inhalt des Textes zu erfahren? Sammelt eure Ergebnisse auf einem Plakat.

▶ Ein Plakat gestalten, S. 19

2 *Ich vermute, es geht in dem Text um …*
Wahrscheinlich enthält der Text Informationen über …

3 *Die Bilder, die Überschrift, … sagen mir schon, es geht um das Aussehen, …*

4 *Die Überschrift auf dem Plakat kann sein: Das hilft mir beim Lesen*

Beim ersten Lesen – was weiß ich nun?

Beim ersten Lesen bekommt ihr einen Überblick über den Text.

1 Lest den ganzen Text jeder für sich einmal durch.

Volker Thomas

Fliegen kann er, aber bellen nicht: der Flughund

Das Aussehen

Der Flughund bellt nicht und er beißt auch niemanden. Seine lange Schnauze sieht ein bisschen aus wie die **Schnauze eines Hundes**. Daher hat der Flughund seinen **Namen**.

Die Größe und der Körperbau

Flughunde sind die größten fliegenden **Säugetiere**, die es gibt. Die kleinsten Arten werden nur 10 Zentimeter groß und wiegen 100 Gramm. Das ist so viel wie eine Tafel Schokolade. Aber die größten Flughunde haben eine **Flügelspannweite**[1] **von über 1,50 Metern**. Das Besondere an den Flughunden ist ihre **Flughaut**. Sie reicht von den Vorderbeinen bis zu den Hinterbeinen und wird zum Fliegen aufgespannt. Die Flügel sind halb durchsichtig, die **Knochen** sehen dünn und zerbrechlich aus. Tatsächlich sind die Knochen aber sehr **stabil** und **elastisch**. Wenn die Flughunde schlafen, falten sie ihre Flügel wie ein Zelt zusammen.

Die Ernährung

Alle Flughunde sind **Vegetarier**. Flughunde mögen vor allem **Früchte**. Einige Arten saugen auch **Nektar** und fressen **Blütenpollen**.

[1] die Flügelspannweite: der Abstand zwischen den Spitzen der ausgebreiteten Flügel

2 Was wisst ihr nun über den Flughund?

a. Schreibt drei interessante Informationen auf.

b. Tauscht euch über eure Informationen aus.

der Vegetarier, die Vegetarierin, der Nektar (Zuckersaft der Blüten), der Blütenpollen (Blütenstaub), sie fressen den Blütenpollen

Beim genauen Lesen – was ist wichtig?

Ihr lest den Text genau: Satz für Satz und Abschnitt für Abschnitt. In den folgenden Abschnitten erhaltet ihr weitere Informationen. Die wichtigen Wörter, die Schlüsselwörter, sind blau gedruckt.

1 Was erfahrt ihr schon vor dem Lesen?
Seht euch das Bild und die blau gedruckten Wörter an.

Die Lebensweise

Flughunde schlafen tagsüber in hohen **Bäumen**, aber auch in Gebäuden, **Ruinen und Höhlen**. Sie sind nachtaktiv. Man findet nie einzelne Tiere, weil Flughunde in großen **Kolonien** von mehreren zehntausend Tieren leben. Wenn die **Dämmerung** beginnt, wacht die ganze Kolonie auf. In Scharen fliegen die Flughunde dann zu ihren Futterplätzen. Das sieht beeindruckend aus, dennoch sind die Flughunde bei vielen Menschen nicht beliebt. Der Grund ist der Gestank: Ihr Kot bedeckt den gesamten Boden unter den Bäumen.

Die Verbreitung

Flughunde sind in Australien und in ganz Afrika verbreitet. Sie lieben warme und feuchte **Gebiete** wie den **Regenwald** oder die **Monsun**[1]-Gebiete in Asien. In Europa gibt es nur eine Art, den Nil-Flughund. Er lebt auf der Insel Zypern.

[1] Monsun: halbjährlich wechselnder Wind in Asien

2 Lest den Text nun genau.

a. Eine oder einer liest den ersten Abschnitt, der oder die andere hört zu und gibt dann den Inhalt wieder.
Mit dem zweiten Abschnitt macht ihr es umgekehrt.

b. Welche Wörter sind für das Verstehen des Inhalts besonders wichtig?
Stellt euch gegenseitig W-Fragen und beantwortet sie.
So findet ihr weitere Schlüsselwörter.

c. Welche Wörter habt ihr nicht verstanden? Lest die Worterklärung.
Schlagt weitere unbekannte Wörter im Lexikon oder im Internet nach.

d. Findet in einem Atlas die Erdteile (Kontinente), in denen die Flughunde leben.

2 **b.** *Wo schlafen die Flughunde? Wann schlafen sie? …*

Nach dem Lesen – mit dem Textinhalt arbeiten

Ihr habt auf den vorangegangenen Seiten viel über den Flughund gelesen. Nun könnt ihr mit diesen Informationen arbeiten.

1 Gebt die Informationen des Textes auf den Seiten 73 bis 74 wieder. Wählt dazu aus: **1 1**, **1 2** oder **1 3**.

1 1 Schreibe Stichworte zu den wichtigen Informationen auf.

1 2 Gib die Informationen in einem kurzen Text wieder. Schreibe dazu, welche Informationen für dich besonders interessant sind.

1 3 Schreibe einen Steckbrief über den Flughund.

Steckbrief: Der Flughund
Das Aussehen:
lange Schnauze

Die Größe:
von 10 cm bis über 1,50 m

Der Körperbau:
...

Die Ernährung:
...

Beim Lesen des Textes über den Flughund habt ihr eine Lesestrategie kennen gelernt: den Lese-Profi

2 Seht euch den Lese-Profi auf Seite 76 gemeinsam an.
Besprecht:
a. Wie seid ihr beim Lesen des Textes über den Flughund vorgegangen?
b. Welche Schritte und Hilfen waren für euch wichtig?
c. Tauscht euch über eure Erfahrungen beim Lesen des Textes aus. Bezieht auch euer Plakat mit ein.

Mit dem Lese-Profi lesen

Mit dem Lese-Profi kann ich einem Text wichtige und interessante Informationen entnehmen.
Ich entscheide selbst, welche Schritte mir beim Lesen helfen.

Schritt 1: **Vor dem Lesen** **Ich sehe mir die Bilder an, ich lese die Überschrift.**	– Welche Informationen geben mir die Bilder und die Überschrift? – Was könnte der Inhalt des Textes sein? – Was weiß ich schon darüber?
Schritt 2: **Beim ersten Lesen** **Ich sehe mir den ganzen Text an oder lese ihn einmal durch.**	– Was fällt mir auf (z. B.: einige Wörter sind blau gedruckt, es gibt Abschnitte, es gibt weitere Überschriften)? – Was weiß ich nun über den Inhalt des Textes?
Schritt 3: **Beim genauen Lesen** **Ich lese den Text genau: Satz für Satz und Abschnitt für Abschnitt.**	– Welche Informationen erhalte ich in den Abschnitten? – Was sind wichtige Wörter – Schlüsselwörter? – Welche Wörter verstehe ich nicht? Wo finde ich Erklärungen? – Kann ich die W-Fragen beantworten?
Schritt 4: **Nach dem Lesen** **Ich arbeite mit dem Inhalt des Textes.**	– Welche Informationen sind für mich wichtig? – Was ist meine Aufgabe: Was soll ich mit den Informationen des Textes tun?
Nach dem Lesen *– Ich arbeite mit dem Inhalt. Das können zum Beispiel folgende Aufgaben sein:* *– Ich fasse die Informationen des Textes mit meinen Worten zusammen.* *– Ich schreibe Stichworte zu den wichtigen Informationen auf.* *– Ich erstelle eine Mind-Map.* *– Ich schreibe mit den Informationen des Textes einen eigenen Text.*	

Was ist ein Sachtext?

Ein Sachtext informiert mich über ein Sachthema, z. B. über „Besondere Tiere". Sachtexte finde ich in Zeitungen, Zeitschriften, Sachbüchern, im Internet. Wenn ich mir einen Sachtext im Ganzen ansehe, erfahre ich schon viel über seinen Inhalt.

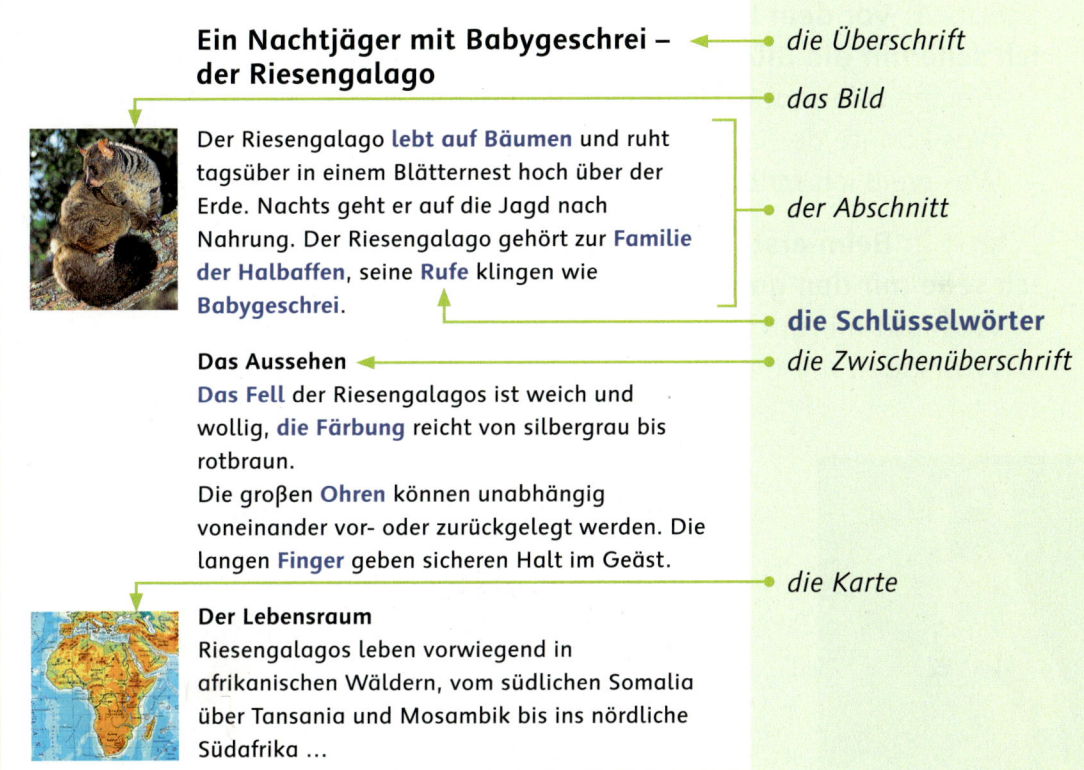

Ein Nachtjäger mit Babygeschrei – der Riesengalago ← *die Überschrift*

das Bild

Der Riesengalago **lebt auf Bäumen** und ruht tagsüber in einem Blätternest hoch über der Erde. Nachts geht er auf die Jagd nach Nahrung. Der Riesengalago gehört zur **Familie der Halbaffen**, seine **Rufe** klingen wie **Babygeschrei**.

der Abschnitt

die Schlüsselwörter

Das Aussehen ← *die Zwischenüberschrift*

Das Fell der Riesengalagos ist weich und wollig, **die Färbung** reicht von silbergrau bis rotbraun.
Die großen **Ohren** können unabhängig voneinander vor- oder zurückgelegt werden. Die langen **Finger** geben sicheren Halt im Geäst.

die Karte

Der Lebensraum
Riesengalagos leben vorwiegend in afrikanischen Wäldern, vom südlichen Somalia über Tansania und Mosambik bis ins nördliche Südafrika …

Info

Ein **Sachtext** hat besondere **Merkmale**, diese informieren mich schon vor dem Lesen über den Inhalt des Textes:

- **Bilder und Karten** veranschaulichen wichtige Informationen des Textes.
- **Die Überschrift** verrät mir etwas über das Thema. Sie will mich neugierig machen.
- **Die Zwischenüberschriften** sagen mir, welchen Inhalt die einzelnen Abschnitte haben.
- **Die Abschnitte:** Was in einem Abschnitt steht, gehört zusammen.
- **Die Schlüsselwörter:** Dies sind wichtige Wörter, die mir helfen, den Inhalt des Textes zu verstehen, ihn zu entschlüsseln. Oft sind die **Schlüsselwörter blau gedruckt**.

Die Erdmännchen – lesen mit dem Lese-Profi

In dem folgenden Text erhältst du interessante Informationen über die Erdmännchen. Der Lese-Profi hilft.

1 Wende die Schritte des Lese-Profis an.

▶ Der Lese-Profi, S. 76

Schritt 1: Vor dem Lesen
Ich sehe mir die Bilder an, ich lese die Überschrift.
- Welche Informationen geben mir die Bilder und die Überschrift?
- Was könnte der Inhalt des Textes sein?
- Was weiß ich schon darüber?

Schritt 2: Beim ersten Lesen
Ich sehe mir den ganzen Text an.
- Was fällt mir auf?
- Was sagen mir die blau gedruckten Schlüsselwörter?

1

Volker Thomas

Die Lieblinge im Zoo: Die Erdmännchen

(1) Die Heimat der Erdmännchen

Du findest sie bei uns **im Zoo** – die lustigen Erdmännchen. Aber du kannst sie auch woanders bewundern. Sie begegnen dir **in Filmen** und **in der Werbung**. Die eigentliche Heimat der Erdmännchen ist das **südliche Afrika**. Dort wohnen sie in **Trockengebieten, wo es fast nie regnet**.

(2) Das Aussehen

Die **schlanken** Tiere sind **bis zu 35 Zentimeter** groß. Sehr auffällig sind die **großen schwarzen Augen**. Die Erdmännchen haben **kräftige Hinterbeine**, mit denen sie **schnell rennen** können. Ihre kurzen **Vorderpfoten** haben **scharfe Krallen**. Auf dem **Speiseplan** stehen **Insekten**, aber auch **kleine Säugetiere** wie Mäuse oder Eidechsen.

2

(3) Die Lebensweise

Die Erdmännchen **leben in großen Gruppen zusammen**. In einer solchen **Kolonie** können bis zu 30 Tiere leben. Die Tiere haben genau festgelegte Aufgaben. Die einen **bauen Nester**. Die anderen passen auf die jungen Tiere auf. Einige Erdmännchen sind Krankenpfleger. Denn auch **kranke** und **verletzte Tiere** werden **gepflegt**. Andere Erdmännchen **graben Tunnel**. Die **Tunnel** können sogar **Zäune untergraben**. So staunten die Wärter in einem Zoo einmal sehr, als einige Erdmännchen in anderen Gehegen* auftauchten.

3

(4) Die Aufzucht**

Ein weibliches Erdmännchen kann **bis zu dreimal im Jahr Junge***** bekommen. Die Schwangerschaft dauert zweieinhalb Monate, dann bringt das Weibchen **vier Junge** auf die Welt. Die ganze **Kolonie hilft bei der Aufzucht** der jungen Tiere.

* das Gehege: Ein Gelände, das mit einem Zaun abgesperrt ist. Hier leben Tiere.
** die Aufzucht: Die jungen Tiere werden großgezogen.
*** die Jungen: Das sind die Tierkinder.

Schritt 3: Beim genauen Lesen
Ich lese den Text genau: Satz für Satz und Abschnitt für Abschnitt.
– Welche Wörter verstehe ich nicht? Wo finde ich Erklärungen?

2 Lies zu den Wörtern die Worterklärungen unter dem Text.

das Gehege | die Jungen | die Aufzucht

3 Erkläre die folgenden Wörter mit deinen Worten:
Tipp: – Du findest die Erklärungen in den Abschnitten 3 und 4.
– Auch die Fotos 2 und 3 helfen dir.

die Kolonie | das Weibchen

Die Kolonie: Das ist eine große …

Die im Text blau gedruckten Wörter sind Schlüsselwörter. Sie helfen, wichtige Informationen zu finden.

4 Lies die W-Fragen.
- Wo können dir Erdmännchen begegnen?
- Wo ist die Heimat der Erdmännchen?
- Welche Aufgaben haben die Erdmännchen in der Kolonie?
- Wie sehen die Erdmännchen aus?
- Was fressen sie?

5 Beantworte die W-Fragen mit Hilfe der Schlüsselwörter. Suche dir mindestens drei W-Fragen aus.
a. Schreibe die erste Frage ab.
b. Schreibe alle passenden Schlüsselwörter dazu.
c. Beantworte alle deine W-Fragen.

Wo können dir Erdmännchen begegnen?
– im Zoo
– in Filmen
– …

Wo ist die Heimat der Erdmännchen?
– …
…

Schritt 4: Nach dem Lesen
Ich arbeite mit dem Inhalt des Textes über die Erdmännchen.

6 Was findest du besonders interessant an den Erdmännchen? Schreibe es auf.

7 Was möchtest du außerdem über die Erdmännchen wissen?
a. Schreibe deine Fragen auf.
MK b. Informiere dich im Lexikon oder im Internet.
Tipp: Wo du nachschlagen kannst, lernst du im Kapitel Medien nutzen, oder du suchst unter: www.tierchenwelt.de oder www.blinde-kuh.de
c. Notiere die Antworten in Stichworten.

▶ Kapitel Medien nutzen, S. 258–261

Einen Steckbrief schreiben

1 Bereite einen Streckbrief vor.
a. Lies noch einmal die Fragen und Antworten zu den Aufgaben 5 bis 7 auf Seite 80.
b. Was weißt du nun über die Erdmännchen? Was findest du besonders interessant?

2 Wähle zwischen den Steckbriefen **2 1** und **2 2** aus:

2 1 Ein **Steckbrief mit W-Fragen**
a. Schreibe die Überschrift „Die Erdmännchen" auf ein DIN-A4-Blatt.
b. Schreibe deine Fragen und Antworten untereinander auf.
c. Finde ein passendes Bild.
d. Klebe es auf.

Die Erdmännchen
Wo können dir Erdmännchen begegnen?
im Zoo, in Filmen …
Was fressen die Erdmännchen?
…

2 2 Ein **Tiersteckbrief**
a. Schreibe die Überschrift „Die Erdmännchen" auf ein DIN-A4-Blatt.
b. Wähle wichtige und interessante Stichworte aus:

die Heimat | die Aufgaben | das Aussehen | die Nahrung | der Nachwuchs | die Besonderheiten | die Begegnungsorte

c. Schreibe die passenden Schlüsselwörter zu den Stichworten. Deine Antworten zu Aufgabe 5 auf Seite 80 helfen dir.
d. Finde ein passendes Bild.
e. Drucke es aus und klebe es auf.

Die Erdmännchen
Die Heimat:
südliches Afrika,
…
Die Aufgaben:
Das Aussehen: …
…
Der Begegnungsort: der Zoo,
…

3 Wie hat dir der Lese-Profi beim Verstehen des Textes geholfen? Notiere einige Stichworte für das Plakat: Das hilft mir beim Lesen.

Üben: Die Schritte des Lese-Profis

**Erdmännchen sehen sehr lustig aus.
Deshalb sind sie auch Stars in Zeichentrickfilmen.**

1 Lies den Text mit Hilfe des Lese-Profis.

▶ Der Lese-Profi, S. 76

Schritt 1: Vor dem Lesen
Ich sehe mir die Bilder an, ich lese die Überschrift.
– Was könnte der Inhalt des Textes sein?

Schritt 2: Beim ersten Lesen
Ich lese die Schlüsselwörter. Sie sind blau gedruckt.
– Was weiß ich jetzt?

Mia Kraft Timon: Das Erdmännchen aus dem Film

Timon ist ein Erdmännchen aus dem Film **Der König der Löwen**. Timon **singt** Hakuna matata: „Es gibt keine Sorgen." Timon ist ein **sehr lustiger Typ**. Er kann gut singen, aber nur miserabel* Tunnel bauen. Einmal bewacht Timon seine Kolonie nicht zuverlässig. Deshalb **muss er** die **Kolonie** in der Wüste verlassen.

Timon zieht allein umher. Dann findet er **im Dschungel** eine **neue Heimat**. Er findet auch **neue Freunde**. Sein **bester Freund** ist das **Warzenschwein Pumbaa**. Gemeinsam erleben sie **viele Abenteuer**. Timon und Pumbaa erleben ihre Abenteuer im Dschungel, aber auch in großen Städten und in weit entfernten Teilen der Erde, zum Beispiel in Alaska. Es gibt sogar Reisen in längst vergangene Zeiten. **Zu Timons Freunden gehören** außerdem die Löwen **Simba und Mufasa** und der Mandrill **Rafiki**.

* miserabel: schlecht

Schritt 3: Beim genauen Lesen
Ich lese den Text genau: Satz für Satz und Absatz für Absatz.

2 Beantworte die W-Fragen zum Inhalt des Textes mit Hilfe der Schlüsselwörter.

- Was macht Timon im Film?
- Wie baut er Tunnel?
- Warum muss er seinen Wohnort verlassen?
- Wohin zieht er?
- Wer ist sein bester neuer Freund?
- Was erlebt Timon mit seinem Freund?
- Wer gehört außerdem zu Timons Freunden?

– Was macht Timon?
Timon singt

– Wie kann er Tunnel bauen?
...

Schritt 4: Nach dem Lesen
Ich arbeite mit dem Inhalt des Textes. Ich schreibe einen Steckbrief.

3 Schreibe einen Steckbrief zu dem Erdmännchen Timon.
Wähle zwischen den Steckbriefen **3 1** und **3 2** aus:

3 1 Ein **Steckbrief mit W-Fragen**
a. Wähle 4 interessante Fragen aus Aufgabe 2 aus.
b. Schreibe die passenden Schlüsselwörter darunter.
c. Finde ein passendes Bild für den Steckbrief.

3 2 Ein **Tiersteckbrief**
a. Wähle 4 interessante Stichworte aus:

Hobbys | Eigenschaften | alte Heimat | neue Heimat | Freunde

b. Schreibe die passenden Schlüsselwörter zu den Stichworten.
c. Finde ein passendes Bild für den Steckbrief.

Du hast zwei Texte über sehr verschiedene Erdmännchen gelesen.

4 Worin unterscheidet sich Timon von den echten Erdmännchen?
Vergleicht die Steckbriefe: Findet Unterschiede.

Erdmännchen leben in ... *Timons neue Heimat ist ...*

Der Komodowaran – lesen mit dem Lese-Profi

Der Sachtext informiert über ein Tier, das vielleicht aussterben wird. Der Lese-Profi hilft, den Text zu verstehen.

1 Wende die Schritte 1 und 2 des Lese-Profis an.

▶ Der Lese-Profi, S. 76

Schritt 1: Vor dem Lesen
Ich sehe mir die Fotos und die Zeichnung an.
- Was könnte der Inhalt des Textes sein?
- Was weiß ich schon darüber?

Schritt 2: Beim ersten Lesen
Ich lese den Text einmal im Ganzen durch.
- Was fällt mir auf (z. B: Es sind Wörter blau gedruckt, es gibt Abschnitte, es gibt weitere Überschriften)?
- Was weiß ich nun über das Tier?

2 Schreibe drei interessante Informationen auf.

Volker Thomas

Ein Drache aus der Urzeit: Der Komodowaran

(1) Wie der Drache zu seinem Namen kam

In **Märchen** und **Sagen** können die Drachen Feuer spucken. Das kann dieser Drache nicht, obwohl er mit seiner langen gespaltenen Zunge so aussieht. Er heißt Komododrache oder Komodowaran. Der Komodowaran ist aus der **Urzeit**[1] übrig geblieben. Er ist die **größte lebende Echse** der Welt und gehört zu der **Familie der Reptilien**. Das sind Tiere, die seit vielen Millionen Jahren auf der Erde leben, früher sogar gemeinsam mit den Sauriern. Ursprünglich lebten die Komodowarane in **Australien**. Später haben sie sich in der **indonesischen Inselwelt** ausgebreitet, in immergrünen Monsunwäldern und Savannen. Aber nun steht er auf der **Roten Liste der gefährdeten Arten**, weil sein Lebensraum ständig kleiner wird. Um ihn vor dem Aussterben zu schützen, wurde 1980 der **Komodo-Nationalpark** gegründet.

[1] die Urzeit: die älteste Zeit der Erdgeschichte

Seit wann gibt es Reptilien?

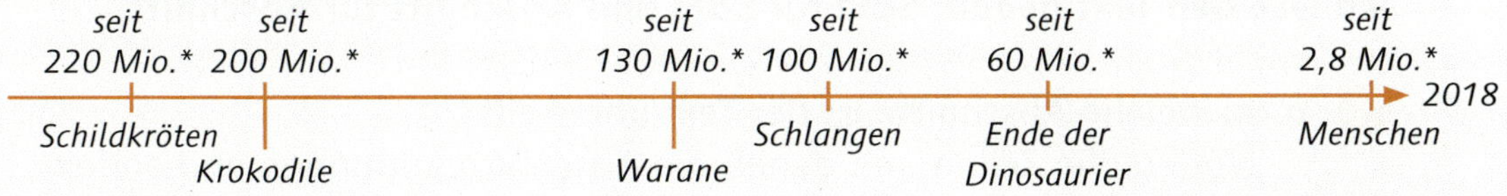

* Mio. = Millionen Jahren

(2) Was an einem Komodowaran besonders ist

Der Waran wird bis zu **drei Meter lang** und über 100 **Kilogramm schwer**. Sein langsamer Gang täuscht, denn wenn es darauf ankommt, kann er bis zu **20 Kilometern in der Stunde rennen**, schneller als die meisten Menschen. Die **gespaltene Zunge** unterstützt seinen **Geruchssinn**: Mit der Zunge nimmt er Gerüche kilometerweit wahr. Der Komodowaran kann keine Wärme speichern. Er ist **wechselwarm**, das heißt, seine Körpertemperatur hängt von der Außentemperatur ab. Weil es am Tag wärmer ist als nachts, ist er **tagsüber aktiv**. Die Sonnenwärme hebt die Körpertemperatur an und macht die Echse dadurch beweglich. Der Komodowaran ist ein **Einzelgänger**.

(3) Wie die jungen Komodowarane leben

Einmal im Jahr legt das Weibchen **ca. 18 Eier**, die es im Boden vergräbt. Nach etwa acht Monaten schlüpft der **Nachwuchs**. Junge Komodowarane sind **gute Kletterer**. Sie **suchen auf Bäumen nach Nahrung**. Auch verstecken sie sich dort vor größeren Artgenossen, um nicht gefressen zu werden. Mit zunehmender Größe wird das Klettern immer schwieriger. Schließlich werden **sie zu schwer** und **bleiben auf dem Boden**.

(4)

Ausgewachsene Komodowarane sind Jäger. Sie erlegen Wildschweine, Junghirsche, wilde Büffel, Schlangen oder Fische. Die großen Echsen verstecken sich entlang der Trampelpfade oder an einer Wasserstelle und warten ab. Blitzartig packen sie die Beute mit ihren langen Krallen und beißen zu. Das genügt, auch wenn das Tier zunächst fliehen kann. Denn hat ein Komodowaran einmal zugebissen, ist alles zu spät. In den Zahnzwischenräumen befinden sich Drüsen, die Gift absondern. Das gebissene Tier stirbt spätestens nach zwei bis drei Tagen.

Schritt 3: Beim genauen Lesen
Ich lese den Text genau: Satz für Satz und Abschnitt für Abschnitt.

3 **a.** In welche Abschnitte ist der Text unterteilt?
Notiere die Zeilen, mit denen die Abschnitte anfangen und enden.

Abschnitt 1, Zeilen 1–14

b. Schreibe zu jedem Abschnitt die Zwischenüberschrift auf.
c. Lass unter jeder Zwischenüberschrift fünf Zeilen frei.

Manche Wörter helfen dir, die wichtigen Informationen eines Textes zu finden. Es sind Schlüsselwörter. Sie sind oft blau hervorgehoben. Häufig beantworten die Schlüsselwörter W-Fragen (Was? Wie? Warum?).

4 Welche Informationen enthalten die Absätze?
a. Beantworte die folgenden Fragen. Die Bilder neben dem Text und die Schlüsselwörter helfen dir.
- Was fällt dir am Komodowaran besonders auf?
- Welche Reptilien kennst du?
- Seit wann gibt es Reptilien, seit wann den Komodowaran? Sieh dir die Zeichnung auf Seite 85 oben an.
- Warum wird der Komodowaran auch „Drache aus der Urzeit" genannt?

b. Schreibe die Antworten unter die jeweilige Zwischenüberschrift (siehe Aufgabe 3).

5 **a.** Schreibe W-Fragen zu den Abschnitten 2 und 3 auf.
b. Beantworte die Fragen.
c. Schreibe die Fragen und Antworten unter die jeweilige Zwischenüberschrift.

Schwierige Wörter kannst du oft mit Hilfe des Textes erklären.

6 Was bedeutet „wechselwarm"? Erkläre.
Suche die passende Textstelle und schreibe deine Antwort auf.

Wechselwarm bedeutet, dass die Körpertemperatur …

5 ***Abschnitt 2**, Zeilen 15–25: Was am Komodowaran besonders ist*
Frage: Wie schnell ist der Komodowaran?
Antwort: Der Komodowaran kann bis zu 20 Kilometern in der Stunde rennen.
Frage: Wie sieht seine Zunge …
Antwort: …
***Abschnitt 3**, Zeilen 26–32: …*

7 Welche Informationen erhältst du?
In Abschnitt 4 auf Seite 85 sind keine Wörter blau gedruckt.
a. Finde selbst Schlüsselwörter und schreibe sie auf.
b. Fasse den Inhalt des Abschnittes mit eigenen Worten zusammen.
Schreibe mindestens einen Satz auf.
c. Welche Überschrift passt zu dem Abschnitt?
Wähle die passende Überschrift aus oder finde eine eigene.

Wie sich die Komodowarane fortpflanzen
Wie die Komodowarane jagen
Wo sie leben

Schritt 4: Nach dem Lesen
Ich arbeite mit dem Inhalt des Textes über den Komodowaran.
Ich bereite einen Kurzvortrag vor.

8 Was hat dich beim Lesen des Textes am meisten überrascht oder interessiert?
Schreibe drei Sätze auf.

9 Informiere deine Lerngruppe über den Komodowaran.
Bereite einen Kurzvortrag vor.

Arbeitstechnik

Einen **Kurzvortrag** vorbereiten
- **Wähle** wichtige und interessante **Informationen aus**.
- Schreibe jede Information **in Stichworten** auf eine Karteikarte.
- Lege die **Reihenfolge** fest, in der du die Informationen vortragen willst.
- Nummeriere die Karteikarten entsprechend.
- **Übe die Präsentation** deines Kurzvortrages.

MK **10** Ergänze deinen Kurzvortrag mit Informationen über den Komodo-Nationalpark.
Recherchiere im Internet oder schlage in einem Lexikon nach.

11 Was hat dir beim Lesen mit dem Lese-Profi am meisten geholfen?
Schreibe deine Antwort in Stichworten auf.

8 *Am meisten überrascht hat mich … / Interessant finde ich, …*
das Aussehen / sein Alter / dass er vom Aussterben bedroht ist …

Üben: Die Schritte des Lese-Profis

Auch der folgende Sachtext informiert über ein besonderes Tier. Nach dem Lesen vergleichst du zwei Tiere einer Familie.

1 Lies den Text mit dem Lese-Profi.

Schritt 1: Vor dem Lesen
Ich sehe mir die Bilder neben dem Text an.
Ich lese die Überschrift.

Schritt 2: Beim ersten Lesen
Ich sehe mir den ganzen Text an.
- Welche Wörter fallen mir auf?
- Welche Informationen geben mir die Zwischenüberschriften? Muss sich die Bartagame rasieren?
- Ich vermute, in welchem Textabschnitt eine Antwort steht.

Reni Nechah

Ein Reptil mit Bart? Die Bartagame

(1) Wo die Bartagame lebt

Wahrscheinlich kannst du die Bartagame im **Zoo** sehen. Manche Menschen besitzen sogar selber ein solches **Reptil**. Die Bartagame wird oft in einem **Terrarium** gehalten, sie braucht aber ein großes Gehege mit Klettermöglichkeiten wie Wurzelstücken oder Korkrinde. In ihrer **Heimat Australien** kann man die Bartagame fast überall treffen, nur nicht im äußersten Norden. Sie lebt in **trockenen Gebieten** wie Savannen[1] und Halbwüsten. Dort gibt es nur wenige Gräser und Zwergsträucher.

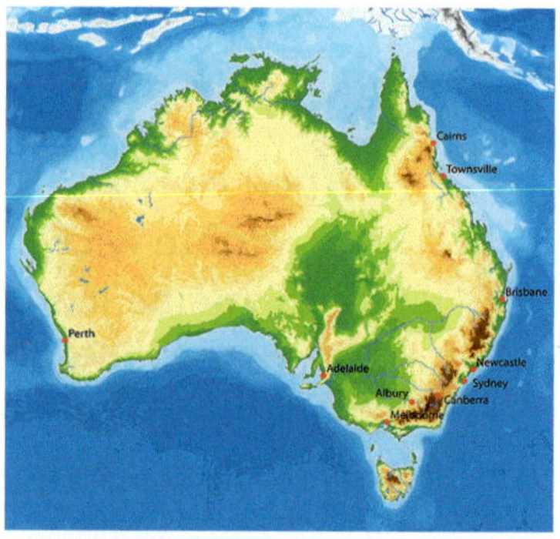

Australien
= Savannen, Halbwüsten

(2) Der Körperbau

Von der Körpergröße her gehört die Bartagame eher zu den kleinen Vertretern ihrer Art. Vom Kopf bis zum Rumpf misst sie etwa **25 Zentimeter**, bis zur Schwanzspitze sind es **60 Zentimeter**. Eine Bartagame wiegt zwischen **250** und **500 Gramm**. Auf kurzen und kräftigen Vorder- und Hinterbeinen läuft und klettert sie, manchmal auch auf kleine Sträucher. An den Füßen hat sie sehr **große Krallen**, mit denen sie sich gut festhalten kann.

(3) Woher die Bartagame ihren Namen hat

Meist ist die Bartagame **braun-blaugrau** gefärbt mit einem rautenförmigen[2] Muster. Während eines Sonnenbades verändert sich ihre Farbe – sie wird dunkler. Der Bauch ist dagegen hellgrau. **Ihren Namen** hat die Bartagame, weil sie an ihrem Kopf und Hals lange stachelige **Hautfalten** hat, die wie ein **Bart** aussehen. Seitlich am Kopf befindet sich ein ovaler Fleck: das Trommelfell[3]. Sie besitzt **keine Ohrmuscheln**.

(4) Wie die Bartagame lebt

Die Bartagame ernährt sich vielseitig. In der Natur frisst sie **Insekten und Pflanzen**. Die Bartagame ist **tagaktiv** – sie jagt am Tag und schläft in der Nacht. Sie kann ausgezeichnet sehen. Wie bei allen Echsen ist ihre Körpertemperatur von der Umgebung abhängig, das heißt, sie ist ein **wechselwarmes** Tier. Die Bartagame **lebt gerne mit anderen** Bartagamen zusammen. Oft liegen sie dicht gedrängt beieinander. Zu ihren Feinden gehören neben dem Menschen Greifvögel, Schlangen, Füchse, Hunde und Katzen.

(5) Wie sich die Bartagame fortpflanzt

Züchter haben **etwas ganz Erstaunliches** festgestellt: Wenn die Temperatur in der Bruthöhle konstant bei 29 °Celcius liegt, ist das Verhältnis zwischen **Männchen und Weibchen bei den Jungtieren** etwa gleich. Ist es kälter als 29 °C, gibt es mehr Weibchen, und wenn es wärmer ist, schlüpfen mehr Männchen. In der freien Natur konnte man dies aber noch nicht wissenschaftlich nachweisen.

[1] die Savanne: Graslandschaft mit Baumgruppen und Strauchgruppen
[2] rautenförmig: schiefwinkliges gleichseitiges Viereck
[3] das Trommelfell: Teil des Ohres am Ende des Gehörganges

Schritt 3: Beim genauen Lesen
Ich lese den Text genau: Satz für Satz und Abschnitt für Abschnitt.

2 Welche Informationen erhältst du in den einzelnen Abschnitten?
a. Schreibe die Zwischenüberschriften zu den fünf Abschnitten auf.
b. Lass jeweils vier Zeilen darunter frei.

3 Beantworte die folgenden Fragen zu den Abschnitten.
Schreibe deine Antworten in Stichworten unter die richtige Zwischenüberschrift.
Die Schlüsselwörter helfen dir.

- Wo ist die Heimat der Bartagame?
- Wie ist der Körper einer Bartagame gebaut?
- Welche Farben und Muster hat der Körper einer Bartagame?
- Woher hat die Bartagame ihren Namen?
- Muss sich die Bartagame rasieren? Schreibe einen Satz zur Begründung auf.
- Wovon ernährt sich die Bartagame? Wann jagt sie?
- Was haben Züchter über die Fortpflanzung der Bartagame herausgefunden?

4 Welche Wörter verstehst du nicht?
a. Sieh nach, ob das Wort eine oder mehrere Ziffern am Ende hat.
Dann findest du die Erklärung unter dem Text.
b. Schreibe Wörter mit den Ziffern heraus. Notiere die Erklärung dazu.

Savannen[1], die Savanne: Graslandschaft

5 Manche Fachwörter werden im Text erklärt:
Was bedeutet tagaktiv? Was bedeutet wechselwarmes Tier?
Suche die Textstellen und schreibe die Antworten auf.

Tagaktiv bedeutet, dass das Tier …
Ein wechselwarmes Tier ist ein Tier, …

6 Zu welchen weiteren Wörtern möchtest du eine Erklärung finden?
a. Schreibe die Wörter auf.
MK **b.** Schlage in einem Lexikon nach oder recherchiere im Internet, zum Beispiel unter www.kindernetz.de.

Schritt 4: Nach dem Lesen
Ich arbeite mit dem Inhalt des Textes.

7 Welche Informationen über die Bartagame waren für dich besonders interessant?
Schreibe dazu mindestens drei Sätze auf.

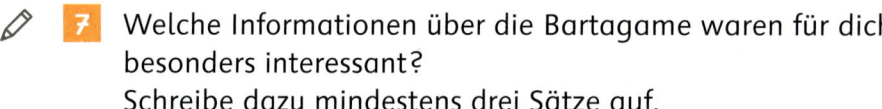

4 *Das Wort … bedeutet …*
Unter dem Wort … versteht man …
Die Bedeutung des Wortes … ist …

Vertiefen: Informationen vergleichen

Auf den Seiten 84–85 hast du einen Sachtext über den Komodowaran gelesen. Der Komodowaran und die Bartagame gehören zu einer Familie und doch sind sie sehr verschieden.

1 Welche Merkmale hat der Komodowaran und welche die Bartagame?

a. Zeichne die Tabelle ab.
Tipp: Wenn du die Tabelle am Computer erstellst, sieht sie sauberer aus und lässt sich leicht ergänzen.

b. Notiere die Merkmale in Spalte 1 auf einem Zettel.

c. Lies in beiden Sachtexten noch einmal nach.

d. Ordne die Informationen den Merkmalen zu – du kannst auch deine Ergebnisse zu den Aufgaben auf den Seiten 86, 87, 90 dazu nutzen.

e. Trage deine Ergebnisse in die jeweiligen Spalten der Tabelle ein.

Merkmale	der Komodowaran	die Bartagame
Tier-Familie	Reptilien	Reptilien
Größe		
Aussehen		
Heimat		
Lebensraum	Monsunwälder, Savannen	
Ernährung		
Aktive Tageszeit		
Sozialverhalten	Einzelgänger	
Besonderheiten		

2 Was haben der Komodowaran und die Bartagame gemeinsam?
Markiere alle Gemeinsamkeiten in deiner Tabelle.

3 Worin unterscheiden sich Komodowaran und Bartagame am meisten?

a. Wähle mindestens zwei Merkmale aus.

b. Schreibe die Unterschiede in Stichworten auf.

4 Welche sind die interessantesten Besonderheiten?
Wähle mindestens eine Besonderheit aus.
Schreibe dazu einen Satz auf.

2 *Gemeinsamkeiten: … ist genauso wie … / Beide haben … / Wie der … so auch …*

3 *Unterschiede: Während der … lebt die … / Der … ist zwanzigmal schwerer als …*

Das Chamäleon – lesen mit dem Lese-Profi

Der folgende Sachtext informiert dich über ein Tier, das sich ständig verändern kann. Der Lese-Profi hilft beim Lesen.

1 Wende die Schritte des Lese-Profis an.

▶ Der Lese-Profi, S. 76

Schritt 1: Vor dem Lesen
Ich sehe mir das Bild an, ich lese die Überschrift.
– Was könnte der Inhalt des Textes sein?
– Was weiß ich schon darüber?

Schritt 2: Beim ersten Lesen
Ich lese den Text einmal ganz durch.

Volker Thomas

Eine Zunge – so schnell wie ein Pfeil: Das Chamäleon

Rot bedeutet „Pass auf, ich bin wütend!“, bunt „Ich bin verliebt“, grün „Ich bin ein Blatt“ und schwarz „Lass mich in Ruhe, ich bin gar nicht da“. Chamäleons **tarnen sich** nicht nur durch **den Farbwechsel** vor ihren Feinden, sie senden auch **Signale an ihre Artgenossen**. Wie das mit dem Spiel der Farben funktioniert, ist bis heute noch nicht eindeutig klar. Forscher haben festgestellt, dass Chamäleons **mehrere Hautschichten** haben, die **unterschiedliche Farbzellen** enthalten. Diese Farbzellen können sich **zusammenziehen** (dann wird es dunkler) oder **ausdehnen** (dann wird es heller).

Der Zungenschuss ist eine weitere Besonderheit, die diese Verwandlungskünstler unter den Tieren besitzen. Sie jagen mit der Zunge, die sie pfeilschnell aus dem Maul herausschleudern können. Ihre Beute wird durch eine Art Saugnapf an der Zungenspitze gepackt. Diese Schleuderzunge kann bis zu 50 Zentimeter lang werden. In Ruhestellung trägt sie das Chamäleon in einem Kehlsack unter dem Maul. Spannt das Tier die Muskeln an, schnellt sie in einer Zehntelsekunde heraus. Fliegen, Mücken, Käfer, aber auch kleine Vögel oder Reptilien haben keine Chance.

Damit das Jagen mit der Zunge auch zuverlässig funktioniert, braucht das Chamäleon gute Augen. Und das ist die dritte Besonderheit: Die Augen sind einzeln beweglich. Wenn das linke Auge nach hinten schaut, guckt das rechte nach vorn. Außerdem sind die Augen sehr leistungsfähig:

Chamäleons können bis zu einem Kilometer Entfernung scharf sehen. Bei der Jagd wird das Beutetier mit beiden Augen fixiert[1], Größe und Form werden erfasst, der Abstand zwischen Chamäleon und Beute wird ermittelt, das Signal an die Zunge gefunkt – und dann zack: „Zungenschuss".

Chamäleons sind Busch- und Baumbewohner und werden etwa 25 bis 30 Zentimeter groß. Ihre Körperform hat sich dem Leben in den Baumkronen angepasst. Sie verfügen über einen langen Greifschwanz und Greiffüße. Der Körper eines Chamäleons ist schuppig und gedrungen. Auf dem Kopf trägt es oft Hörner, Schnauzenfortsätze oder so etwas wie einen Helm. Der Rücken ist gebogen, manche Arten haben darauf einen Zackenkamm. Chamäleons können ihre Körperform verändern, indem sie sich aufblähen oder Hautlappen abspreizen. Sie können damit die Form des Blattwerks annehmen und durch Zittern sogar sich im Wind bewegende Blätter nachahmen. Auch wenn sie größer erscheinen und Feinde einschüchtern wollen, aktivieren sie ihre Hautlappen. Bei Gefahr erstarrt ein Chamäleon. Wird es unmittelbar bedroht, pumpt es sich mit Luft auf und lässt sich vom Baum auf die Erde fallen, ohne dass etwas passiert.

Chamäleons sind Echsen und gehören zur Unterfamilie der Leguane. Sie kommen in ganz Afrika vor, aber sie leben auch in Indien und Sri Lanka. Die Forscher haben über 200 unterschiedliche Arten gezählt. Besonders viele finden sich auf der Insel Madagaskar. Wie alle Echsen legen Chamäleons Eier. Das können zwischen 20 und 35 Stück sein. Die Jungen schlüpfen nach ungefähr zwei Monaten. Chamäleons stehen unter Artenschutz, weil sie in ihrem natürlichen Lebensraum gefährdet sind. Bei einigen Völkern Afrikas gelten die Echsen als Boten der Götter. Bei uns wird die Bezeichnung Chamäleon für jemanden verwendet, der sich immer und überall perfekt anpassen kann.

[1] fixieren: die Augen fest auf etwas richten, etwas anstarren

2 **a.** Was weißt du nun über den Inhalt des Textes?
b. Welche deiner Vermutungen zum Inhalt des Textes haben sich bestätigt, welche nicht?
c. Schreibe drei interessante Informationen auf.

In einem Abschnitt steht, was inhaltlich zusammengehört.

Schritt 3: Beim genauen Lesen
Ich lese den Text genau: Satz für Satz und Abschnitt für Abschnitt.

3 In welche Abschnitte ist der Text unterteilt?
a. Notiere dir die Zeilen, mit denen die Abschnitte anfangen und aufhören.
b. Lass darunter einige Zeilen für weitere Notizen frei.

Abschnitt 1: Zeilen 1–9

1

2

3

4

5

6

4 Welches Bild gehört zu welchem Abschnitt?
Ordne die Bilder 1 bis 6 den einzelnen Abschnitten zu.
Tipp: Zu zwei Abschnitten passen mehrere Bilder.

5 Welche Informationen veranschaulichen die Bilder genau?
a. Schreibe passende Textstellen heraus.
b. Notiere dazu, wo genau du sie gefunden hast.

5 *Bild 1: → Seite 92, Abschnitt 1: grün „Ich bin ein Blatt", Z. 1/2, Farbwechsel, Z. 3*
Bild 2: → Seite 93, Abschnitt …

6 Welche Informationen veranschaulicht Bild 7?
- **a.** Beschreibe Bild 7.
- **b.** Schreibe die passende Textstelle heraus.

Manche Wörter sind zum Verstehen des Textes besonders wichtig, es sind Schlüsselwörter.

7
- **a.** Markiere in den herausgeschriebenen Textstellen der Aufgaben 5 und 6 Schlüsselwörter. In Abschnitt 1 helfen dir die blau gedruckten Wörter.
- **b.** Überprüfe, ob du weitere wichtige Wörter findest, die auf den Bildern nicht veranschaulicht wurden. Schreibe sie zu den Abschnitten dazu.

Zwischenüberschriften fassen den Inhalt eines Abschnittes zusammen.

8 Worum geht es in den einzelnen Abschnitten hauptsächlich?
- **a.** Fasse den Inhalt jedes Abschnittes zusammen.
  Tipp: Die Schlüsselwörter helfen dir.
- **b.** Schreibe zu jedem Abschnitt eine Zwischenüberschrift.

Manchmal ist ein unbekanntes Wort wichtig.

9 Was bedeuten die folgenden Wörter?
fixieren, Schnauzenfortsatz
- **a.** Finde die Wörter im Text und schreibe sie mit der genauen Zeilenangabe auf.
- **b.** Manche Wörter werden unter dem Text erklärt.
  Sieh zuerst unter dem Text nach, ob du dort eine Erklärung findest.
- **c.** Versuche, das Wort Schnauzenfortsatz aus dem Textzusammenhang zu erklären.
- MK **d.** Notiere weitere unbekannte Wörter und schlage sie nach.
  Verwende dazu ein Tier-Lexikon oder recherchiere im Internet.

Schritt 4: Nach dem Lesen

10 Welche Informationen über Chamäleons könnten auch andere aus deiner Klasse interessieren? Schreibe Stichworte auf.

8 *Abschnitt 1: Schlüsselwörter: tarnen sich, Farbwechsel, Signale an ihre Artgenossen, …*
Zwischenüberschrift: Der Farbwechsel

Eine Mind-Map erstellen und einen Kurzvortrag vorbereiten

Mit den vielfältigen Informationen eines Textes kannst du besser weiterarbeiten, wenn du die Informationen ordnest, zum Beispiel in einer Mind-Map.

1 Erstelle eine Mind-Map mit allen bisher erarbeiteten Informationen über das Chamäleon. Orientiere dich an der Arbeitstechnik auf der Seite unten.

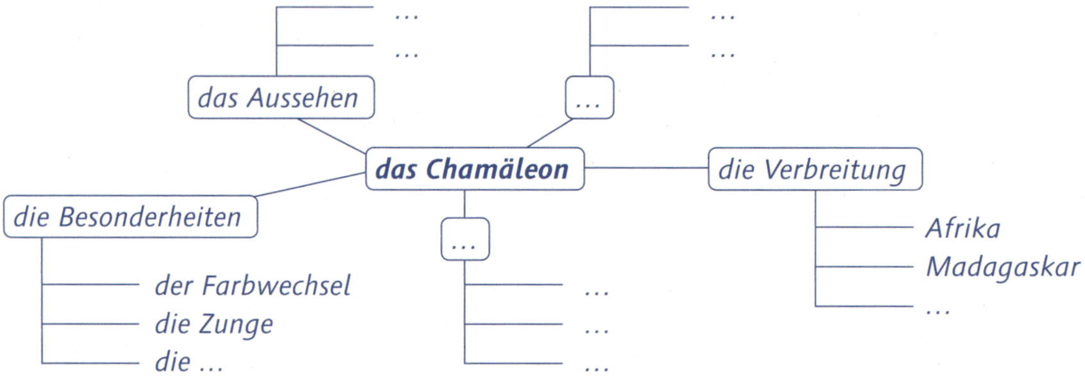

2 Was möchtest du außerdem über das Chamäleon erfahren?
a. Recherchiere in einem Tier-Lexikon oder im Internet.
b. Ergänze die Informationen in deiner Mind-Map.

Arbeitstechnik

Eine Mind-Map (Gedankenlandkarte) anlegen
Mit einer Mind-Map kannst du deine **Informationen** und deine **Ideen** zu einem Sachgebiet **übersichtlich darstellen**.
- Schreibe in die Mitte den **zentralen Begriff** oder deine zentrale Frage.
- Zeichne Linien von der Mitte aus.
- Ergänze auf den Linien **Schlüsselwörter** oder weitere wichtige W-Fragen.
- Zeichne weitere Abzweigungen von den Schlüsselwörtern oder W-Fragen.
- **Ordne** den Schlüsselwörtern oder W-Fragen **passende Informationen** aus einem Text oder weitere Fragen zu.

Nicht alle haben den Text über das Chamäleon gelesen.
Als „Chamäleon-Experte" möchtest du deine Lerngruppe über die Besonderheiten dieses Tieres informieren.
Wähle zwischen den Aufgaben 3 1 und 3 2.

3 1 Verfasse einen informativen Text über das Chamäleon.

▶ Einen informativen Text schreiben, S. 103

a. Wähle eine Überschrift aus, die die Leser neugierig machen könnte.
b. Benenne in der Einleitung das Thema deines Textes.
c. Nutze für den Hauptteil deine Notizen zu den Aufgaben 1 bis 6 der Seiten 92–95 sowie vor allem deine Mind-Map. Schreibe sachlich und verständlich.
d. Schreibe deine Meinung im Schlussteil auf.
- Was hat dich am Chamäleon besonders beeindruckt?
- Weshalb nennt man das Chamäleon auch „Verwandlungskünstler"?

e. Finde Bilder, die deinen Text noch anschaulicher machen können.

3 2 Bereite einen Kurzvortrag über das Chamäleon vor.
Nutze dafür deine Notizen zu den Aufgaben 1 bis 6 der Seiten 92–95 sowie deine Mind-Map. Orientiere dich an der folgenden Arbeitstechnik.

Arbeitstechnik

Einen Kurzvortrag vorbereiten
- Wähle für deinen Kurzvortrag eine interessante **Überschrift**.
- Sage in deiner **Einleitung**, worum es in deinem Kurzvortrag geht.
- Gliedere die Informationen für deinen **Hauptteil**. Nutze dafür vor allem deine Mind-Map.
- Notiere Stichworte für deinen **Schluss**.
  Tipp: Schreibe alle Stichworte für deinen Kurzvortag auf eine Karteikarte.
- Übe die **Präsentation** deines Kurzvortrages.

Mit dem Lese-Profi hast du Schritte kennen gelernt, die dir helfen können, Sachtexten wichtige Informationen zu entnehmen.

4 Beantworte die folgenden Fragen:

▶ Der Lese-Profi, S. 76

- Welche Schritte des Lese-Profis haben dir geholfen?
- Was ist dir noch schwergefallen?

5 Tauscht euch darüber aus, welche Schritte des Lese-Profis ihr beim Lesen eines weiteren Textes anwenden wollt.

3 1 **b.** *Das Chamäleon ist ein Tier mit ganz besonderen Eigenschaften …*

Üben und Vertiefen: Einen Sachtext lesen und eine Meinung begründen

Im Internet kannst du lesen, dass einige Menschen Chamäleons in ihrer Wohnung halten.

1 Lies den Text mit dem Lese-Profi.

▶ Der Lese-Profi, S. 76

Kati Ratgeber **Das Chamäleon im Wohnzimmer?**

Viele Menschen möchten sich auch zu Hause mit besonderen Tieren umgeben, z. B. mit einem Chamäleon. Die Terrarienhaltung eines Chamäleons ist aber sehr anspruchsvoll.
Das Pantherchamäleon z. B. kann in einem Terrarium gehalten werden. Es stammt von der Tropeninsel Madagaskar, wo es jedes Jahr auch Trockenzeiten gibt. Die Temperatur des Terrariums muss deshalb zwischen 25–32 Grad liegen, damit sich das Tier wohlfühlt. Auch für eine entsprechende Luftfeuchtigkeit ist zu sorgen, aber nicht mit Wasserfällen oder Ähnlichem, da Chamäleons sehr anfällig gegen Keime sind, und diese können im Wasser sein.
Außerdem muss das Terrarium sehr groß und hoch sein, damit kein Platzmangel entsteht. Es sollte auch viele Äste geben, damit der Kletterkünstler genug Beschäftigung findet.
Es gibt auch Tierfreunde, die Chamäleons sogar frei halten, das heißt, die farbenprächtigen Tiere dürfen sich frei in einem Zimmer aufhalten. Das stellt natürlich noch höhere Ansprüche an die Sicherheit der kleinen Tiere, an ausreichend Wärme und Feuchtigkeit und dürfte damit auch ziemlich energieaufwändig sein. Die Liebhaber dieser freien Tierhaltung

warnen außerdem: Haben sich die Chamäleons erst einmal an ihren Freilauf gewöhnt, sind sie kaum wieder in ein Terrarium zu sperren.

Die Nahrung besteht hauptsächlich aus Insekten. Besonders beliebt sind Heuschrecken, Mehlwürmer und Raupen.
Chamäleons sind keine Schmusetiere. Am besten hält man die Einzelgänger allein. Auf keinen Fall sollten sie direkt mit anderen Haustieren konfrontiert werden, das macht den Chamäleons Stress.

Trotz aufwändiger Haltung berichten viele Tierfreunde, dass sich die kleinen Verwandlungskünstler auch in Wohnräumen wohlfühlen können und ihre Besitzer viel Freude an ihnen haben, zum einen an ihrem wundervollen Farbenwechsel, zum anderen, weil sie sehr lebendig sind und sich nicht nur verkriechen oder nur schlafen.

2 Was macht die Terrarienhaltung oder freie Haltung eines Chamäleons in Wohnräumen anspruchsvoll?

a. Notiere Schlüsselwörter, die Informationen zu der gestellten Frage geben.

b. Ordne deine Informationen:

- Schreibe mindestens drei Informationen über die Schwierigkeiten der Terrarienhaltung von Chamäleons heraus.
- Notiere Informationen, die besagen, dass die Haltung eines Chamäleons in einer Wohnung möglich ist.

Deinen Kurzvortrag oder deinen Sachtext über die Besonderheiten des Chamäleons kannst du nun ergänzen und außerdem deine Meinung zur Haltung von Chamäleons in Wohnräumen begründen.

3 Würdest du deinen Mitschülern die Anschaffung eines Chamäleons empfehlen? Und wenn ja, unter welchen Bedingungen?
Begründe deine Meinung.

Arbeitstechnik

Eine Meinung zu einer Sachfrage begründen

- Notiere dir zunächst die Sachfrage.
- **Ordne die Informationen** aus dem Text danach, ob sie Begründungen für eine **positive** oder **negative Beantwortung** der Frage enthalten.
- Formuliere deine **Meinung** und **begründe sie** mit entsprechenden Sachinformationen.
- Abschließend kannst du eine **Empfehlung** geben oder einen Vorschlag machen.

Der Axolotl – lesen mit dem Lese-Profi

Der folgende Sachtext informiert dich über ein ganz außergewöhnliches Tier. Nach dem Lesen schreibst du einen informativen Text, in dem du deinen Mitschülerinnen und Mitschülern dieses Tier vorstellst.

1 Bevor du mit dem Lesen beginnst, siehst du dir die Überschrift und die Bilder an. Überlege, worüber der Sachtext vermutlich informiert.

2 Notiere zu deinen Ideen Stichworte, die du nach dem Lesen mit den Informationen aus dem Text vergleichst: Haben deine Vermutungen zugetroffen?

3 Lies nun den Sachtext als Ganzes.

Volker Thomas

Der Lurch, der sich selbst reparieren kann: Der Axolotl

Wenn er einen ansieht, scheint er zu grinsen. Wie ein Wassermonster kommt er eigentlich nicht daher, obwohl der Name Axolotl auf Aztekisch genau das bedeutet. Wie Frösche, Kaulquappen und Salamander gehört er zur Familie der Lurche. Aber er leistet sich etwas, was ihm kein anderer Lurch nachmacht. Während ein Frosch zum Beispiel als Kaulquappe mit Kiemen zur Welt kommt, eine Zeit lang im Wasser bleibt und sich dann Lungen wachsen lässt, um an Land zu leben, bleibt der Axolotl bei den Kiemen. Er verharrt im Stadium der Larve, wandelt also seine Gestalt nicht um (eine solche Umwandlung nennt man auch Metamorphose). Er lebt weiter unter Wasser und wird niemals erwachsen, obwohl er bis zu 25 Zentimeter groß werden kann.

Das liegt daran, dass dem Axolotl ein bestimmtes Wachstumshormon fehlt. Eines, das für die Umwandlung von der Larve, also der Kaulquappe, zum ausgewachsenen Lurch zuständig ist. Darum behält er die Kiemenatmung bei. Wissenschaftler haben ihm in einem Laborversuch das fehlende Hormon zugeführt. Daraufhin entwickelte der Axolotl Lungen und konnte ab sofort an Land leben.

Der Axolotl hat kleine, weit auseinanderliegende Augen, einen großen Kopf und ein breites Maul. Das hat ihm die Zuordnung zu den so genannten Querzahnmolchen eingebracht. Seitlich ragen aus dem Kopf sechs Kiemenäste, mit denen er sich Frischwasser zufächelt. Sein Körperbau ist gedrungen mit kurzen Beinen und einem kräftigen abgeflachten Schwanz. Axolotls sind meist gelblich bis braun, es gibt aber auch welche, die ganz weiß und durchsichtig aussehen. Der Axolotl wird – wie gesagt – zwar nie richtig „erwachsen", aber er kann sich selbst reparieren. Verletzte oder abgetrennte Gliedmaßen wachsen einfach wieder nach. Darin ist er ein echtes Wundertier. Sogar Teile seines Gehirns und das Herz kann er wiederherstellen. Was nachwächst, ist kein Ersatz, sondern voll funktionstüchtig. Diese Fähigkeit hat ihn zu einem interessanten Forschungsobjekt gemacht. Wissenschaftler versuchen herauszubekommen, wie der Axolotl das macht. Sie suchen gezielt nach den Botenstoffen, die bei der Wundheilung eine Rolle spielen und die man auch in der Humanmedizin einsetzen kann. Der Axolotl stammt ursprünglich aus einem Seensystem nahe der mexikanischen Hauptstadt Mexico-City. Doch seit sich die Stadt zu einer Megacity ausgewachsen hat mit heute rund neun Millionen Einwohnern, sind die Gewässer verschmutzt, die Seen zum Teil ausgetrocknet und die Feuchtgebiete trockengelegt. Der Axolotl ist dort fast ausgestorben. Denn die Lurche brauchen frisches, kühles Süßwasser – und das gibt es kaum noch. Er steht deshalb auf der Roten Liste mit der höchsten Gefährdungsstufe. Aber aussterben wird das faszinierende Tier nicht. In Zoos, Forschungseinrichtungen und Aquarien leben heute mehr Axolotl als in freier Wildbahn. Auch in Deutschland gibt es viele Aquaristen, die sich Axolotls als Haustiere halten. Obwohl es sich um ein besonderes Lebewesen handelt, kann man es relativ kostengünstig erwerben.

Beim genauen Lesen erschließt du dir den Inhalt des Textes noch besser. Mit einer Einteilung in Abschnitte kannst du den Text lesefreundlicher gestalten.

4 **a.** Finde die ersten beiden Abschnitte und teile den restlichen Text in sinnvolle Abschnitte ein.
b. Notiere Anfang und Ende der Absätze mit der jeweiligen Zeilenangabe und lass darunter Platz für weitere Notizen.

Einige Wörter sind für das Verständnis des Textes besonders wichtig, es sind Schlüsselwörter.

5 **a.** Überlege, welche Wörter Schlüsselwörter sein könnten.
b. Notiere sie zu den Absatzangaben (Aufgabe 4).

Zwischenüberschriften fassen den Inhalt von Absätzen zusammen.

6 **a.** Schreibe zu jedem Abschnitt eine Frage auf, die in diesem Abschnitt beantwortet wird.
b. Fasse mit Hilfe deiner Antworten den Inhalt der Absätze zusammen.
c. Formuliere zu jedem Abschnitt eine Zwischenüberschrift.

6 **a.** *Wie sieht ein Axolotl aus? Welchen Körperbau hat er?*

Der Autor des Sachtextes verwendet Fachwörter und dir möglicherweise unbekannte Begriffe. Eines dieser Fachwörter wird im Text erklärt, andere nicht.

7
a. Schreibe den Begriff, der im Text im 1. Abschnitt erläutert wird, mit der Erklärung auf.
MK **b.** Recherchiere weitere dir unbekannte Begriffe im Lexikon oder im Internet. Schreibe sie mit ihren Erklärungen auf.
c. Tausche deine Informationen zu den Fachwörtern und unbekannten Begriffen mit anderen Mitschülerinnen und Mitschülern aus.

8
a. Beantworte die folgenden Fragen zum Text. Schreibe Stichworte oder Sätze auf und vermerke dazu die jeweilige Fundstelle mit Zeilenangabe.
- Welche besondere Fähigkeit hat der Axolotl?
- Warum macht ihn diese Eigenschaft für Wissenschaftler so interessant?
- Welchen Versuch führten Wissenschaftler durch und wie endete dieser Versuch?

b. Formuliere weitere Fragen, die sich mit Hilfe des Textes beantworten lassen.

9 Welche Informationen über den Axolotl sind für dich besonders interessant? Notiere dir Stichworte.

MK **10** Einige Menschen halten einen Axolotl in ihrer Wohnung. Informiere dich im Internet darüber, was man bei der Haltung eines Axolotls beachten muss. Erstelle dazu eine Liste.

Was bei der Haltung eines Axolotls beachtet werden muss:
– die Ausstattung des Aquariums
– die Wassertemperatur
– …

11 Du bist jetzt über den Axolotl gut informiert. Überlege, wie du beim Lesen des Sachtextes vorgegangen bist. Beantworte dazu die folgenden Fragen.
a. Was hat mir beim Lesen geholfen?
b. Was habe ich Schritt für Schritt getan?
c. Was konnte ich vernachlässigen?
d. Welche Aufgabe zum Text konnte ich nicht so leicht lösen?

Einen informativen Text schreiben

Nach dem Lesen arbeitest du mit dem Inhalt des Textes weiter.

Nicht alle haben den Text über den Axolotl gelesen. Als Experte schreibst du einen informierenden Text über dieses besondere Tier. Bevor du mit dem Schreiben beginnst, planst du deinen Text. Du kannst dich an der Arbeitstechnik (siehe unten) orientieren.

1 Verschaffe dir zunächst einen Überblick über die Informationen, die du zur Verfügung hast. Eine Mind-Map ist dafür gut geeignet.

▶ Eine Mind-Map erstellen, S. 96

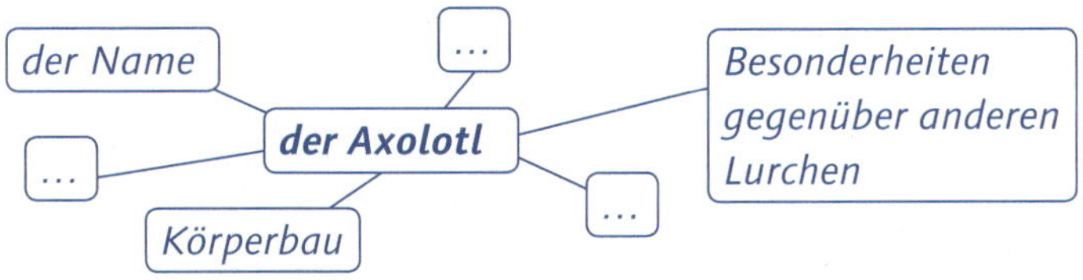

2 Lege fest, in welcher Reihenfolge die Informationen in deinem Text stehen sollen.

3 Dein Text sollte aus drei Teilen bestehen.
- **a.** Schreibe eine Einleitung, in der du das Thema des Textes benennst.
- **b.** Schreibe den Hauptteil sachlich und verständlich.
- **c.** Erläutere im Schlussteil, was du besonders faszinierend am Axolotl findest. Du solltest auch auf die Überschrift eingehen: Kann sich ein Axolotl *reparieren*?
- **d.** Gib am Ende deines Textes die Quellen an, die du verwendet hast.

Arbeitstechnik

Einen informativen Text schreiben
- Sammle Informationen aus Sachtexten zum Thema.
- Gliedere deine Informationen in einer sinnvollen Reihenfolge.
- Wähle eine Überschrift aus, die die Leser neugierig macht.
- Benenne in der Einleitung das Thema deines Textes.
- Schreibe den Hauptteil sachlich und verständlich.
- Im Schlussteil des Textes kannst du deine eigene Meinung äußern.
- Gib die Quellen an, aus denen du deine Informationen hast.
- Überprüfe abschließend die Rechtschreibung.
- Finde Bilder, die deinen Text noch anschaulicher machen können.

Quellen können z. B. sein: der Text von Volker Thomas aus diesem Buch, ein Tier-Lexikon, eine Zeitschrift, Texte aus dem Internet.
Für eine **Quellenangabe** musst du folgende Angaben notieren:
- den Namen der Autorin oder des Autors
- den Titel des Textes, des Buches, der Zeitschrift, in dem/der der Text abgedruckt wurde
- die Seite, auf der du die Information gefunden hast

Bei Internet-Texten musst du außer dem Autor/der Autorin und dem Titel des Textes die genaue Web-Adresse notieren, z. B.: http://www.kinder-tierlexikon.de

Vertiefen: Informationen vergleichen – einen informativen Text schreiben

Der folgende Sachtext informiert über einen nahen Verwandten des Axolotls. Anschließend vergleichst du die beiden Tiere und schreibst einen informativen Text.

1 Lies den Text.

Max Schulz Der Tigersalamander

Nicht immer passt ein Name: Der Tigersalamander gehört eigentlich nicht zu den Salamandern. Er gehört zu den Querzahnmolchen – ebenso wie der Axolotl. Querzahnmolche kommen auf dem amerikanischen Kontinent zwischen dem südöstlichen Teil Alaskas und Kolumbien vor.

In einem unterscheiden sich Axolotl und Tigersalamander grundlegend. Während der Erste seine Kiemen behält, macht der Tigersalamander – von wenigen Ausnahmen abgesehen – eine Metamorphose durch und atmet dann mit Lungen. Dementsprechend leben erwachsene Tigersalamander außerhalb der Paarungszeit an Land und halten sich nur zur Fortpflanzung im Frühjahr in ruhigen Gewässern auf. Das Aussehen der Tiere variiert sehr stark. Als Grundfarbe kommt Schwarz, Olivgrün oder Braun in Frage, die häufig mit gelben oder beigen Streifen oder Flecken kombiniert ist. Die Bauchunterseite ist in der Regel gelb oder olivgrün. Das Männchen ist meistens etwas schlanker als das Weibchen. Auf dem Speiseplan des Tigersalamanders stehen Regenwürmer, kleine Mäuse, Insekten und andere Amphibien, während er selbst als Beute für verschiedene Vögel, Füchse und Schlangen in Frage kommt.

Ursprünglich stammt der Tigersalamander aus Nordamerika und kommt dort vom südlichen Kanada über die USA bis Mexiko vor. Dabei ist er nicht nur im Flachland, sondern auch in Gebirgsregionen selbst knapp über 3000 m anzutreffen. Auch in einigen Zoos kann man ihn sehen. Ebenso wie der Axolotl ist der Tigersalamander sehr beliebt bei Aquaristen. Das Terrarium sollte eine bestimmte Größe haben: Es sollte mindestens 80 cm lang und 40 cm breit sein, damit das Tier, das eine Körperlänge von mehr als 30 cm erreichen kann, auch genügend Platz hat. Da die Tigersalamander auch senkrechte Scheiben hinaufklettern können, empfiehlt sich eine Abdeckung. Was die Aufteilung des Terrariums angeht: Etwa 1/3 Wasser und 2/3 Land sind optimal, wobei für das Wasser eine Tiefe von 10 bis 15 cm empfehlenswert ist. Aquaristen empfehlen, Experten (z. B. Züchter von Tigersalamandern) um Ratschläge zu bitten, da die Haltung dieser Tiere anspruchsvoll ist.

Bevor du einen informativen Text über den Axolotl und den Tigersalamander schreibst, liest du den Text noch einmal ganz genau.

2 Gehe wie bei dem Text über den Axolotl (Seiten 100–102) vor.

Nun kannst du mit den Inhalten beider Texte weiterarbeiten. Zunächst ordnest du deine Informationen so, dass du Gemeinsamkeiten und Unterschiede der Tiere benennen kannst.

3 Erstelle eine Tabelle, in der du die vergleichbaren Informationen zu beiden Tieren einträgst.
Fragen helfen dir, die Gemeinsamkeiten und Unterschiede zu finden.

	das Axolotl	*der Tigersalamander*
Wie lange leben sie im Wasser?	*verharrt im Stadium der Larve, …*	*…*
Wie entwickeln sich beide?		
…		

Dein informativer Text soll klar gegliedert sein in Einleitung, Hauptteil und Schluss.

4
a. Erläutere in der Einleitung, welche Tiere du vorstellst und warum sie in deinem informierenden Text miteinander verglichen werden.
b. Benenne im Hauptteil Gemeinsamkeiten und Unterschiede von Axolotl und Tigersalamander. Wähle dabei eine sinnvolle Reihenfolge.
c. Schreibe in den Schlussteil, was dich in beiden Texten jeweils am meisten überrascht hat. Beziehe dabei auch die Überschrift des ersten Textes mit ein.
d. Setze dich mit der Frage auseinander, ob du deinen Mitschülerinnen und Mitschülern das Halten dieser Tiere in einem Aquarium oder Terrarium empfehlen möchtest. Begründe deine Meinung.

5 Erstelle deine Checkliste für das Lesen und das Schreiben eines informativen Textes.
a Orientiere dich für das Lesen an den Schritten des Lese-Profis (vergleiche Seite 76).
b. Schreibe alle wichtigen Schritte für das Verfassen eines informativen Textes auf. Du kannst dich an der Arbeitstechnik auf Seite 103 orientieren.
c. Überprüfe mit deiner Checkliste, ob du alle Schritte berücksichtigt hast.

6 Vergleiche mit einer Partnerin oder einem Partner den in Aufgabe 4 geschriebenen informativen Text. Gebt euch Feedback zu den Fragen:
– Ist der Text informativ, sachlich, verständlich?
– Überzeugt die Begründung zum Halten der Tiere in Aquarien?

5 *Einen informativen Text auf der Grundlage eines Sachtextes schreiben*
– Habe ich wichtige und für die Leser interessante Informationen ausgewählt?
– Habe ich in der Einleitung …
– …

Besondere Tiere – Informationen präsentieren

Ihr habt Sachtexte über besondere Tiere gelesen und Informationen gesammelt. Jeder von euch ist nun ein Experte für ein Tier und kann dieses den anderen vorstellen. Wählt zwischen Aufgabe 1 und 2. Bildet dazu Gruppen, in denen zu jedem Tier ein Experte ist (Aufgabe 1), oder bildet zu je einem Tier eine Expertengruppe (Aufgabe 2).

1

Der Liebling im Zoo

2

Ein Drache aus der Urzeit

3

Eine Zunge – so schnell wie ein Pfeil

4

Der Lurch, der sich selbst reparieren kann

1 a. Bildet Gruppen. In jeder Gruppe soll möglichst eine Expertin oder ein Experte für jedes Tier sein.
b. Notiert zuerst Fragen zu den Tieren, über die ihr selbst nichts gelesen habt. Tipp: Schaut euch dazu die Bilder und die Bildunterschriften an.
c. Fragt nun die Experten in eurer Gruppe, zum Beispiel:
- Was kann das Chamäleon, was andere Tiere nicht können?
- Wo überall kann man Erdmännchen begegnen?
- Weshalb nennt man die Komodowarane auch Drachen?
- Was kann der Axolotl Besonderes?

d. Die Experten antworten auf die Fragen. Verwendet dazu eure Steckbriefe, Kurzvorträge oder eure informativen Texte.

2 a. Bildet zu jedem Tier eine Experten-Gruppe.
b. Sammelt gemeinsam alle interessanten Informationen zu dem Tier und gestaltet dazu ein Plakat.
Tipp: Verwendet dabei auch Bilder und Karten.
Bei einigen Tieren könnt ihr eure Meinung dazu schreiben, ob man das Tier in einer Wohnung halten sollte oder nicht.

▶ Ein Plakat gestalten, S. 19

Mein Lese-Profi – das Lesen auswerten

Anna, Paul, Naomi und Tarik überlegen, welche Schritte und Lesehilfen des Lese-Profis ihnen besonders geholfen haben.

1 Lest die Texte in den Sprechblasen.

Manchmal sagt mir die Überschrift etwas, manchmal verwirrt sie mich eher.
Anna
Mir helfen die hervorgehobenen Wörter.
Tarik
Wenn ich mir die Bilder ansehe, dann habe ich schon eine Idee.
Paul
Ich schreibe mir eine Überschrift für jeden Abschnitt auf. Dann weiß ich, was darin wichtig ist.
Naomi

2 Welche Schritte und Lesehilfen haben euch am meisten geholfen?

3 Ordnet eure Überlegungen gemeinsam an der Tafel:

a. Notiert zuerst die Schritte des Lese-Profis nebeneinander:

1. Schritt: Vor dem Lesen	2. Schritt: Beim ersten Lesen	3. Schritt: Beim genauen Lesen	4. Schritt: Nach dem Lesen

b. Schreibt die Lesehilfen des Lese-Profis unter die einzelnen Schritte.

c. Zeichnet jede/jeder einen Strich an die Lesehilfen, die ihr verwendet habt.

d. Zählt gemeinsam aus:
- Welche Lesehilfen haben euch am meisten geholfen?
- Welche Lesehilfen habt ihr gar nicht benötigt?

▶ Der Lese-Profi, S. 76

4 Jede und jeder liest anders. Erstellt jede/jeder euren eigenen Lese-Profi.

a. Schreibe die Schritte auf.

b. Welche Fragen möchtest du dir vor dem Lesen, beim Lesen und nach dem Lesen eines Textes stellen? Schreibe die Fragen zu den Schritten.

c. Stelle deinen Lese-Profi der Klasse vor.

5 Mutgeschichten – *anschaulich erzählen*

Als Freunde erleben Naomi , Anna , Paul , Tarik  und Sami  immer wieder kleine Abenteuer oder anderes, worüber man eine Mutgeschichte erzählen kann.

Hoch hinaus!

Das war knapp!

Unheimlicher Rückweg!

1 **a.** Was erzählen die Bilder [1]–[3]?
b. Warum müssen die Kinder vielleicht mutig sein?

2 **a.** Wie könnten die Geschichten [1]–[3] beginnen?
b. Wie könnten sie enden?

3 **a.** Zu welchem Bild könnte welche Sprechblase passen?
b. Was könnten die Kinder außerdem sagen oder rufen?

Nur Mut, Anna!
Gemeinsam schaffen wir das.

Wollen wir wieder über
die Brücke balancieren?

Du kannst das auch, Tarik!

4 **a.** Welche Gefühle werden in den Abschnitten [A]–[C] beschrieben?
b. Zu wem könnten die Gefühle passen?
c. Wie würdet ihr die Gefühle der Kinder beschreiben?

[A] Vor lauter Aufregung wurde er ganz blass. Er wusste nicht, wie er reagieren sollte.

[B] Sie strahlte und war sehr erleichtert. Ein breites Lächeln lag in ihrem Gesicht …

[C] Sie zögerte. Ihr Herz schlug schneller …

5 Welche Mutgeschichten habt ihr vielleicht schon erlebt? Erzählt.
- In welcher Situation wart ihr?
- Wie habt ihr euch gefühlt?
- Was war das Problem?
- Wie habt ihr das gelöst und was hat euch dabei geholfen?

5 Mutgeschichten – *anschaulich erzählen*

In diesem Kapitel erzählt ihr spannende Geschichten von Anna, Naomi, Sami, Tarik und Paul. Ihr schreibt sie auf für ein Mutgeschichten-Buch, das ihr am Ende gemeinsam gestaltet.

Nicht wegsehen! – Anschaulich erzählen

Anna, Tarik und Paul machten Fotos in der Stadt. Durch die Kamera sahen sie auch die folgenden Szenen. Sie mussten mutig sein und handeln.

1 a. Wer ist auf den Bildern zu sehen? Was machen die Personen?
b. Wie könnten Anna, Tarik und Paul reagieren?

Zu jedem Bild könnt ihr ganz unterschiedliche Mutgeschichten erzählen.

2 Zu welchem Bild möchtet ihr eine Geschichte erzählen?
a. Jede/Jeder wählt ein Bild aus.
b. Bildet Gruppen zu jedem Bild.

3 a. Seht euch noch einmal genau euer gewähltes Bild an.
b. Was könnte in der Geschichte weiter passieren?
Sammelt Ideen in einem Cluster.

Arbeitstechnik

Einen Cluster anlegen
- Nehmt ein leeres Blatt **Papier**.
- Schreibt in die Mitte das **Thema**. **Kreist** das Thema **ein**.
- Schreibt eure **Ideen** zu dem Thema rundherum.
- **Verbindet** die Ideen **durch Striche** mit dem Thema in der Mitte.

Ihr habt Ideen für Mutgeschichten gesammelt. Jetzt könnt ihr gemeinsam eine Geschichte planen und euch gegenseitig Feedback geben.

Schritt 1: Vor dem Schreiben

4
a. Entscheidet, wer in der Geschichte eine Rolle spielt.
b. Wählt Ideen aus dem Cluster, die euch gefallen.
c. Sprecht über folgende Fragen:
- Wo waren Anna, Tarik und Paul, als sie das Foto machten?
- Was wollten sie tun, als sie die Ungerechtigkeit beobachteten?
- Was war daran schwierig?
- Welche Lösung könnten sie gefunden haben?
- Wie könnte die Geschichte enden?

die Handlungsbausteine:
- die Figuren und die Situation
- der Wunsch
- das Problem
- der Lösungsweg
- das Ende

5 Jede/Jeder schreibt für sich eigene Stichworte zu den Fragen in Aufgabe 4 auf.

6 Stellt euch gegenseitig eure Stichworte vor.
- Was gefällt euch gut?
- Was würdet ihr noch ergänzen?

Tipp: Ihr könnt euch weitere Anregungen für eure Geschichte in der Gruppe holen.

Damit eure Geschichte interessant wird, beschreibt ihr Gefühle der Figuren*.

7 Wie könnten Anna, Tarik und Paul sich fühlen, als sie das Bild durch die Kamera sahen? Und wie könnten die anderen Figuren sich fühlen?
a. Ordnet den Figuren eurer Geschichte passende Wörter und Wortgruppen zu.

Anna: aufgeregt, zögerlich

b. Findet weitere passende Wörter und Wortgruppen.

Personen in einer Geschichte nennt man Figuren.

7 *selbstbewusst, zufrieden, aufgeregt, unternehmungslustig, mutig, ängstlich, fröhlich, entschlossen, unentschlossen, einen Kloß im Hals spüren, kalte Füße bekommen …*

Eure Geschichte wird anschaulich, wenn ihr treffende Verben verwendet. In den folgenden Entwürfen steht immer das Verb gehen. Ihr könnt sie verbessern.

8 a. Lest den Entwurf A oder B.

A
Die Freunde gehen zum Marktplatz.
Dort geht eine Frau.
Unauffällig geht ein Dieb zu ihr und greift nach der Tasche.
Paul geht ohne zu zögern los.
Tarik geht ihm hinterher.

B
Nach dem Foul geht Sami zur Bank.
Die anderen Jugendlichen gehen davon.
Sofort geht Tarik zum Sportplatz.
Auch Anna geht schnell dorthin.

b. Sammelt andere Verben für gehen.

gehen: schlendern, humpeln, …

c. Bildet von den Verben das Präteritum (Vergangenheit).

Jetzt könnt ihr eure Geschichten aufschreiben und euch gegenseitig Feedback geben.

Schritt 2: Beim Schreiben

9 Schreibe zunächst den ersten Teil der Geschichte. Verwende deine Ergebnisse der Aufgaben 5 bis 8.
- Lass beim Schreiben jede zweite Zeile frei.
- Beschreibe die Situation, in der die Kinder sind.
- Erzähle genau, was passiert, damit die Leserin/der Leser sich alles gut vorstellen kann.
- Erzähle auch, was die Figuren denken und wie sie sich fühlen.

- die Figuren und die Situation

- der Wunsch

- das Problem

10 Lest euch die Entwürfe gegenseitig vor und gebt euch Feedback:
- Welche Verben sind schon treffend? Welche Tipps für weitere Verben könnt ihr geben?
- Welche Personen und Gefühle sind schon anschaulich beschrieben? Welche Tipps könnt ihr außerdem geben?

11 Überarbeite deinen Entwurf mit dem Feedback, das du bekommen hast. Schreibe in die freien Zeilen.

8 c. A *die Freunde schlenderten, …*
B *Sami humpelte, …*

- der Lösungsweg
- das Ende

12 Schreibe nun den Rest der Geschichte auf.
Verwende deine Stichworte von Aufgabe 5.
– Lass beim Schreiben jede zweite Zeile frei.
– Beschreibe Figuren, Orte und Gefühle anschaulich mit Adjektiven.
– Verwende treffende Verben.
– Schreibe im Präteritum (Vergangenheit).

13 Überlege dir eine passende Überschrift.

Ihr könnt eure Geschichten gemeinsam prüfen und überarbeiten.

Schritt 3: Nach dem Schreiben

14 a. Lest euch die Geschichten gegenseitig vor.
b. Prüft mit Hilfe der Checkliste, ob die Geschichten vollständig und anschaulich erzählt sind.

Checkliste: Anschaulich erzählen

der Inhalt:	**Ja**	**Noch nicht**
Du hast alle **Figuren** vorgestellt.		
Du hast die **Situation** anschaulich beschrieben.		
Du hast den **Wunsch** deutlich formuliert.		
Du hast das **Problem** klar beschrieben.		
Du hast einen passenden **Lösungsweg** geschrieben.		
Du hast ein passendes **Ende** zu der Geschichte gefunden.		
sprachliche Mittel:	**Ja**	**Noch nicht**
Du hast treffende Verben und Adjektive verwendet.		
Du hast die Verben im Präteritum (Vergangenheit) verwendet.		

15 Überarbeite deine Geschichte mit dem Feedback.
Schreibe in die freien Zeilen.

**Du kannst die überarbeitete Geschichte für euer Mutgeschichten-Buch in schöner Schrift auf ein Blatt schreiben.
Du kannst die Geschichte auch am PC schreiben.**

Mit den Handlungsbausteinen erzählen

Mit Hilfe der Handlungsbausteine kann ich eigene Geschichten erzählen. Ich überlege mir die Handlungsbausteine für meine Geschichte und notiere für jeden Handlungsbaustein Stichworte. Dabei kann ich Fragen stellen.

Die Handlungsbausteine	Die Fragen
die Figuren* und die Situation	– Wer ist die Hauptfigur? – In welcher Situation steckt die Hauptfigur?
der Wunsch	– Welchen Wunsch hat die Hauptfigur?
das Problem/das Hindernis	– Warum erfüllt sich der Wunsch nicht? – Welches Hindernis ist im Weg? – Welche Aufgabe muss gelöst werden?
die Reaktion/der Lösungsweg	– Wie reagiert die Hauptfigur? – Welche Lösung findet sie für das Problem?
das Ende	– Wie endet die Geschichte? – Ist die Hauptfigur erfolgreich?

* Personen in einer Geschichte nennt man Figuren.

So könnten die Stichworte zu den Handlungsbausteinen für meine Geschichte aussehen:

die Figuren und die Situation
- *Anna, Naomi und Tarik*
- *am Baggersee mit einem Schlauchboot*

der Wunsch
- *wollen mit dem Schlauchboot auf die andere Seite des Sees rudern*

das Problem
- *mitten auf dem See geht ein Ruder verloren, es treibt weg*
- *die Freunde müssen es wiederbekommen*

der Lösungsweg
- *Tarik springt ins Wasser und holt das Ruder*
- *die anderen helfen ihm wieder ins Boot*

das Ende
- *die Kinder rudern ans Ufer zurück*
- *sie sind froh, dass sie es geschafft haben*

Mit Hilfe der Handlungsbausteine kann ich Geschichten auch verstehen und das Wichtigste der Handlung erkennen.
Die Fragen helfen mir, die Handlungsbausteine in einer Geschichte zu ermitteln.

Was macht eine Geschichte spannend und anschaulich?

Eine Mutgeschichte soll spannend und anschaulich sein. Dabei helfen dir sprachliche Mittel.

Verloren auf dem See

Anna, Naomi und Tarik packten ihr Schlauchboot am See aus. Sie pumpten es abwechselnd auf. Der See lag ruhig da und die Sonne strahlte an einem wolkenlosen Himmel. Vorsichtig ließen die Freunde das Boot ins Wasser und stiegen anschließend selbst hinein. Zuerst hielten Tarik und Anna die beiden Ruder. Naomi hockte hinten und gab Hinweise, wer stärker rudern sollte. Plötzlich stieß Anna einen Schrei aus. Eine Hummel war ihr ins Gesicht geflogen. Als sie die Augen wieder öffnete, lag ihr Ruder im Wasser und war schon einige Meter davongetrieben. Erschrocken schrie sie: „Oje, was tun wir jetzt? Das Ruder ist weg." Tarik beruhigte sie: „Das Wasser ist nicht kalt. Ich springe und hole das Ruder wieder."
Gesagt, getan. Tarik machte einen beeindruckenden Kopfsprung, das Boot schlingerte gefährlich.
Mit kräftigen Zügen schwamm Tarik dem Ruder nach und hielt es kurz darauf in seiner Hand. Zurück am Boot, hievten die Mädchen mit vereinten Kräften Tarik wieder an Bord.

Erleichtert und glücklich ruderten die Freunde ans Ufer zurück. Das war noch einmal gutgegangen.

eine Überschrift, die neugierig macht

Orte genau beschreiben

Verben im Präteritum

abwechslungsreiche Satzanfänge

treffende Verben

wörtliche Rede

treffende Adjektive

Gefühle ausdrücken

Checkliste: Anschaulich erzählen

	Ja	**Noch nicht**
Ich habe alle Handlungsbausteine berücksichtigt.		
Ich habe eine Überschrift, die neugierig macht.		
Ich habe treffende Verben und Adjektive verwendet.		
Ich habe Figuren und ihre Gefühle, Gegenstände und Orte genau beschrieben.		
Ich habe wörtliche Rede verwendet.		
Ich habe die Satzanfänge abwechslungsreich gestaltet.		
Ich habe die Verben im Präteritum (Vergangenheit) verwendet.		

Hoch hinaus! – Anschaulich erzählen

**Die folgende Geschichte handelt von Naomi und Tarik im Kletterwald.
Die Bilder erzählen aber nur einen Teil der Geschichte.
Den Rest der Geschichte kannst du dir ausdenken.**

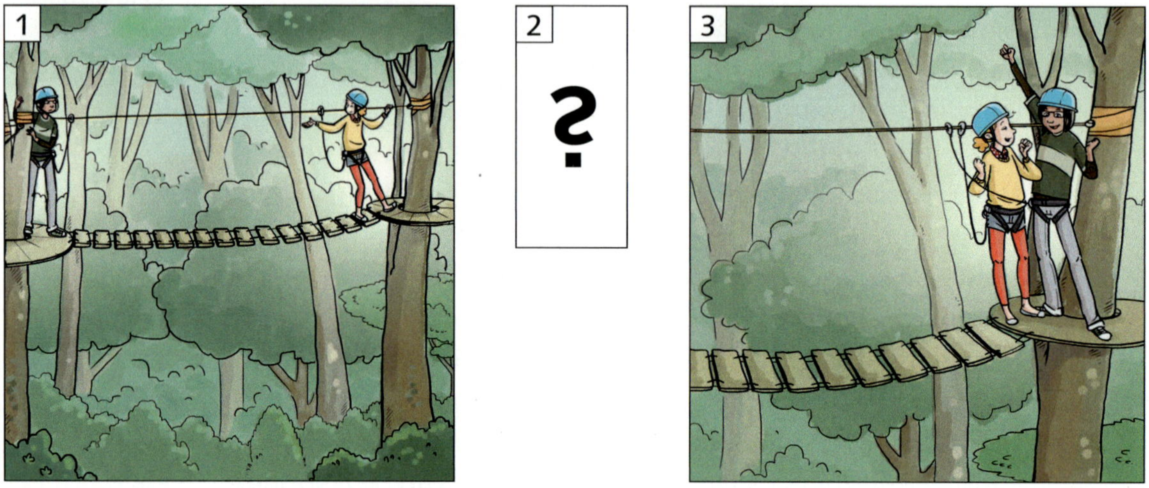

1 Was passiert in der Geschichte?
a. Sieh dir die Bilder an.
b. Ordne die Sätze den Bildern zu.

Naomi und Tarik wollten zu dem anderen Baum laufen. | *Schließlich schaffte es Tarik doch.* | *Tarik traute sich am Anfang nicht.*

Tarik war im Kletterwald sehr mutig.

2 Wie schaffte es Tarik zu dem anderen Baum?
a. Sammle Ideen in einem Cluster.
Tipp: Du kannst deine Ideen einer Partnerin/einem Partner vorstellen und dir weitere Anregungen holen.

So schaffte es Tarik zum anderen Baum – … – …

b. Wähle eine Idee aus. Schreibe einen Satz.

▶ Der Cluster, S. 110

Naomi machte ihm Mut, holte ihn ab, beide trafen sich in der Mitte, Tarek holte tief Luft, überlegte sich eine Belohnung …

Die Geschichte von Naomi und Tarik kannst du schriftlich erzählen. Dabei hilft dir der Schreib-Profi.

▶ Der Schreib-Profi, S. 343

Schritt 1: Vor dem Schreiben

Naomi und Tarik hatten beim Klettern unterschiedliche Gefühle. Ihre Gefühle kannst du in deiner Geschichte mit Adjektiven beschreiben.

am Anfang

am Ende

ängstlich, glücklich, froh, traurig, stolz, zufrieden, begeistert, unglücklich …

3 Wie könnten sich Naomi und Tarik fühlen?
a. Wähle passende Adjektive aus.
b. Schreibe Sätze auf.
Die Satzschalttafel hilft dir.

Am Anfang Am Ende	war	Tarik Naomi	mutig. ängstlich glücklich. stolz. begeistert. unglücklich. erleichtert.
	waren	die Kinder	

c. Markiere in deinen Sätzen die Adjektive.

Am Anfang war …

Deine Geschichte wird anschaulich, wenn du beschreibst, wie etwas ist.

4 Wie waren die Bäume? Wie war der Steg?
a. Wähle passende Adjektive aus.
b. Schreibe zwei Sätze auf.

hoch, kaputt, lang, schmal, schief, groß, alt, wackelig …

Die Bäume waren …
Der Steg war …

Schritt 2: Beim Schreiben

5 Schreibe nun den Anfang der Geschichte.
Du hast mehrere Möglichkeiten.
Lass nach jedem Satz eine Zeile frei.

Naomi und Tarik	waren	zusammen	auf einem Klassenausflug.
		zum ersten Mal	in einem Kletterwald.

Sie Die beiden Kinder	wollten	von einem Baum zum nächsten balancieren.
		über einen Steg klettern.

Entschlossen	balancierte	Naomi	über den Steg.
Mutig	lief		zu dem anderen Baum.

Aber Tarik	war ängstlich.
	hatte Angst.

Am Anfang	traute er sich nicht.
	zögerte er und blieb stehen.

Die zwei Bäume waren	weit entfernt. …
Der Steg war	wackelig. …

6 Wie schaffte Tarik es zum zweiten Baum?
Schreibe eine Idee aus deinem Cluster auf. Oder wähle einen Satz aus.

Naomi Seine Freundin	ging zurück	und	holte ihn ab.
	unterstützte ihn		machte ihm Mut.

7 Schreibe nun das Ende der Geschichte.
Ergänze den letzten Satz mit passenden Adjektiven.

Schließlich	schaffte es Tarik.
	kletterte Tarik über den Steg.

Am Ende	war er	…
	waren beide	…

Der Leser soll neugierig werden und deine Geschichte unbedingt lesen wollen. Deine Überschrift soll deshalb neugierig machen.

8 a. Wähle eine Überschrift aus. Oder überlege dir eine eigene Überschrift.
b. Schreibe sie über deine Geschichte.

Geschafft!
Tarik und Naomi im Kletterwald
Tarik, der Mutige
Klettern macht Spaß
Ein aufregender Tag im Kletterwald
Tarik hat Angst

Du kannst deine Geschichte mit einer Partnerin/einem Partner überarbeiten.

Schritt 3: Nach dem Schreiben

9 a. Lest euch gegenseitig eure Geschichten vor.
b. Überprüft die Geschichten mit Hilfe der Checkliste.

Checkliste: Anschaulich erzählen	Ja	Noch nicht
Deine Geschichte hat eine spannende Überschrift.		
Deine Geschichte ist vollständig.		
Du hast Gefühle und Gegenstände mit passenden Adjektiven beschrieben.		
Du hast vollständige Sätze geschrieben.		
Du hast am Ende der Sätze einen Satzpunkt gesetzt.		
Du hast den Satzanfang großgeschrieben.		
Deine Schrift ist gut lesbar.		

10 Überarbeite deine Geschichte für euer Mutgeschichten-Buch. Schreibe die verbesserten Sätze in die freien Zeilen.

11 Schreibe deine überarbeitete Geschichte in schöner Schrift auf oder am PC.

Üben: Die Bausteine einer Geschichte ordnen

Tarik erzählt vom Klassenausflug in den Kletterwald.
Er hat eine Geschichte entworfen. Aber die Teile sind durcheinander.

1 Lies die Teile der Geschichte.

B

Da war ich richtig mutig!
Bei unserem Ausflug besuchte ich mit meiner Klasse den Kletterwald.
Ich war auf das Klettern gespannt.

M

Dann stiegen meine Freunde von einem Baum zum anderen.
Sie machten mir Mut.
Da dachte ich: Das kann ich vielleicht auch.
Zögernd stieg ich die Leiter hinauf.

Ä

Zuerst stand die ganze Klasse vor der Kletterstrecke.
Die Bäume wirkten riesig.
Seile führten durch die Gipfel der Bäume.
Dort wollten wir hoch.

U

Schon von unten bekam ich weiche Knie.

E

Oben war alle Angst vergessen.
Wir hatten zusammen viel Spaß.

2 Was passierte nacheinander?
a. Lies die Geschichte noch einmal in der richtigen Reihenfolge. Die Fragen am Rand helfen dir.
b. Schreibe das Lösungswort auf.

Wer? Wo?
Welcher Wunsch?
Welches Problem?
Welche Lösung?
Welches Ende?

3 Schreibe die Geschichte in der richtigen Reihenfolge auf.
Lass an den markierten Stellen eine Zeile frei.

Üben: Treffende Adjektive verwenden

Die Geschichte wird noch spannender, wenn du weitere Adjektive verwendest.

4 Was gehört zusammen? Schreibe die passenden Paare auf.

der Mut	*ängstlich*
die Angst	*gefährlich*
die Neugier	*glücklich*
die Gefahr	*mutig*
der Schmutz	*neugierig*
das Glück	*schmutzig*

der Mut – mutig, …

5 **a.** Bilde Sätze mit passenden Adjektiven aus Aufgabe 4.
b. Schreibe die Sätze auf.

Am Abend war ich richtig …
Vor der ersten Kletterrunde war ich …
Die Kletterstrecke war …
Dabei wurde meine Hose …

ängstlich
gefährlich
glücklich
schmutzig

6 **a.** Wähle Sätze aus Aufgabe 5.
b. Füge sie an passenden Stellen in die Geschichte ein.

Du kannst die Geschichte noch anschaulicher erzählen, wenn du wörtliche Rede einfügst.

7 Was könnten die Schüler zu Tarik sagen?
a. Ergänze die Sätze.

Naomi rief: „ … “ *Anna feuerte ihn an: „ … “*

b. Füge sie an passenden Stellen in die Geschichte ein.

8 **a.** Tauscht eure Geschichten aus.
b. Überprüft die Geschichten mit Hilfe der Checkliste auf Seite 119.

9 Überarbeite deine Geschichte für euer Mutgeschichten-Buch.

Das war knapp! – Eine Geschichte vervollständigen

Manchmal heißt mutig sein Nein sagen! Davon handelt die Geschichte von Anna und Tarik auf dem Abenteuerspielplatz. Mit Hilfe der folgenden Bilder und Sätze kannst du erzählen, was die beiden erlebten und wie Tarik mutig Nein sagte.

der Wunsch:
Anna fragte: „Wollen wir wieder über die Brücke balancieren?"
Tarik antwortete: „Ja, lass uns dorthin gehen!"

Das ist mir zu gefährlich. Nein!

das Ende:
Tarik zitterten noch die Knie und Anna fiel ein Stein vom Herzen. Beide waren froh und erleichtert. Anna meinte: „Das war knapp!"

1 Was könnte auf dem Abenteuerspielplatz passiert sein?
a. Sieh dir die Bilder auf Seite 122 an.
b. Lies auch die Sätze und Wortgruppen.

**Tarik trat vorsichtig auf das erste Holzbrett der Hängebrücke.
Oder doch nicht …?**

2 Sammle für deine Geschichte Ideen in einem Cluster.
Tipp: Du kannst deine Ideen einer Partnerin/einem Partner vorstellen und dir weitere Anregungen holen.

▶ Der Cluster, S. 110

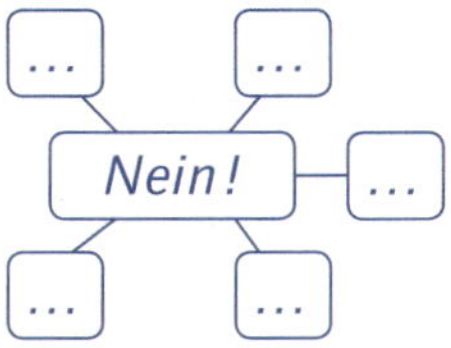

3 **a.** Entscheide dich, welche deiner Ideen du verwenden möchtest, und ordne sie:
- Wie weit ging Tarik auf die Hängebrücke?
- Was passierte dann?
- Wann sagte er Nein und wie sagte er es?

b. Markiere die passenden Wörter und Wortgruppen in deinem Cluster farbig.

Du kannst die Mutgeschichte von Anna und Tarik schriftlich erzählen. Die Handlungsbausteine und der Schreib-Profi helfen dir dabei.

▶ Der Schreib-Profi, S. 343

Schritt 1: Vor dem Schreiben

4 Worum geht es in der Geschichte?
Beantworte die Fragen zu den Handlungsbausteinen in Stichworten. Verwende dein Ergebnis von Aufgabe 3.
- Von wem erzählt die Geschichte? Wo waren sie?
- Was wollten sie tun?
- Welches Problem tauchte auf?
- Wie reagierten sie darauf?
- Wie endet die Geschichte?

Tipp: Du kannst auch die Anregungen von Seite 122 verwenden.

die Handlungsbausteine:
- die Figuren und die Situation
- der Wunsch
- das Problem
- der Lösungsweg
- das Ende

Auf den folgenden Seiten schreibst du die Geschichte – Abschnitt für Abschnitt. Du kannst an Material üben und Teile davon in deine Geschichte einbauen. Oder du kannst eine eigene Geschichte schreiben.

Schritt 2: Beim Schreiben

Von wem erzählt die Geschichte und wo waren sie?
Wenn du schriftlich erzählst, verwendest du das Präteritum.
Du kannst es an dem folgenden Entwurf nochmals üben.

- die Figuren und die Situation

Achtung: Fehler!

Endlich **hört** der Regen **auf**!
Anna **macht** sich auf den Weg zum Abenteuerspielplatz.
Sie **will** Tarik an ihrem gemeinsamen Lieblingsort treffen.
Anna **ist** spät dran.
Atemlos **rennt** sie die letzten Meter bis zum Spielplatz.
Dort **wartet** Tarik schon ungeduldig.

5 Schreibe die Sätze mit Verben im Präteritum auf.
Endlich hörte der Regen auf …

▶ Das Präteritum, S. 128

6 Wie beginnt deine Mutgeschichte von Anna und Tarik?
Erzähle. Schreibe im Präteritum.
Tipp: Du kannst Sätze aus Aufgabe 5 verwenden oder aus deinen Stichworten eigene Sätze formulieren.

Was wollten Anna und Tarik tun?
Du kannst es mit wörtlicher Rede ausdrücken.
Hier ist ein Beispiel.

- der Wunsch

Anna sagte: „Wollen wir wieder über die Brücke balancieren?"
Tarik nickte und sagte: „Ja, lass uns dorthin gehen!"
An der Brücke angekommen, sagte Tarik überrascht: „Schau, da ist ein Loch!"
Übermütig sagte Anna: „Das macht nichts." Sie sagte noch:
„Wir können uns doch an den Seilen gut festhalten."

In den Sätzen kommt oft das Verb sagen vor.

7 Welche Verben sind treffend? Sammle andere Verben für **sagen**.
sagen: fragen, …

5 *er hört auf – er hörte auf, sie will – sie wollte, sie ist – sie war, sie rennt – sie rannte …*

7 *fragen, antworten, beruhigen, ergänzen, meinen, brüllen, flüstern, erwidern, sprechen, vorschlagen, rufen, versprechen …*

8 **a.** Bilde von den Verben aus Aufgabe 7 das Präteritum.

fragen – sie fragte

b. Schreibe die Sätze mit neuen Verben auf.

Anna fragte: „…?“

9 Was wollten Anna und Tarik tun?
Schreibe den nächsten Abschnitt deiner Geschichte.
Verwende wörtliche Rede.
Tipp: Du kannst Sätze aus Aufgabe 8 verwenden oder aus deinen Stichworten eigene Sätze formulieren.

► Die wörtliche Rede, S. 129

Welches Problem tauchte auf?
Mit Adjektiven erzählst du es anschaulicher.
Du kannst es an dem folgenden Entwurf ausprobieren.

- das Problem

Tarik stieg ___ auf das erste Holzbrett.
Das Holz war ___ und ___.
Tarik tastete sich ___ Stück für Stück vor.
Mit seinen Händen hielt er sich am Seil fest.
Das Seil fühlte sich ___ und ___ an.
Plötzlich fiel ein weiteres Brett aus der Brücke in den Teich.

10 Wie kannst du diesen Teil der Geschichte anschaulicher erzählen?

a. Ergänze passende Adjektive.

b. Schreibe den Abschnitt anschaulich auf.

Tarik stieg vorsichtig …

11 Welches Problem tauchte auf?
Schreibe den nächsten Abschnitt deiner Geschichte.
Verwende anschauliche Adjektive.
Tipp: Du kannst Sätze aus Aufgabe 10 verwenden oder aus deinen Stichworten eigene Sätze formulieren.

8 *rufen – er rief, sprechen – er sprach, versprechen – er versprach, vorschlagen – sie schlug vor …*

10 *ängstlich, hart, fest, kalt, langsam, morsch, rutschig, vorsichtig …*

• der Lösungsweg

Wie reagierte Tarik auf das Problem?
Durch abwechslungsreiche Satzanfänge erzählst du es lebendiger.
Du kannst den folgenden Entwurf verbessern.

Anna beobachtete gespannt ihren Freund.
Dann schaukelte die Brücke gefährlich.
Dann rutschte Tarik aus.
Tarik klammerte sich ängstlich noch fester an die Seile.
Dann dachte er: „Das ist mir zu gefährlich." ...
Tarik sagte entschlossen: „Nein!"
Dann drehte er um und ging zurück.

In dem Entwurf beginnen viele Sätze mit dann.

12 Wie kannst du die Sätze abwechslungsreicher beginnen?
a. Probiere verschiedene Möglichkeiten.
b. Schreibe die Sätze neu auf.

Auf einmal schaukelte ...

Du kannst Spannung erzeugen, wenn du Sätze mit einem Adjektiv beginnst.

13 Stelle die Sätze in den Zeilen 1, 4 und 6 um, sodass sie mit einem Adjektiv beginnen.

Gespannt beobachtete ...
Ängstlich klammerte ...
Entschlossen sagte ...

14 Wie reagierte Tarik auf das Problem?
Schreibe den nächsten Abschnitt deiner Geschichte.
Achte auf abwechslungsreiche Satzanfänge.
Tipp: Du kannst Sätze aus den Aufgaben 12 und 13 verwenden oder aus deinen Stichworten eigene Sätze formulieren.

12 *plötzlich, da, auf einmal, kurz darauf, in diesem Augenblick ...*

Wie endet deine Mutgeschichte?
Du kannst die Gefühle von Anna und Tarik treffend beschreiben.

- das Ende

15 Wie könnten sich Anna und Tarik am Ende der Geschichte fühlen?

erleichtert | abenteuerlustig | selbstsicher | froh | beruhigt | erlöst | mit zitternden Knien | ein Stein fiel vom Herzen

a. Wähle passende Wörter und Wortgruppen aus.
b. Schreibe Sätze auf.

16 Wie endet deine Mutgeschichte? Erzähle.
Beschreibe dabei auch, wie Anna und Tarik sich fühlten.
Tipp: Du kannst Sätze aus Aufgabe 15 verwenden oder aus deinen Stichworten eigene Sätze formulieren.

17 Finde eine passende Überschrift, die neugierig macht und nicht zu viel von der Geschichte verrät.

Du hast deine Geschichte aufgeschrieben. Jetzt kannst du dir Feedback holen.

Schritt 3: Nach dem Schreiben

18 **a.** Lest euch gegenseitig eure Geschichten vor.
b. Prüft die Geschichten mit Hilfe der Checkliste.

Checkliste: Anschaulich erzählen	Ja	Noch nicht
Deine Geschichte hat eine spannende Überschrift.		
Deine Geschichte ist vollständig.		
Deine Geschichte enthält wörtliche Rede.		
Du hast treffende Verben verwendet.		
Du hast die Verben im Präteritum (Vergangenheit) verwendet.		
Du hast Figuren, Gegenstände und Gefühle mit treffenden Adjektiven beschrieben.		
Du hast abwechslungsreiche Satzanfänge geschrieben.		

MK

19 **a.** Überarbeite deine Geschichte mit dem Feedback, das du bekommen hast.
b. Schreibe die überarbeitete Geschichte in schöner Schrift auf oder am PC.

Üben: Das Präteritum

Wenn du über Vergangenes schriftlich erzählst, verwendest du das Präteritum (Vergangenheit).

Ärgerlich **betrachtet** der Handwerker das Loch in der Brücke.
„Das sieht ganz schön gefährlich aus“, **meint** er.
Zügig **holt** er sein Werkzeug aus dem Auto.
Er **nimmt** das Werkzeug in die eine Hand und
trägt mit der anderen das neue Brett zur Hängebrücke.
Vorsichtig **geht** er bis zum Loch.
Dort **greift** er schwungvoll zum Hammer und
bringt die Brücke rasch wieder in Ordnung.

Achtung: Fehler!

1 a. Zeichne eine Tabelle.
b. Trage die hervorgehobenen Verben im Präsens ein.
c. Ergänze den Infinitiv (Grundform) und das Präteritum (Vergangenheit).

Infinitiv (Grundform)	*Präsens (Gegenwart)*	*Präteritum (Vergangenheit)*
betrachten	*er betrachtet*	*er betrachtete*
…	…	…

2 Schreibe den Text über Aufgabe 1 mit Verben im Präteritum auf.

„Das sieht ganz schön gefährlich aus“, meinte der Handwerker.

3 a. Welches Verb steht bei diesem Satz im Präsens? Finde es.
b. Warum steht dieses Verb nicht im Präteritum?
Ergänze das Merkwissen. Schreibe auf.

Wenn du eine Geschichte schriftlich erzählst, verwendest du das ______ (Vergangenheit).
Die wörtliche Rede aber steht manchmal im ______ (Gegenwart).

1 c. *nehmen – er nahm, tragen – er trug, gehen – er ging, greifen – er griff, bringen – er brachte …*

3 b. *Präsens/Präteritum*

Vertiefen: Wörtliche Rede verwenden

Gespräche und Gedanken kannst du direkt schriftlich wiedergeben.
Dazu kannst du wörtliche Rede verwenden.

Merke

Wörtliche Rede kennzeichnest du mit **Anführungszeichen**.
Ein **Begleitsatz** kann **vor oder nach** der wörtlichen Rede stehen.
Er dachte sich: „Hoffentlich reißt das Seil nicht!“
„Hoffentlich reißt das Seil nicht!“, dachte er sich.

Zwei Spaziergänger beobachteten Anna und Tarik auf dem Abenteuerspielplatz.

Siehst du die Kinder auf der Hängebrücke?

Das scheint aber gefährlich!

Sollen wir nachsehen, ob bei den beiden alles in Ordnung ist?

Ja, wahrscheinlich klettern sie gerne.

Du hast recht, die Brücke schwankt sehr.

Keine Sorge, der Junge dreht schon wieder um.

1 Wer sagte was?
a. Schreibe das Gespräch in der richtigen Reihenfolge in dein Heft.
b. Setze die Satzzeichen der wörtlichen Rede und markiere sie.

2 **a.** Wähle aus Aufgabe 1 vier Sätze mit wörtlicher Rede aus.
b. Stelle sie um, sodass der Begleitsatz am Ende steht.
Achte auf die Satzzeichen der wörtlichen Rede.

3 Was könnten die beiden Spaziergänger außerdem sagen oder rufen?
Schreibe weitere Sätze mit wörtlicher Rede auf. Beachte die Satzzeichen.

1 *Die Frau fragte: „Siehst du die Kinder auf der Hängebrücke?“ Der Mann antwortete …*
Die Frau meinte … Der Mann stimmte ihr zu … Die Frau schlug vor … Der Mann erwiderte …

2 *„Ja, wahrscheinlich klettern sie gerne“, antwortete der Mann.*

Unheimlicher Rückweg! – Vom Ende her erzählen

Die folgende Geschichte handelt von Anna und Paul. Sie waren im Wald, um Tiere zu fotografieren. Auf dem Heimweg mussten sie allen Mut aufbringen …

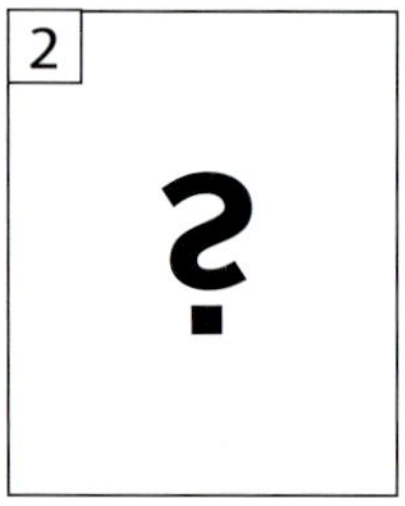

Die Bilder sind Ausschnitte aus einer Mutgeschichte.

1 Überlege dir, wie die Geschichte von Anna und Paul verlaufen könnte.
- Vor welchem Problem standen Anna und Paul?
- Was könnte davor geschehen sein?
- Wie könnten sie nach Hause gekommen sein?
- Warum mussten sie für den Heimweg allen Mut aufbringen?

Tipp: Du kannst deine Ideen mit einer Partnerin/einem Partner vergleichen und dir weitere Anregungen holen.

Mit den Handlungsbausteinen kannst du die Mutgeschichte von Anna und Paul schriftlich erzählen.

Die Reihenfolge der Handlungsbausteine kannst du verändern und die Geschichte dadurch interessanter gestalten. Probiere es aus, indem du diese Geschichte mit dem Handlungsbaustein Ende beginnst.

Schritt 1: Vor dem Schreiben

▶ Der Schreib-Profi, S. 343

2 Plane nun deine Geschichte mit Hilfe der Handlungsbausteine.
- Schreibe Stichworte auf.
- Verwende dein Ergebnis von Aufgabe 1.

▶ Die Handlungsbausteine, S. 114

das Ende
– …

die Figuren und die Situation
– Anna und Paul
– …

der Wunsch
– nach Hause gehen
– …

das Problem
– …

der Lösungsweg
– …

Damit deine Mutgeschichte anschaulich und spannend wird, solltest du sprachliche Mittel bewusst einsetzen.

Du kannst die Gefühle von Anna und Paul treffend beschreiben.

auf dem Heimweg

zu Hause

3 **a.** Versetze dich in die Lage von Anna und Paul.
- Welches Gefühl hatten sie, als sie beim Heimweg auf das Hindernis stießen?
- Und mit welchem Gefühl kamen sie zu Hause an?

Benenne die Gefühle.

b. Sammle in einem Cluster passende Wörter und Wortgruppen.

▶ Der Cluster, S. 110

In dem folgenden Beispiel wird das Gefühl beschrieben, das Anna und Paul auf dem Heimweg hatten.

Auf dem Heimweg schienen die Geräusche des Waldes noch eindringlicher zu sein. Hier raschelte es und dort zirpte etwas. Hinter den Bäumen knackte es im Unterholz. Anna hielt ihre Kamera in der einen Hand. Mit der anderen griff sie nach Pauls Hand. Ihr Herz schlug schnell. Zögernd gingen sie durch das Dickicht. Am Himmel sahen sie bedrohlich wirkende Gewitterwolken. Plötzlich stieß Anna einen lauten Schrei aus …

4 Schreibe Wörter und Wortgruppen heraus, die das Gefühl verdeutlichen. Ergänze deinen Cluster von Aufgabe 3.

5 Wie kannst du das Gefühl beschreiben, mit dem Anna und Paul zu Hause ankamen? Schreibe Sätze auf.

3 *die Erleichterung, die Aufregung, die Unsicherheit, die Freude, die Sorge, ermutigen, stocken, sich klammern, entschlossen, leichenblass, selbstbewusst, tapfer, nervös, mit zitternden Knien, mit einem erleichterten Lachen, vor Angst wie gelähmt, starr vor Schreck …*

Deine Geschichte wird anschaulich, wenn du Orte genau beschreibst.
Verwende dazu treffende Adjektive.

6 **a.** Wähle ein Bild aus, das gut zu deiner Idee der Geschichte passt.
b. Beschreibe den Ort genau und anschaulich.
Verwende treffende Nomen und Adjektive.

7 Welche weiteren Orte, Figuren oder Gegenstände spielen in deiner Geschichte eine Rolle? Beschreibe auch sie mit treffenden Adjektiven.

Deine Geschichte wirkt lebendiger, wenn sie wörtliche Rede enthält.

8 **a.** Wähle einen Ort aus und versetze dich in die Lage von Anna und Paul.
- Was könnten die beiden sagen?
- Wie könnten sie sich Mut zusprechen?

b. Halte deine Ideen in wörtlicher Rede fest.
Achte dabei auf die Begleitsätze.

▶ Die wörtliche Rede, S. 136

9 Was könnten Anna und Paul sagen, als sie wieder zu Hause ankamen? Schreibe als wörtliche Rede auf.

Manche Wörter wiederholen sich in Geschichten häufig, z. B. sagen oder sehen. Daher ist es sinnvoll, wenn du dir vor dem Schreiben andere Wörter aus dem Wortfeld überlegst.

10 Sammle andere Verben für sagen, sehen und meinen, die etwas Ähnliches ausdrücken. Erstelle Wortfelder.

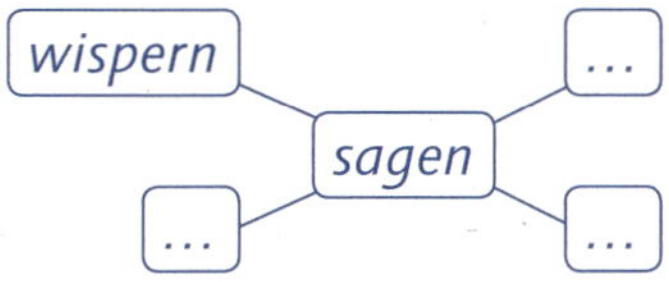

6 *dichter Wald, bedrohlich dunkle Wolken …*

8 *„Vielleicht können wir bei dem kleinen Haus …?“, fragte Anna.*
„Lass uns“, meinte Paul, „durch den Bach waten.“

Mit treffenden Verben kannst du deine Geschichte genau erzählen.
Geschichten schreibst du im Präteritum.

11 **a.** Sammle Verben, die zu deinem gewählten Bild passen.
b. Schreibe Sätze mit den Verben im Präteritum auf.

▶ Das Präteritum, S. 136

12 Finde weitere Verben, die zu deiner Geschichte passen, und bilde das Präteritum.

Durch unterschiedliche Satzanfänge wird deine Geschichte interessanter.
Es gibt viele Satzanfänge, die du immer wieder nutzen kannst.

13 Erstelle eine Liste mit häufigen Satzanfängen.

Auf einmal …

Auch wenn du Sätze umstellst oder Sätze mit einem Adjektiv beginnst, wirkt deine Geschichte lebendiger. Du kannst es an dem folgenden Abschnitt ausprobieren.

Ein Reh erschien auf der Lichtung. Anna packte hastig ihre Kamera.
Sie wollte noch rasch ein Foto machen, obwohl es schon spät war.
Paul jedoch drängte zur Eile. Er griff entschlossen nach Annas Hand.
Die beiden machten sich mit zügigen Schritten auf den Heimweg.
Die Gewitterwolken wirkten bedrohlich. Anna und Paul schauten gespannt nach oben.
Sie zuckten zusammen, als der erste Blitz vom Himmel fuhr.

14 Probiere unterschiedliche Satzanfänge aus.
Stelle in dem Abschnitt Sätze um oder beginne sie mit einem Adjektiv.

11 *rufen, eintreten, ausrutschen, fallen, rennen, festhalten …*

13 *Kurz darauf … Einige Zeit später … In diesem Augenblick … Trotzdem …*

14 *Auf der Lichtung erschien ein Reh. Hastig packte …*

Nun kannst du mit deinen Materialien die Geschichte von Anna und Paul schriftlich erzählen.

Schritt 2: Beim Schreiben

15 Schreibe deine Geschichte.
Verwende deine Stichworte und Ergebnisse der Aufgaben 2 bis 14.
- Beginne deine Geschichte mit dem Ende.
- Lass jede zweite Zeile für die Überarbeitung frei.

16 Finde eine Überschrift zu deiner Geschichte, die neugierig macht und nicht zu viel verrät.

Schritt 3: Nach dem Schreiben

17 **a.** Übertragt den Beginn der Checkliste auf ein Blatt.
b. Ergänzt weitere Punkte zu den sprachlichen Mitteln.
Tipp: Die Übungen auf den Seiten 132–134 behandeln die sprachlichen Mittel.

Checkliste: Anschaulich erzählen

der Inhalt	**Ja**	**Noch nicht**
Du hast alle Handlungsbausteine berücksichtigt und gut ausgearbeitet.		
Deine Geschichte beginnt mit dem Ende.		
Die weiteren Handlungsbausteine schließen sich verständlich an.		
sprachliche Mittel	**Ja**	**Noch nicht**
Du hast die Gefühle gut und nachvollziehbar beschrieben.		
…		

18 Tauscht eure Geschichten aus.
Prüft mit Hilfe eurer Checkliste, ob die Geschichten gut gelungen sind.

19 Überarbeite deine Geschichte mit dem Feedback, das du bekommen hast.
Schreibe in die freien Zeilen.

20 Schreibe die überarbeitete Geschichte für euer Mutgeschichten-Buch in schöner Schrift auf oder am PC.

15 *Als Anna und Paul Stunden später wieder zu Hause ankamen, warteten ihre Eltern bereits ungeduldig …*

Üben: Das Präteritum, die wörtliche Rede

Wenn du eine Geschichte schriftlich erzählst, verwendest du das Präteritum. In diesem Entwurf stehen die Verben noch im Präsens.

Achtung: Fehler!

Anna bleibt unvermittelt stehen und hält die Luft an. Zwei große grüne Augen erscheinen zwischen den Bäumen. Eine Eule schwingt sich auf und verschwindet wieder. Paul spricht beruhigend auf Anna ein und nimmt ihre Hand. Gemeinsam gehen sie weiter. Am anderen Ende der Lichtung sehen sie bereits die Lichter der Siedlung …

1 **a.** Bilde von den Verben das Präteritum.

Anna bleibt – sie blieb, …

b. Schreibe die Sätze mit Verben im Präteritum auf.

Deine Geschichte wirkt lebendiger, wenn sie wörtliche Rede enthält. Du kannst es an dem folgenden Abschnitt ausprobieren.

Achtung: Fehler!

Anna und Paul liefen durch den Wald.
Der Himmel verdunkelte sich immer mehr.
Plötzlich hörte Anna ein Geräusch und zuckte zusammen. Unvermittelt blieb sie stehen, sodass Paul fast über sie gestolpert wäre.
Paul beruhigte Anna und nahm ihre Hand.
Anna war froh darüber. Erleichtert drückte sie seine Hand. Gemeinsam gingen sie weiter.

Was war das?

Das war bestimmt nur ein Marder, hab keine Angst.

Gut, dass du da bist!

Nur Mut, gemeinsam schaffen wir das.

2 Ergänze in dem Abschnitt die wörtliche Rede und schreibe ihn neu auf. Verwende dabei passende Verben aus dem Wortfeld sagen.
Tipp: Du kannst die Sprechblasen oder eigene Ideen verwenden.

3 Wie könnte der Dialog von Anna und Paul weitergehen? Schreibe weitere passende Sätze mit wörtlicher Rede auf.

Merke

Wörtliche Rede kennzeichnest du mit **Anführungszeichen**.
Ein **Begleitsatz** kann **vor, nach** oder **zwischen** der wörtlichen Rede stehen.

Anna rief: „Mist, mein Handy hat keinen Empfang!“
„Mist, mein Handy hat keinen Empfang!“, rief Anna.
„Mist“, rief Anna, „mein Handy hat keinen Empfang!“

Vertiefen: Aus anderer Sicht erzählen

Eines Abends mussten Naomi und Anna Mut beweisen.
Naomi hat angefangen, darüber eine Mutgeschichte zu schreiben.

Es war ein stürmischer Abend, meine Eltern waren ins Kino gegangen. Anna übernachtete bei mir und wir wollten einen neuen Tanz einüben. Als meine Eltern gingen, erinnerte uns meine Mutter daran, die Terrassentüren geschlossen zu halten. Es hatte in der Nachbarschaft in den letzten Wochen mehrere Einbrüche gegeben.

- die Figuren und die Situation

Du kannst die Geschichte aus Naomis Sicht weiterschreiben.
Die Schritte des Schreib-Profis helfen dir dabei.

▶ Der Schreib-Profi, S. 343

1 Wie könnte die Geschichte weitergehen?
Plane die Fortsetzung mit Hilfe der Handlungsbausteine.
Schreibe deine Ideen in Stichworten auf.

▶ Die Handlungsbausteine, S. 114

die Personen und die Situation
– Naomi und Anna
– abends allein zu Hause

der Wunsch
– zusammen tanzen
– …

das Problem
– …

der Lösungsweg
– …

das Ende
– …

2 In welcher Reihenfolge möchtest du die Geschichte erzählen?
a. Spiele mit den Handlungsbausteinen.
b. Lege eine Reihenfolge fest.

3 Schreibe die Geschichte aus Naomis Sicht.
– Achte auf deine festgelegte Reihenfolge und passende Übergänge.
– Achte darauf, in der Ich-Form und im Präteritum zu schreiben.

4 Finde eine passende Überschrift.

5 Überarbeite deine Geschichte. Nutze dafür deine Checkliste.

Trotzdem! – In veränderter Reihenfolge erzählen

Naomi, Tarik und Paul hatten sich im Jugendzentrum verabredet. Sie wollten einen Tanz mit Live-Musik üben. Doch plötzlich standen sie vor einer Situation, die von ihnen Mut verlangte.

Paul, kannst du bitte den Rhythmus einspielen?
Hey, sieh mal die drei! Wie blöd ist das denn?
Werden die Zuschauer auch so denken?
Lasst uns das Ganze noch mal üben, damit morgen bei unserem Auftritt alles klappt.

Das Bild ist ein Ausschnitt aus einer Mutgeschichte.

1 Überlege dir, wie die Geschichte verlaufen könnte.
- Welches Problem haben die drei Freunde auf der Bühne?
- Wie könnten sie mutig auf das Problem reagieren?
- Was könnte vorher geschehen sein und wie könnte die Geschichte enden?

Sammle Ideen in einem Cluster. ▶ Der Cluster, S. 110

Tipp: Du kannst deine Ideen mit einer Partnerin/einem Partner vergleichen und dir weitere Anregungen holen.

Du kannst die Geschichte von Naomi, Tarik und Paul schriftlich erzählen.
Die Handlungsbausteine helfen dir, deine Geschichte gut zu planen.

Schritt 1: Vor dem Schreiben

► Der Schreib-Profi, S. 343

2 Plane deine Mutgeschichte. Notiere Stichworte zu jedem Handlungsbaustein.
Ordne das Bild dem Handlungsbaustein Problem zu.

die Situation und die Figuren	der Wunsch	das Problem	der Lösungsweg	das Ende
…	…	…	…	…

Mit der Reihenfolge der Handlungsbausteine kannst du spielen.
Dadurch wird deine Mutgeschichte interessanter.

3 Du beginnst deine Geschichte mit dem Problem.
a. Entscheide, in welcher Reihenfolge die anderen Handlungsbausteine folgen.
b. Überlege dir passende Übergänge zwischen den Handlungsbausteinen.

Damit deine Mutgeschichte spannend wird, setzt du sprachliche Mittel bewusst ein, zum Beispiel wörtliche Rede.

4 Was sagten Naomi, Tarik und Paul, bevor sie beim Üben unterbrochen wurden?
a. Schreibe die Sprechblasen von Seite 138 als wörtliche Rede auf.
Füge die Begleitsätze an unterschiedlichen Stellen ein und verwende verschiedene Verben des Sprechens.
b. Ergänze das Gespräch der drei Kinder. Formuliere weitere wörtliche Rede.

5 Wie könnten Naomi, Tarik und Paul auf den Kommentar der anderen beiden Kinder reagieren? Was könnten sie sagen? Schreibe es in wörtlicher Rede auf.

Deine Mutgeschichte wird besonders anschaulich, wenn du die Gefühle der Figuren zum Ausdruck bringst.

6 **a.** Wie fühlten sich Naomi, Tarik und Paul, als sie den Kommentar der anderen Kinder hörten? Finde passende Formulierungen.
b. Beschreibe, wie die drei auf den Kommentar reagierten und welche Gefühle sie dabei hatten.

4 *Tarik fragte: „Paul, kannst du bitte den Rhythmus einspielen?"*
„Paul, kannst du bitte den Rhythmus einspielen?", fragte Tarik.
„Paul", fragte Tarik, „kannst du bitte den Rhythmus einspielen?"

Schritt 2: Beim Schreiben

Diese Mutgeschichte schreibst du als außenstehender Betrachter.
Du schreibst als Er/Sie-Erzähler.

7 Beginne deine Geschichte mit dem Handlungsbaustein Problem und verknüpfe die folgenden Handlungsbausteine sinnvoll.
Schreibe die vollständige Geschichte anschaulich und lebendig auf.
- Lass jede zweite Zeile für die Überarbeitung frei.
- Verwende abwechslungsreiche Nomen und Adjektive.
- Beschreibe, was die Kinder denken und fühlen.
- Verwende die wörtliche Rede.
- Überlege dir unterschiedliche Satzanfänge.
- Schreibe im Präteritum.
- Finde eine Überschrift, die Spannung oder Neugier erzeugt.

Ob deine Geschichte gut gelungen ist, kannst du mit Hilfe einer Checkliste überprüfen.

Schritt 3: Nach dem Schreiben

8 Erstellt eine Checkliste mit Kriterien, auf die ihr beim schriftlichen Erzählen achten solltet.
Tipp: Orientiert euch dabei an den Hinweisen in den Aufgaben 3–7.

Checkliste: Anschaulich erzählen

der Inhalt	**Ja**	**Noch nicht**
Du hast alle Handlungsbausteine berücksichtigt und gut ausgearbeitet.		
…		
Du hast durchgehend aus Sicht einer Figur erzählt.		
sprachliche Mittel	**Ja**	**Noch nicht**
Du hast Figuren, Gegenstände und Orte mit treffenden Adjektiven beschrieben.		
…		

9 **a.** Tauscht eure Geschichten aus und überprüft sie mit Hilfe eurer Checkliste.
b. Gebt euch gegenseitig ein Feedback und macht Verbesserungsvorschläge.

MK **10** Überarbeite deine Geschichte mit Hilfe der Verbesserungsvorschläge und schreibe sie für euer Mutgeschichten-Buch gut lesbar in Handschrift auf oder am PC.

7 *Ein Er/Sie-Erzähler ist an der Geschichte nicht selbst beteiligt und beschreibt das Geschehen als außenstehender Betrachter.*

Dichter Nebel! – Aus anderer Sicht erzählen

Du kannst dir eine weitere Mutgeschichte ausdenken und mit Hilfe der Handlungsbausteine schriftlich erzählen.

Schritt 1: Vor dem Schreiben

▶ Der Schreib-Profi, S. 343

1 Welche Mutgeschichte fällt dir zu den folgenden Wörtern ein? Sammle in einem Cluster Ideen zum Handlungsverlauf.
Tipp: Du kannst auch nur zwei Wörter auswählen oder andere beliebige Wörter aus diesem Buch nehmen.

▶ Der Cluster, S. 110

 |  | *die Straße* | *dichter Nebel* | *eine Mülltonne* | *ein klägliches Geräusch*

2 **a.** Wähle eine deiner Ideen aus und notiere Stichworte zu jedem Handlungsbaustein.
b. Entscheide, in welcher Reihenfolge du die Handlungsbausteine anordnen möchtest, und überlege dir passende Übergänge.

Diese Mutgeschichte schreibst du aus Sicht einer beteiligten Figur.
Du schreibst als Ich-Erzähler.

3 Aus wessen Sicht möchtest du erzählen?
Entscheide dich für Tarik, Sami, eine andere Figur oder ein anderes Lebewesen.

Schritt 2: Beim Schreiben

4 Schreibe nun deine Mutgeschichte auf.
- Lass jede zweite Zeile für die Überarbeitung frei.
- Erzähle mit Hilfe der Handlungsbausteine und verknüpfe sie sinnvoll.
- Schreibe als Ich-Erzähler.
- Finde eine interessante Überschrift für deine Geschichte.

Schritt 3: Nach dem Schreiben

5 Tauscht eure Geschichten aus und gebt euch gegenseitig mit Hilfe eurer Checkliste ein Feedback.

6 Überarbeite deine Geschichte mit Hilfe des Feedbacks und schreibe sie gut lesbar in Handschrift auf oder am PC.

2 *die Handlungsbausteine: die Situation und die Figuren, der Wunsch, das Problem, der Lösungsweg, das Ende*

3 *Ein Ich-Erzähler ist eine an der Geschichte beteiligte Figur und erzählt aus dieser Sicht.*

Vertiefen: Eine eigene Geschichte planen, schreiben, überarbeiten

Ob bei einem geplanten Spielenachmittag, bei einem Ausflug in den Schnee oder beim Fußballspielen – es gibt viele Alltagssituationen, in denen plötzlich Mut gefragt ist …

1 Wähle einen der Erzählanlässe A, B oder C aus.

A Zu einem Anfang einer Geschichte erzählen

Tarik stand in der Küche und belegte eine frische türkische Pizza mit Salat und Tomaten. Der Backofen war noch heiß und es roch so lecker, dass Paul schon das Wasser im Mund zusammenlief.
Paul und Tarik wollten einen Jungennachmittag machen. Deshalb hatte Tarik türkische Pizza gebacken und Paul seine Playstation mitgebracht. Aber dann kam alles anders: Anstatt gemeinsam ein Actionspiel auf der Playstation zu spielen, gerieten sie in ein wirkliches Abenteuer, das all ihren Mut verlangte …

B Zu einer Reizwortkette erzählen

 |  | *das Tauwetter* | *der Teich zugefroren* | *Schlitten fahren* | *ein Hilferuf* | *die Feuerwehr*

C Zu einem Bild erzählen

Schritt 1: Vor dem Schreiben

▶ Der Schreib-Profi, S. 343

2 Plane deine Geschichte. Notiere Stichworte zu jedem Handlungsbaustein.
- Welche Figuren spielen in der Geschichte eine Rolle? In welcher Situation befinden sie sich?
- Welchen Wunsch haben die Figuren und warum verfolgen sie diesen?
- Welches Problem ergibt sich dabei?
- Welche Lösung finden sie?
- Wie endet deine Mutgeschichte?

▶ Die Handlungsbausteine, S. 114

3 In welcher Reihenfolge möchtest du die Handlungsbausteine anordnen?
a. Experimentiere mit verschiedenen Möglichkeiten.
b. Entscheide dich für eine Anordnung und überlege dir passende Übergänge.

1. das Problem	*1. das Ende*	*1. …*
2. die Situation und die Figuren	*2. der Lösungsweg*	
3. der Wunsch	*3. die Situation und die Figuren*	
4. der Lösungsweg	*4. der Wunsch*	
5. das Ende	*5. das Problem*	

4 Aus welcher Sicht möchtest du erzählen? Wähle aus:
- Schreibe als Ich-Erzähler: Du bist eine an der Geschichte beteiligte Figur und erzählst aus dieser Sicht.
- Schreibe als Er-Erzähler: Du bist an der Geschichte nicht selbst beteiligt und beschreibst das Geschehen als außenstehender Betrachter.

Schritt 2: Beim Schreiben

5 Schreibe nun deine Mutgeschichte auf.
- Lass jede zweite Zeile für die Überarbeitung frei.
- Achte darauf, dass du anschaulich und lebendig erzählst.
- Nutze auch deine Checkliste.
- Finde eine interessante Überschrift für deine Geschichte.

Schritt 3: Nach dem Schreiben

6 Tauscht eure Geschichten aus und gebt euch gegenseitig mit Hilfe eurer Checkliste ein Feedback.

MK **7** Überarbeite deine Geschichte mit Hilfe des Feedbacks und schreibe sie gut lesbar in Handschrift auf oder am PC.

Mutgeschichten präsentieren

Naomi, Anna, Paul, Tarik und Sami haben viel erlebt und immer wieder Mut bewiesen. Ihr habt darüber Geschichten geschrieben.

Bildet gemischte Gruppen: 🍐, 🍊, 🍒, 🫐

1 Lernt die Geschichten der anderen kennen.
- Jeder wählt seine spannendste Geschichte aus und liest sie vor.
- Die anderen hören zu und sagen, was ihnen an der Geschichte besonders gefällt.

Mir gefällt an der Mutgeschichte, …
Ich finde besonders gelungen, …

Ihr könnt mit euren Geschichten gemeinsam ein Buch gestalten.

2 a. Entscheidet, wer was macht.
Teilt euch die Aufgaben 2 1 bis 2 3 auf.
b. Bildet drei Gruppen.

2 1 Gestaltet ein Cover.
- Überlegt, mit welchen Bildern ihr das Cover gestalten wollt.
- Überlegt euch auch einen spannenden Titel.

2 2 Erstellt ein Inhaltsverzeichnis.
- Überlegt, in welcher Reihenfolge ihr die Geschichten ordnen möchtet.
- Schreibt alle Überschriften der Geschichten und die Autoren dazu am PC.

2 3 Malt, zeichnet, fotografiert.
Ergänzt zu jeder Mutgeschichte ein oder zwei Bilder, Zeichnungen oder Fotos.

Euer Mutgeschichten-Buch oder einzelne Geschichten und Bilder könnt ihr auf verschiedene Weise präsentieren und nutzen. Ihr könnt:
- **eine Vorlesestunde in der Klasse durchführen**
- **eine Geschichte in der Schülerzeitung veröffentlichen**
- **einen Vorlesenachmittag mit Freunden und Geschwistern veranstalten**
- **eine Lesenacht mit Nachtwanderung planen**
- **Bilder und Geschichten auf der Homepage der Schule präsentieren**

Anschaulich erzählen – das Schreiben auswerten

Ihr habt Mutgeschichten geplant, geschrieben und überarbeitet.
Ihr könnt über eure eigene Arbeit nachdenken.

1 a. Jede/Jeder wählt Aufgabe 1 1 oder 1 2.
b. Bildet Gruppen zu jeder Aufgabe.

1 1 a. Jede/Jeder für sich beantwortet die Fragen.
- Was kannst du schon gut?
- Was hast du neu gelernt?

Tipp: Ihr könnt eine oder mehrere passende Wortgruppen auswählen.

in der Vergangenheit (Präteritum) schreiben | treffende Verben verwenden | abwechslungsreiche Satzanfänge verwenden | wörtliche Rede verwenden | Figuren und ihre Gefühle anschaulich beschreiben | Orte und Gegenstände anschaulich beschreiben | Stichworte notieren | eine passende Überschrift finden | Ideen in einem Cluster sammeln | mit Hilfe der Handlungsbausteine erzählen

b. Sprecht über eure Ergebnisse.

1 2 a. Jede/Jeder für sich beantwortet die Fragen.
- Was hat dir beim Planen deiner Geschichte geholfen?
- Worauf hast du beim Schreiben besonders geachtet?

Tipp: Ihr könnt eine oder mehrere passende Wortgruppen auswählen.

treffende Verben verwenden | abwechslungsreiche Satzanfänge verwenden | Wortfelder erstellen | Figuren und ihre Gefühle anschaulich beschreiben | Orte und Gegenstände anschaulich beschreiben | aus anderer Sicht erzählen | wörtliche Rede verwenden | Ideen in einem Cluster sammeln | Stichworte notieren | in einer bestimmten Reihenfolge erzählen

b. Sprecht über eure Ergebnisse.

2 Worauf möchtest du künftig besonders achten? Was möchtest du noch üben? Setze dir Ziele. Schreibe auf.
Tipp: Ihr könnt eure Antworten und Ziele in der Klasse vorstellen.

6 Einfach märchenhaft – *Märchen lesen und erzählen*

**Das alles gibt es in Märchen: Prinzessinnen und Könige, sonderbare Wesen mit Zauberkräften und wunderbare Gegenstände.
Märchen sind Geschichten, in denen die ungewöhnlichsten Dinge geschehen.**

In einem fernen Land …

Es war einmal …

**Sie lebten glücklich
und zufrieden
bis an ihr Ende.**

**Und wenn sie nicht gestorben sind,
so leben sie noch heute.**

Die Bilder und Texte gehören zu verschiedenen Märchen.

1 Was seht ihr auf den Bildern?
- Welche Personen und Wesen erkennt ihr?
- Welche Orte und Gegenstände seht ihr?

2 Welche Bilder passen zu den beiden Textausschnitten?

A Vor langer Zeit lebte einmal ein Mann, der hatte drei Söhne und weiter nichts als das Haus, in dem er wohnte.

B Mit einem Mal schlugen hohe Wellen aus dem Brunnen und aus seiner Mitte heraus erschien ein Brunnengeist. „Ihr habt dreimal meinen Namen genannt und mich gerufen! Mein Name ist Hei, womit kann ich dienen?"

3 Welche Märchen kennt ihr?

4 Erzählt gemeinsam ein Märchen zu einem der Bilder.
- Wie beginnt euer Märchen?
- Welche Märchenfiguren kommen vor?
- Was ist besonders an ihnen?
- Was wünschen sich die Märchenfiguren?
- Welches Problem müssen sie lösen, um den Wunsch zu erfüllen?
- Wie endet das Märchen?

5 Was ist märchenhaft an eurem Märchen?

6 Einfach märchenhaft –
Märchen lesen und erzählen

In diesem Kapitel lernt ihr einige Märchen und ihre besonderen Merkmale kennen. Ihr lest die Märchen, untersucht die Handlung und erzählt sie anders. Dabei helfen euch die Handlungsbausteine.

Der Brunnengeist – ein Märchen lesen und verstehen

Ihr lest ein Märchen aus Rumänien, in dem ein sonderbares Wesen vorkommt.

1 Was könnte der Inhalt des Märchens sein?
a. Seht euch die Bilder an und lest die Überschrift.
b. Sprecht über eure Vermutungen.

▶ Der Lese-Profi, S. 342

2 Lest das Märchen gemeinsam oder lasst es euch vorlesen.

Der Brunnengeist

Es lebten einmal **ein Mann und eine Frau**, die waren **bitterarm**. Sie hatten **einen Sohn**, den sie **über alles liebten**. Als die Not wieder einmal sehr groß war, sagte der Sohn: „Liebe Eltern, ich will euch helfen. Ich **will** losziehen und mir **eine Arbeit suchen**, damit wir nicht mehr hungern müssen." Der Vater erklärte sich bereit, seinen Sohn zu begleiten, und so machten sie sich auf den Weg.

Nachdem sie viele Stunden gegangen waren, kamen sie zu einem Brunnen, an dem sie Rast machten. „**Hei, hei, hei**", stöhnte der Vater, als er sich auf der Brunnenmauer niederließ.

Mit einem Mal schlugen hohe Wellen aus dem Brunnen und aus seiner Mitte heraus erschien **ein Brunnengeist**. „Ihr habt dreimal meinen Namen genannt und mich gerufen. **Mein Name ist Hei**, womit kann ich dienen?" Vater und Sohn erschraken sehr.

Doch bald glaubten sie, dass sie einen **guten Geist** vor sich hatten. Sie erklärten ihre Not. „Ich kann euch helfen und dem Jungen **eine Arbeit geben**", sprach der Brunnengeist. „Wenn er mir **ein Jahr zu Diensten ist**, will ich euch **reich belohnen**. Einen besseren Dienst werdet ihr kaum finden, denn bei mir dauert **ein Jahr nur drei Tage**."

3 Wie könnte das Märchen weitergehen? Sprecht über eure Ideen.

So geht das Märchen weiter.

Dem Vater fiel es nicht leicht, seinen Jungen beim Brunnengeist zu lassen, doch **er willigte ein**[1] und machte sich auf den Heimweg.

Als die drei Tage vergangen waren, eilte der Vater zum Brunnen. **„Hei, Hei, Hei!“**, rief er, und der Brunnengeist erschien auf der Stelle. An seiner Seite aber standen **zwei Jungen**, die **völlig gleich aussahen**. Beide waren ganz in **kostbare Bronze** gekleidet. „Wenn du deinen Jungen erkennst, will ich ihn dir zurückgeben. Ansonsten muss er bei mir bleiben“, sagte der Brunnengeist.
Der Vater war in großer Sorge, seinen Sohn zu verlieren. Aber dann sah er, dass der eine Junge die **Haare nach rechts gekämmt** trug, und **erkannte** in ihm **seinen Sohn**.
„Du hast Recht“, sprach der Brunnengeist. „Dein Sohn kann mit dir gehen. Wenn du ihn aber **ein weiteres Jahr** bei mir lässt, will ich euch noch **reicher belohnen**.“
Wieder hatte der Vater Angst um seinen Sohn und blickte zu ihm hin. Der Junge nickte ihm freundlich zu, und so **willigte der Vater** abermals **ein**.

Als auch diese Zeit vorüber war, eilte der Vater zum Brunnen, um seinen Sohn abzuholen. **„Hei, Hei, Hei!“,** rief er, und der Brunnengeist erschien. Abermals standen **zwei Jungen** an seiner Seite, die nun in **silbernen Kleidern** steckten.
Und wieder sollte der Vater seinen Sohn erkennen.
Schnell bemerkte er, dass der eine Junge seinen **Gürtel eng geschnallt** trug. „Das ist mein Sohn“, rief er.
„Auch dieses Mal hast du das Rätsel gelöst“, sprach der Geist. „Wenn du deinen Sohn noch einmal bei mir lässt, werde ich euch mit einem Kleid aus Gold belohnen.“

[1] willigte ein: einwilligen: zustimmen, einverstanden sein

4 Beantwortet folgende Fragen zum Inhalt des Märchens:
- Welche Figuren* kommen vor?
- Was geschieht am Brunnen?
- Was ist märchenhaft daran?

4 **Personen in einer Geschichte nennt man Figuren.*

Und so endet das Märchen.

Doch dieses Mal **willigte der Vater nicht ein**, und der Geist ließ beide ziehen, wie er es versprochen hatte. Dank der wertvollen Kleider mussten sie **nie wieder Hunger** leiden und sie lebten **glücklich** und zufrieden bis an ihr Ende.

Mit den Handlungsbausteinen könnt ihr das Märchen besser verstehen.

5 Wer sind die Hauptfiguren in dem Märchen Der Brunnengeist?
Und in welcher Situation befindet sich die Familie?
a. Lest noch einmal den Anfang (Zeilen 1–2).
b. Schreibt Stichworte auf eine Karte.

die Figuren und die Situation
Vater und Mutter, ein Sohn
Die Familie …

die Handlungsbausteine:
- die Figuren und die Situation
- der Wunsch
- das Problem
- der Lösungsweg
- das Ende

6 Welchen Wunsch hat der Sohn? Schreibt auf.

der Wunsch
Der Junge möchte …

7 Der Brunnengeist verspricht, Vater und Sohn reich zu belohnen.
– Welche Aufgabe müssen Vater und Sohn dafür erfüllen?
– Wie gelingt es ihnen, diese Aufgabe zu lösen?
Beantwortet die Fragen in Stichworten.

das Problem/das Hindernis
…

der Lösungsweg
…

8 Wie endet das Märchen? Schreibt Stichworte auf.

das Ende
…

Mit Hilfe der Handlungsbausteine könnt ihr das Märchen zusammenfassen.

9 **a.** Teilt die Karten untereinander auf.
b. Erzählt das Märchen gemeinsam mit Hilfe der Karten.

Das Märchen szenisch darstellen

Ihr könnt Szenen aus dem Märchen spielen. Dafür ist es wichtig, dass ihr euch die Situation genau vorstellt und euch in die Figuren hineinversetzt.
Ihr seht euch zuerst die Szene an, als der Brunnengeist erscheint.

Ihr habt dreimal meinen Namen genannt und mich gerufen. Mein Name ist Hei, womit kann ich dienen?
Ein Geist? Ich träume wohl!
...

1 Was denken Vater und Sohn, als sie den Geist sehen?
- **a.** Seht euch das Bild an und lest die Sprechblasen.
- **b.** Versetzt euch in die beiden Figuren und schreibt ihre Gedanken in der Ich-Form auf.

2 Wie reagieren Vater und Sohn auf das Angebot des Brunnengeists?
- **a.** Lest noch einmal die Zeilen 23–25 auf Seite 149.
- **b.** Schreibt die Gedanken von Vater und Sohn auf.
- **c.** Schreibt auch auf, was sie zum Brunnengeist sagen.

3
- **a.** Wählt einen weiteren Absatz aus.
- **b.** Schreibt auf, was die Figuren denken und sagen.

Nun könnt ihr eine Szene gemeinsam spielen.

4
- **a.** Bildet Vierer- oder Fünfergruppen.
- **b.** Wählt eine Szene aus.
- **c.** Verteilt die Rollen: Erzähler, Vater, Mutter, Sohn, Brunnengeist und zweiter Junge.
- **d.** Schreibt auf, was die Figuren denken, sagen und wie sie sich fühlen.
- **e.** Spielt die Szene mit verteilten Rollen.

Das Märchen anders erzählen

Den Handlungsbaustein Ende könnt ihr anders erzählen.

1 a. Lest noch einmal die Zeilen 49–55 auf den Seiten 149–150.
b. Sammelt Ideen für ein anderes Ende.
Tipp: Ihr könnt Idee 1 oder 2 oder eure eigene Idee verwenden.
c. Schreibt das neue Ende auf.

das Ende – Idee 1
Der Vater ließ den Jungen noch ein drittes Mal beim Brunnengeist. …

das Ende – Idee 2
Der Vater irrte sich und konnte das letzte Rätsel nicht lösen. …

Ihr könnt weitere Handlungsbausteine anders erzählen.

2 a. Wählt Handlungsbausteine aus, die ihr anders erzählen wollt.
Tipp: Ihr könnt eine Idee auswählen oder eure eigene Idee verwenden.

das Problem – Idee 1
Vater und Sohn machten Rast. Eine Zauberin erschien und stellte den beiden ein Rätsel. …

der Lösungsweg – Idee 2
Der Junge gab dem Vater geheime Zeichen. …

die Figuren – Idee 3
– Vater, Mutter und eine Tochter
– eine Waldfee

der Wunsch – Idee 3
Die Tochter wollte der Familie helfen. Sie zog mit der Mutter los. …

das Problem – Idee 3
Im Wald machten sie Rast. Da erschien eine Fee und …

b. Wie könnte die Handlung nun verlaufen? Notiert Stichworte.
c. Erzählt euch gegenseitig das neue Märchen.

3 Schreibt das neue Märchen auf.
Prüft zum Schluss, ob das Märchen einen neuen Namen braucht.

Die Märchenmerkmale erkennen

Märchen haben besondere Merkmale.
Sie machen die Geschichten märchenhaft.

Märchenmerkmale:
- ein typischer Anfang
- Märchenfiguren
- eine magische Zahl
- Zauberformeln
- magische Kräfte
- ein glückliches Ende

1 Woran erkennt ihr, dass Der Brunnengeist ein Märchen ist?
a. Findet zu jedem Merkmal am Rand ein Beispiel im Märchen.
b. Schreibt die Beispiele auf.

2 Welche Märchenmerkmale erkennt ihr in den Bildern am Rand? Schreibt auf.

3 Sammelt und ordnet die Märchenmerkmale in einer Mind-Map.
a. Nehmt ein DIN-A3-Blatt. Schreibt das Wort Märchenmerkmale in die Mitte.
b. Zeichnet Linien von der Mitte aus zu den Märchenmerkmalen.
c. Schreibt zu jedem Merkmal passende Beispiele auf:
   – aus dem Märchen Der Brunnengeist
   – aus den Bildern am Rand
   – aus den Beispielen von Seite 146
   – aus anderen Märchen, die ihr kennt

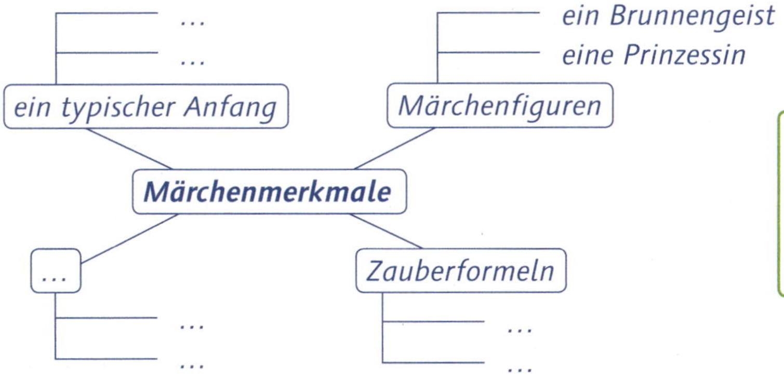

Frau Königin, ihr seid die Schönste hier, aber …

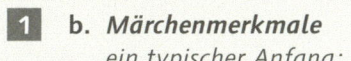

4 Präsentiert eure Ergebnisse in der Klasse.
Tipp: Ihr könnt eure Mind-Maps im Klassenraum aufhängen.

1 b. ***Märchenmerkmale***
ein typischer Anfang: Es lebten einmal …

Mit den Handlungsbausteinen ein Märchen lesen

Die Handlungsbausteine helfen mir, Geschichten zu verstehen und das Wichtigste der Handlung zu erkennen.
Durch Fragen kann ich die Handlungsbausteine einer Geschichte ermitteln.

Die Handlungsbausteine	Die Fragen
die Figuren* und die Situation	– Wer ist die Hauptfigur? – In welcher Situation steckt die Hauptfigur?
der Wunsch	– Welchen Wunsch hat die Hauptfigur?
das Problem / das Hindernis	– Warum erfüllt sich der Wunsch nicht? – Welches Hindernis ist im Weg? – Welche Aufgabe muss gelöst werden?
die Reaktion / der Lösungsweg	– Wie reagiert die Hauptfigur? – Welche Lösung findet sie für das Problem?
das Ende	– Wie endet die Geschichte? – Ist die Hauptfigur erfolgreich?

* Personen in einer Geschichte nennt man Figuren.

So könnten die Handlungsbausteine zu einem Märchen aussehen:

die Figuren und die Situation
Eine Mutter hat sieben Söhne und eine Tochter.
Die Familie ist arm.

der Wunsch
Die Mutter möchte mit ihren Kindern glücklich zusammenleben.

das Problem
Die Brüder sind faul und frech, sie ärgern ihre kleine Schwester.
Von einer Fee werden sie in Raben verwandelt und fliegen davon.

der Lösungsweg
Das Mädchen sucht die Raben und findet sie in einem Baumhaus.
Sie fliegen mit ihrer Schwester zurück nach Hause.

das Ende
Vor Freude über das Wiedersehen verwandeln sich die Raben zurück in ihre Brüder. Sie leben glücklich zusammen.

Mit Hilfe der Handlungsbausteine kann ich auch Geschichten nacherzählen oder eigene Geschichten erzählen.

Was sind Märchen?

Märchen erzählen Geschichten, die so in der Wirklichkeit nicht geschehen können.
An diesen Merkmalen erkenne ich ein Märchen:

Viele Märchen haben einen typischen **Anfang**.	– *Es war einmal …* – *Vor langer Zeit lebten einmal …*
Es kommen typische **Märchenfiguren** vor.	*ein Prinz und eine Prinzessin, ein König und eine Königin, eine Fee, ein Geist …*
Die Handlung spielt oft an besonderen **Orten**.	*in einem Wald, auf einem Schloss, in einer Hütte …*
Die Figuren verwenden **Zauberformeln** und setzen ihre **magischen Kräfte** ein.	– *Eine Fee verwandelt sieben Brüder in Raben.* – *Eine Hexe verwandelt den Prinzen in einen Frosch.* – *Eine Tür wird durch einen Zauberspruch geöffnet.*
In vielen Märchen spielen die **Zahlen 3**, **7** oder **12** eine besondere Rolle.	*drei Wünsche, drei Rätsel, sieben Zwerge, sieben Raben, zwölf weise Frauen …*
Manchmal können **Tiere** und **Gegenstände** sprechen oder sie haben magische Kräfte.	– *Ein Wolf spricht ein Mädchen im Wald an.* – *Ein Topf kocht so viel Brei, bis alle satt sind.* – *Ein Geist steigt aus einer Wunderlampe empor.*
Viele Märchen enden mit einem typischen **Schluss**.	– *Und sie lebten glücklich und zufrieden bis an ihr Lebensende.* – *Wenn sie nicht gestorben sind, dann leben sie noch heute.*

Die drei Brüder – ein Märchen lesen

Du liest ein Märchen, in dem es um magische Kräfte geht.

1 Was könnte der Inhalt des Märchens sein? ► Der Lese-Profi, S. 342

a. Lies die Überschrift.
b. Sieh dir die Bilder an.
c. Schreibe deine Vermutung auf.

2 Lies nun das Märchen.

Die drei Brüder *von Jacob und Wilhelm Grimm*

Vor langer Zeit lebte einmal **ein Mann**, der hatte **drei Söhne** und weiter nichts als das Haus, in dem er wohnte. **Nun wollte der Vater** einem der Söhne **das Haus vererben**. Doch ihm war einer so lieb wie der andere und **er wusste nicht, wem er das Haus geben sollte**. Da fiel ihm eine Lösung ein. Er sprach zu seinen Söhnen: „Geht in die Welt und lernt ein Handwerk. Wenn ihr wiederkommt, **soll der das Haus haben, der das beste Handwerk gelernt hat**.“ Da waren die Söhne zufrieden.

Der Älteste wollte ein **Hufschmied** werden, der Zweite ein **Barbier**, der Dritte ein **Fechtmeister**. Und so zogen sie fort. Es traf sich, dass jeder einen guten Meister fand. Der Schmied musste des Königs Pferde beschlagen. Der Barbier rasierte lauter vornehme Herren. Der Fechtmeister kriegte manchen Hieb*, ließ sich aber nicht entmutigen. Als die Lehrzeit herum war, kamen sie wieder nach Hause. Nun musste der Vater entscheiden, wer sein Handwerk am besten gelernt hatte.

* der Hieb: der Schlag

Wie sie so saßen, kam ein Hase übers Feld gelaufen. „Ei“, sagte der Barbier, „der kommt mir gerade recht.“ Er nahm den Rasierschaum und seifte den Hasen in vollem Laufe ein und rasierte ihm dann ein Bärtchen. „Das gefällt mir“, sagte der Vater, „wenn die andern nicht besser sind, so ist das Haus dein.“

Es dauerte nicht lange, so kam ein Herr in einer Kutsche vorbei. „Nun will ich zeigen, was ich kann“, sprach der Hufschmied. Er sprang der Kutsche nach, riss dem Pferd während der Fahrt die Hufeisen ab und brachte ihm im Laufen vier neue wieder an. „Du machst dein Handwerk so gut wie dein Bruder, ich weiß nicht, wem ich das Haus geben soll“, sprach der Vater.

Da fing es an zu regnen. Der dritte Sohn sprach: „Vater, lasst mich auch zeigen, was ich gelernt habe.“ Und er zog seinen Degen und schwenkte ihn so schnell über seinem Kopf, dass kein Tropfen auf ihn fiel. Wie der Vater das sah, staunte er und sprach: „Du hast das beste Meisterstück gemacht, das Haus ist dein.“

3 Welches Meisterstück gefällt dir am besten?
Welches Meisterstück gefällt dem Vater am besten?
Schreibe deine Antworten auf.

4 Lies das Ende des Märchens.

Die beiden andern Brüder waren damit zufrieden, wie sie es versprochen hatten. Und **weil sie einander so lieb hatten, blieben sie alle drei zusammen im Haus** und trieben ihr Handwerk. Und da sie so gut gelernt hatten, verdienten sie viel Geld. So lebten sie noch lange und glücklich zusammen.

Mit den Handlungsbausteinen kannst du das Märchen besser verstehen. Du untersuchst zuerst den Anfang des Märchens.

5 a. Lies die Fragen zu den Handlungsbausteinen.
- Wer sind die Hauptfiguren und in welcher Situation sind sie?
- Welchen Wunsch hat der Vater?
- Welches Problem hat der Vater?

b. Ordne jeder Frage einen Handlungsbaustein aus dem Kasten zu.

c. Schreibe die Handlungsbausteine und die Fragen auf drei Karten.

die Handlungsbausteine:
- die Figuren und die Situation
- der Wunsch
- das Problem

die Figuren und die Situation
Wer sind die Hauptfiguren und in welcher Situation sind sie?

der Wunsch
...

...
...

Im Text findest du die Antworten auf die Fragen.

6 Beantworte die Fragen aus Aufgabe 5.

a. Lies noch einmal den Anfang des Märchens auf Seite 156.
Tipp: Die Schlüsselwörter sind blau hervorgehoben.

b. Schreibe die Antworten unter die Fragen.

die Figuren und die Situation
Wer sind die Hauptfiguren und in welcher Situation sind sie?
Die Hauptfiguren sind ...
Der Vater hat ...

der Wunsch
Welchen Wunsch hat der Vater?
Der Vater will ...

...
...
Der Vater weiß nicht, ...

Du fragst nach den Handlungsbausteinen Lösung und Ende.

7 a. Lies die Fragen zu den Handlungsbausteinen.
- Wie lösen der Vater und seine drei Söhne das Problem?
- Wie endet das Märchen?

- der Lösungsweg
- das Ende

b. Welche Antwort passt zu welcher Frage? Ordne zu.

Die drei Brüder bleiben zusammen im Haus wohnen. Sie sind alle glücklich.

Der soll das Haus haben, der das beste Handwerk gelernt hat. Die Brüder zeigen ihr Meisterstück. Der Vater entscheidet sich für den Fechtmeister.

c. Nimm dir zwei weitere Karten.

d. Schreibe die Handlungsbausteine Lösungsweg und Ende und die Fragen auf. Schreibe die Antworten darunter.

8 Erzählt gemeinsam das Märchen Die drei Brüder. Wechselt euch ab. Verwendet eure fünf Karten mit den Handlungsbausteinen.

Du kannst das Ende des Märchens anders erzählen.

9 Wie könnte die Geschichte anders enden?
a. Sieh dir die Bilder an.
b. Wähle eine Idee aus.
Schreibe zum Handlungsbaustein Ende Stichworte auf.

verkauften das Haus | zogen in eine andere Stadt | der jüngste Bruder ging fort | blieben im Haus | arbeiteten fröhlich und zufrieden

1

2

10 Erzählt euch gegenseitig eurer Ende des Märchens.

Die Märchenmerkmale erkennen

Die drei Brüder ist ein Märchen.
Märchen haben besondere Merkmale.

1 Welche Merkmale erkennst du in dem Märchen?
a. Lies die Sätze **A** bis **F** zum Märchen Die drei Brüder.
b. Ordne jedem Satz ein passendes Merkmal vom Rand zu.
Tipp: Zu einem Merkmal passen drei Sätze.

A So lebten sie noch lange und glücklich zusammen.
B Ein Sohn rasiert einen Hasen im Lauf.
C Ein Sohn beschlägt ein Pferd im Galopp mit neuen Hufeisen.
D Der Vater hat drei Söhne.
E Vor langer Zeit lebte einmal …
F Ein Sohn schwingt den Degen so schnell, dass er im Regen nicht nass wird.

Märchenmerkmale:
- ein typischer Anfang
- eine magische Zahl
- magische Kräfte
- ein glückliches Ende

c. Schreibe die Merkmale zusammen mit den Sätzen auf.

Märchenmerkmale
ein typischer Anfang: Vor langer Zeit lebte einmal …

Die magischen Zahlen 3 und 7 haben oft eine besondere Bedeutung.
Manchmal kommen sie schon im Namen des Märchens vor.

2 **a.** Sieh dir das Bild an.
b. Wie könnte das Märchen heißen?
Schreibe den Namen des Märchens auf.

3 **a.** Findet weitere Märchen, in denen die Zahl 3 oder 7 im Namen vorkommt.
– Ihr könnt in diesem Kapitel nachlesen.
– Ihr könnt in Märchenbüchern oder im Internet recherchieren.
b. Schreibt die Namen der Märchen auf.

Vertiefen: Das Märchen anders erzählen

Den Handlungsbaustein Lösungsweg kannst du anders erzählen.

1 a. Lies noch einmal die Karte zum Handlungsbaustein Lösungsweg.

der Lösungsweg
Der soll das Haus haben, der
das beste Handwerk gelernt hat.
Die Brüder zeigen ihr Meisterstück. …

b. Schreibe die Berufe der drei Brüder auf.

2 Welche anderen Berufe könnten die drei Brüder lernen und welche magischen Meisterstücke könnten sie dem Vater dann zeigen? Schreibe Sätze auf. Die Satzschalttafel hilft dir.

Der Sänger Der Goldschmied Der Tänzer Der Tierpfleger Der Schuhmacher	formte aus altem Blech wertvollen Goldschmuck. sang so schön, dass die Vögel geflogen kamen und mitsangen. machte Stiefel, die einen an jeden Ort der Welt bringen konnten. brachte auch die Alten und Traurigen zum Tanzen. flüsterte dem kranken Pferd etwas ins Ohr und schon war es wieder gesund.

3 Erzähle nun das Märchen anders.
a. Wähle drei Berufe und drei Meisterstücke für dein Märchen aus.
Tipp: Du kannst dir auch selbst etwas ausdenken.
b. Überlege, welches Meisterstück dem Vater am besten gefällt.
c. Schreibe Stichworte auf eine neue Karte.

4 Erzählt euch gegenseitig euer Märchen.
Verwendet eure Karten mit den Handlungsbausteinen.

Der Däumling – ein Märchen lesen

Du liest ein Märchen aus der Türkei, in dem ein sonderbares Wesen vorkommt.

1 Was könnte der Inhalt des Märchens sein?
a. Sieh dir die Bilder an und lies die Überschrift.
b. Schreibe deine Vermutung auf.

▶ Der Lese-Profi, S. 342

2 Lies nun das Märchen.

Der Däumling

Es war einmal **ein Koch**, der für seinen Herrn ein Essen zubereitete. Als das Essen fertig war, stand **plötzlich ein Däumling** vor ihm auf dem Herd. Dieser sprach: „Ich habe Hunger, **gib mir etwas von deinem Essen**." Der Koch antwortete: „Ich kann dir kein Essen geben, **es gehört meinem Herrn**." Der Däumling bettelte: „Ich habe aber so Hunger!" Da **bekam der Koch Mitleid** und **gab dem Däumling** etwas **zu essen**. Aber mit dem ersten Bissen war **das ganze Essen verschwunden**. Auch der Däumling war weg.

Der Koch erzählte seinem Herrn, was geschehen war. Dieser sagte: „Bereite ein neues Essen. Wenn der Däumling wieder auftaucht, dann bestrafe ihn." Als der Koch das Essen fertig hatte, stand der **Däumling wieder da** und sprach: „Gib mir etwas von deinem Essen." „Das darf ich nicht. Mein Herr will, dass ich dich bestrafe", sprach der Koch. Der Däumling antwortete: „Tue das nicht, **eines Tages brauchst du Hilfe und dann bin ich für dich da**. Jetzt bitte ich dich um Essen für meine kranke Frau." Wieder hatte der Koch Mitleid und gab dem Däumling einen Löffel voll. Doch **wieder verschwanden das ganze Essen und der Däumling**.

3 Der Däumling ist eine Märchenfigur.
Schreibe auf, was an dem Däumling märchenhaft ist.

Sicher möchtest du wissen, wie das Märchen weitergeht.

Der Herr wurde böse, als der Koch ihm die leeren Töpfe zeigte. Er schrie: „Wenn du dem Däumling noch einmal Essen gibst, jage ich dich fort." Als der Koch zum dritten Mal das Essen fertig hatte, **tauchte der Däumling wieder auf.** Der Koch sagte: „Du Undankbarer! **Mein Herr will, dass ich dir kein Essen gebe und dich bestrafe.**" Der Däumling antwortete: „Tue das nicht, **eines Tages brauchst du Hilfe und dann bin ich für dich da.** Meine Frau ist gestorben, jetzt ist mein Kind krank. Gib mir Essen für mein Kind!" Und wieder hatte der Koch Mitleid und gab dem Däumling etwas zu essen. Auch dieses Mal verschwanden mit dem ersten Bissen das fertige Essen und der Däumling.

Als der Herr erfuhr, dass der Däumling wieder alles Essen genommen hatte, jagte er den Koch aus dem Haus und stellte einen neuen Koch ein. Am anderen Tag kam der Däumling erneut in die Küche und bat um Essen. Der neue Koch nahm jedoch seinen Kochlöffel und schlug dem Däumling damit auf den Kopf. Der Däumling fiel zu Boden und verschwand.

Gerade wollte der alte Koch die Stadt verlassen, da sah er den Däumling mit verbundenem Kopf am Wegesrand sitzen. „Nimm diese goldene Schachtel, mein guter Koch", rief der Däumling. „**Du warst immer gut zu mir.** Sie ist deine Belohnung. Wenn du etwas brauchst, **berühre sie.** Dein **Wunsch** wird dir sofort **in Erfüllung gehen.**"

Der Koch nahm die Schachtel und kehrte voller Freude in die Küche seines alten Herrn zurück. Dort berührte er sie vorsichtig und sagte: „Für mich einen Laib Brot!" Sofort erhielt er ein großes, frisches Brot. Der neue Koch staunte und fragte: „Wo hast du diese Schachtel her?" Der alte Koch erzählte ihm von seinen Erlebnissen. Dann steckte er das Brot ein und ging fröhlich davon.

4 Das Märchen hat ein glückliches Ende.
Schreibe auf, welche Belohnung der Koch bekommt.

Mit den Handlungsbausteinen kannst du das Märchen besser verstehen.

5 a. Welche Figuren kommen in dem Märchen vor?
Schreibe sie auf.
b. Schreibe auch auf, in welcher Situation der Koch am Anfang ist.
Tipp: Das erste Bild auf Seite 162 hilft dir.

die Handlungsbausteine:
- die Figuren und die Situation
- der Wunsch
- das Problem
- der Lösungsweg
- das Ende

6 Welchen Wunsch hat der Koch in den Zeilen 11–34?
Lies die Sätze **A**, **B** und **C** und schreibe den richtigen Satz auf.

A Er will den Däumling bestrafen und seinem Herrn dienen.
B Er will seinem Herrn dienen, aber auch dem Däumling helfen.
C Er will den Däumling verjagen, weil er für seinen Herrn kochen muss.

7 Der Koch steht vor einem Problem.
Beantworte die Fragen in Stichworten.
- Warum gibt er dem Däumling drei Mal etwas zu essen?
- Was passiert jedes Mal?
- Wie reagiert sein Herr beim dritten Mal?

8 Welche Lösung ergibt sich für den Koch, als er den Däumling noch einmal trifft?
Beantworte die Fragen in Stichworten.
- Wie hilft der Däumling dem Koch?
- Wie endet das Märchen?

Mit den Handlungsbausteinen kannst du anderen das Märchen erzählen.

9 Schreibe zu jedem Handlungsbaustein einige Stichworte oder Sätze auf.
Verwende deine Ergebnisse aus den Aufgaben 5 bis 8.

die Figuren und die Situation
Der Koch ist die Hauptfigur.
Er soll für seinen Herrn Essen kochen. Ein Däumling taucht in der Küche auf.

der Wunsch
Der Koch will …

10 Erzählt das Märchen gemeinsam.
- Nutzt die Handlungsbausteine.
- Wechselt euch ab.

Die Märchenmerkmale erkennen

Der Däumling ist ein Märchen. Märchen haben bestimmte Merkmale.

1 Viele Märchen haben einen typischen Anfang und ein glückliches Ende. Schreibe den Anfang und das Ende des Märchens Der Däumling auf.

2 Der Däumling ist eine Märchenfigur mit magischen Kräften.
- Wie verhält er sich?
- Welche ungewöhnlichen Fähigkeiten hat er?

Schreibe Stichworte auf.

3 Ein magischer Gegenstand spielt in dem Märchen eine besondere Rolle. Was ist das Geheimnis der goldenen Schachtel? Schreibe die passende Textstelle auf. Tipp: Lies noch einmal die Zeilen 42–47 des Märchens.

Die Märchenmerkmale könnt ihr in einer Mind-Map sammeln.

4 Zeichnet eine Mind-Map zum Märchen Der Däumling. Schreibt die Merkmale auf, die ihr gefunden habt.

▶ Die Mind-Map, S. 96

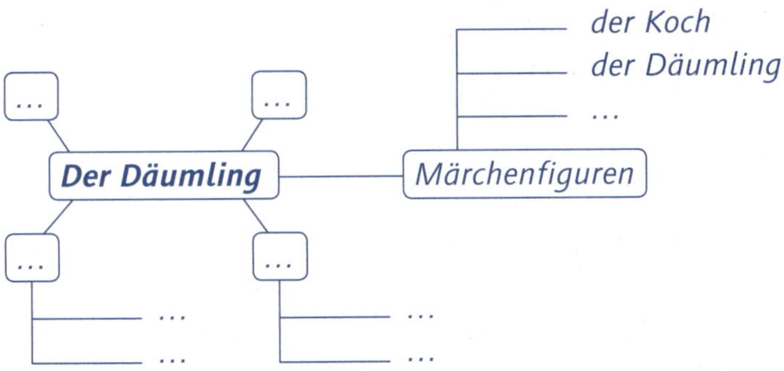

Auch in anderen Märchen kommen magische Gegenstände oder Figuren mit magischen Kräften vor.

5 **a.** Findet in anderen Märchen magische Gegenstände oder Figuren mit magischen Kräften.
Tipp: – Das Bild am Rand gibt euch Hinweise.
– Ihr könnt in diesem Kapitel nachlesen.
– Ihr könnt auch in Märchenbüchern oder im Internet recherchieren.

b. Schreibt eure Ergebnisse auf.

Vertiefen: Das Märchen anders erzählen

Du kannst den Handlungsbaustein Ende anders erzählen.

1 Wie könnte dein Märchen Der Däumling enden?
Notiere Stichworte zum Handlungsbaustein Ende.
Tipp: Du kannst einen Vorschlag auswählen oder deine eigene Idee verwenden.

das Ende – Idee 1
Der Koch bekam einen goldenen Kochlöffel und …

das Ende – Idee 2
Der Koch traf eine wunderschöne Prinzessin …

2 Erzähle das Ende. Nutze deine Stichworte aus Aufgabe 1.
Schreibe im Präteritum (Vergangenheit).

Märchen werden im Präteritum erzählt. Das kannst du hier üben. Paul hat ein neues Ende zum Märchen Der Däumling geschrieben. Einige Verben stehen noch nicht im Präteritum.

Achtung: Fehler!

Nach der Arbeit besuchte der Koch den Däumling und bereitete für dessen Familie ein Festessen zu. Zum Dank bekommt er einen magischen Topf. Dieser Topf kochte alles, was man sich wünschte. Fröhlich ging der Koch in die Stadt und eröffnete ein Restaurant. Dort spricht er die Wünsche seiner Gäste in den magischen Topf, schon stehen die allerbesten Speisen auf dem Tisch. „Was für eine wunderbare Geschichte“, denkt der Koch, denn sein Restaurant wurde im ganzen Land berühmt.

3 Überprüfe die Verben in Pauls Text.
Schreibe den Text richtig auf. Verwende Verben im Präteritum.

4 Überprüfe deinen Text aus Aufgabe 2.
Hast du im Präteritum geschrieben?
Korrigiere die Verben, wenn es nötig ist.

3 *besuchen – er besuchte, zubereiten – er bereitete zu, bekommen – er bekam, kochen – er kochte, wünschen – er wünschte, gehen – er ging, eröffnen – er eröffnete, sprechen – er sprach, stehen – sie standen, denken – er dachte, werden – es wurde*

Vertiefen: Das Märchen szenisch darstellen

**Ihr könnt das Märchen Der Däumling mit Stabpuppen spielen.
Zuerst bastelt ihr die Puppen und bereitet die Szenen vor.**

1 In den ersten beiden Szenen kommen drei Figuren vor: der Koch, der Däumling und der Herr.
a. Bastelt zu jeder Figur eine Stabpuppe. Die Anleitung und das Bild helfen euch.
b. Überlegt auch, ob ihr Gegenstände braucht, zum Beispiel einen Löffel oder einen Topf.

Bastelanleitung für Stabpuppen
- Zeichnet die Figur auf ein Blatt Papier und malt sie farbig an.
- Klebt das Bild auf festen Karton oder Pappe.
- Schneidet den Umriss der Figur sauber aus.
- Klebt einen Holzstab auf die Rückseite der Figur.

2 Bereitet die Szenen vor.
a. Lest noch einmal die ersten beiden Abschnitte des Märchens (Zeilen 1–22).
b. Notiert in Stichworten, was geschieht.
c. Schreibt auf, wie sich die Figuren fühlen und wie sie sich verhalten.

1. Szene
- *der Däumling taucht zum ersten Mal in der Küche auf*
- *der Koch: überrascht, ratlos*
- *der Däumling: frech, selbstbewusst*

2. Szene
- *der Koch erzählt seinem Herrn, was passiert ist*
- *der Koch: …*
- *der Herr: …*

hat Mitleid
weiß nicht, was er tun soll
verspricht Hilfe
ärgert sich
wütend
unglücklich
hat Verständnis

Nun könnt ihr die Szenen spielen.

3 Nehmt eure Stabpuppen und übt die Szenen.
- Ihr könnt den Text dazu vorlesen.
- Ihr könnt eure Figuren auch frei sprechen.

Von der Prinzessin unter der Erde – ein Märchen lesen

Du liest ein Märchen aus Griechenland, in dem es um magische Kräfte und Verwandlungen geht.

1 a. Lies den ersten Teil des Märchens mit dem Lese-Profi.
b. Schreibe in Stichworten auf, was der Inhalt des Märchens sein könnte.

▶ Der Lese-Profi, S. 342

Von der Prinzessin unter der Erde

Es war einmal ein reicher König, der hatte eine wunderschöne Tochter. Für sie baute er unter der Erde einen Palast, darin musste die Tochter wohnen und durfte ihn nie verlassen. Dann schickte er Herolde[1] durch die ganze Welt, die verkündeten, dass der, welcher fähig sei, des Königs Tochter zu finden, sie zur Frau bekommen solle. Wenn er sie aber nicht finden könne, so müsse er sterben. Es kamen viele junge Männer, um das Wagnis zu bestehen, aber alle Mühe war vergeblich. Sie konnten die Prinzessin nicht finden und verloren deshalb ihr Leben.

Da hörte ein kluger, junger Mann von dem Aufruf des Königs. Er wollte die Prinzessin finden und ersann eine List[2]. Er ging zu einem Hirten, der in seiner Herde ein Schaf mit goldenem Fell hatte. Dieses Schaf kaufte er. Dann bat er den Hirten, er solle das Schaf schlachten, ihn in das Fell einnähen und ihn in dieser Verkleidung zum König bringen. Der Schäfer erfüllte den Wunsch des jungen Mannes, nähte ihn in das Fell ein und brachte ihn so vor den König.

Als dieser das goldene Schaf sah, fragte er den Hirten: „Verkaufst du das Schaf?“ Der Hirte erwiderte: „Nein, Herr König, ich verkaufe es nicht, wenn Ihr aber Gefallen an ihm findet, so will ich es Euch gerne für drei Tage leihen. Dann aber müsst Ihr es mir wiedergeben.“ Der König versprach es und machte sich mit dem goldenen Schaf auf zu seiner Tochter. Nachdem er es in sein Schloss und durch viele Zimmer geführt hatte, kam er an eine Tür und rief: „Öffne dich, Tartara Martara der Erde!“

[1] der Herold: der Bote, der Ausrufer
[2] ersann eine List: eine List ersinnen, sich einen schlauen Plan ausdenken

Da öffnete sich die Tür von selbst, und nachdem sie wieder durch viele Zimmer gegangen waren, kamen sie an eine zweite Tür. Dort rief der König wieder: „Öffne dich, Tartara Martara der Erde!" Und nachdem sich auch die dritte Tür geöffnet hatte, kamen sie in das Gemach[3] der Prinzessin. Der König begrüßte seine Tochter und gab ihr das Schaf. Sie hatte große Freude daran, streichelte und hätschelte es. Nach einer Weile verabschiedete sich der König und ging.

Als sie beide allein waren, streifte der Jüngling das Fell ab. Die Prinzessin war zuerst erschrocken. Als sie aber sah, dass er schön und klug war, verliebte sie sich in ihn. Er erzählte, mit welcher List er sie gefunden hatte und dass er nach drei Tagen ihren Vater um Erlaubnis bitten wolle, sie zu suchen. Da rief die Prinzessin: „Ei, das hast du gut gemacht! Aber du musst wissen, dass du mich dann noch nicht gewonnen hast. Denn dann verwandelt mich der Vater samt meinen Mägden in Enten und fragt dich: ‚Welche von diesen Enten ist die Prinzessin?' Da werde ich nun den Kopf rückwärts wenden und mir mit dem Schnabel die Flügel putzen, damit du mich erkennst."

Nachdem sie drei Tage glücklich miteinander verlebt hatten, kam der König und holte das Schaf. Er führte es zurück in den Palast und gab es dem Hirten, wie er es versprochen hatte. […]

[3] das Gemach: das Zimmer

2 Worum geht es in dem Märchen?
- Welche Figuren stehen im Mittelpunkt?
- Welchen Wunsch hat der Jüngling?
- Welches Problem muss er lösen, um seinen Wunsch zu erfüllen?
- Welchen Plan hat er?

Beantworte die Fragen schriftlich.

die Handlungsbausteine:
- die Figuren und die Situation
- der Wunsch
- das Problem
- der Lösungsweg
- das Ende

3 Wie könnte das Märchen weitergehen? Wie könnte es enden? Notiere deine Ideen in Stichworten.

Sicher bist du neugierig, wie das Märchen weitergeht.

Der Jüngling warf nun das Fell ab, ging zum König und sprach: „Herr, ich kann Eure Tochter finden." Als der König den schönen Jungen sah, sagte er: „Mich bekümmert deine Jugend, liebes Kind. Dieses Wagnis hat schon so vielen das Leben gekostet." „Ich bleibe dabei, Herr König, ich will sie entweder finden oder mein Leben verlieren", antwortete der tapfere Jüngling.

Darauf ging er vor dem König her, und dieser folgte ihm, bis sie zu der großen Tür kamen. Da sprach der Jüngling zum König: „Sagt die Worte, damit sie aufgehe." Und der König fragte: „Was sind das für Worte? Soll ich etwa sagen: Schloss, Schloss, Schloss?" „Nein", sprach der Jüngling, „sagt: Öffne dich, Tartara Martara der Erde!" Als der König das getan hatte, öffnete sich die Tür und sie gingen hinein. Der König nagte vor Zorn an seinem Schnurrbart. Bei der zweiten Tür ging es wie bei der ersten, bei der dritten Tür ging es wie bei der zweiten. Schließlich traten sie ein und fanden die Prinzessin.

Da sprach der König: „Gut, die Prinzessin hast du gefunden. Nun werde ich sie aber mitsamt ihren zwei Mägden in Enten verwandeln, und wenn du errätst, welche von diesen meine Tochter ist, dann sollst du sie zur Frau haben." Und so verwandelte der König die Prinzessin und ihre Mägde in Enten, führte sie dem Jüngling vor und sagte: „Nun zeige mir die, welche meine Tochter ist." Da wandte die Prinzessin ihren Kopf und putzte sich die Flügel. Der Jüngling sprach: „Die da, welche sich die Flügel putzt, ist die Prinzessin." Nun konnte der König nicht anders und musste sie ihm zur Frau geben. Sie heirateten bald und lebten glücklich und in Freuden.

4 Das Märchen endet glücklich.
- Wie gelingt es dem Jüngling, in das Versteck der Prinzessin zu kommen?
- Woran erkennt er die Prinzessin?

Beantworte die Fragen schriftlich.

Du kennst nun das ganze Märchen.

5 Schreibe Stichworte zu den fünf Handlungsbausteinen auf. Verwende deine Ergebnisse aus den Aufgaben 2 und 4.

▸ Die Handlungsbausteine, S. 154

Die Märchenmerkmale erkennen

Im Märchen Von der Prinzessin unter der Erde kannst du viele Märchenmerkmale erkennen.

▶ Was sind Märchen?, S. 155

1 In dem Märchen kommen verschiedene Märchenfiguren vor.
a. Schreibe die Figuren auf.
b. Nenne auch die Tiere, die eine Rolle spielen.

2 Der König besitzt magische Kräfte.
a. Beschreibe seine magischen Kräfte.
b. Schreibe den Zauberspruch des Königs auf.
Gib auch die Zeilen an.

3 Eine magische Zahl spielt in dem Märchen eine besondere Rolle.
Schreibe mindestens drei Beispiele auf.

4 Welche weiteren Merkmale erkennst du in dem Märchen?
Sammle die Merkmale in einer Mind-Map.

▶ Die Mind-Map, S. 96

Die Prinzessin und ihre Mägde werden in Enten verwandelt.
Du kannst zwischen den Aufgaben 5 1 und 5 2 wählen.

5 1 Welche anderen Märchen kennst du, in denen Menschen in Tiere verwandelt werden?
a. Lies in Märchenbüchern nach oder recherchiere im Internet.
b. Schreibe die Namen der Märchen auf.
c. Schreibe auf, wer in welches Tier verwandelt wird.

5 2 In welche anderen Tiere könnte der König seine Tochter und die Mägde verwandeln?
Welches Zeichen könnte die Prinzessin dem Jüngling geben, damit er sie erkennt?
a. Notiere deine Ideen.
b. Erzähle das Märchen an dieser Stelle neu.

2 **a.** *Merkmal: magische Kräfte*
– Der König kann einen Palast unter der Erde bauen. (Zeile 2)

Vertiefen: Das Märchen anders erzählen

Mit den Handlungsbausteinen kannst du das Märchen anders erzählen.

1 Plane die Handlung deines Märchens.

a. Wähle zuerst die Figuren und das Problem aus.
Notiere Stichworte zu beiden Handlungsbausteinen.
Tipp: Du kannst einen Vorschlag auswählen oder deine eigene Idee verwenden.

die Figuren – Idee 1
- *ein armer Mann*
- *seine schöne Tochter*
- *ein mutiger Prinz*

die Figuren – Idee 2
- *eine Königin, die ihren Sohn in einer Höhle versteckt*
- *eine mutige Magd*

das Problem – Idee 1
- *die Tochter ist in einem Labyrinth*

das Problem – Idee 2
- *die Höhle wird bewacht*

b. Wie schafft es deine Hauptfigur, in das Versteck zu gelangen?
Notiere Stichworte zum Handlungsbaustein Lösungsweg.

c. Schreibe auch Stichworte zu den Handlungsbausteinen Wunsch und Ende auf.

2 Gestalte deinen Text märchenhaft.

a. Entscheide, wo du welche Märchenmerkmale verwendest.
- Gibt es einen Zauberspruch?
- Wird eine Person in ein Tier verwandelt?

b. Formuliere einen märchenhaften Anfang und einen märchenhaften Schluss.

3 **a.** Schreibe dein Märchen auf.
- Verwende deine Ergebnisse aus den Aufgaben 1 und 2.
- Schreibe im Präteritum.

b. Finde einen schönen Namen für dein Märchen.

4 **a.** Gebt euch gegenseitig Feedback.
Überprüft eure Märchen mit Hilfe dieser Fragen:
- Kann man die Handlung verstehen?
- Enthält das Märchen typische Märchenmerkmale?
- Ist das Märchen im Präteritum geschrieben?

b. Überarbeitet eure Märchen.

▶ Die Schreibkonferenz, S. 67

Vertiefen: Prinzessin Ardita – ein weiteres Märchen lesen

Im folgenden Märchen aus Albanien spielen Tiere eine besondere Rolle. Du liest einen Teil des Märchens und erzählst es selbst zu Ende.

1 Lies das Märchen mit dem Lese-Profi.

► Der Lese-Profi, S. 342

Prinzessin Ardita

Es war einmal ein König, der hatte eine wunderschöne und kluge Tochter, **Prinzessin Ardita**. Alle jungen Männer wollten die Prinzessin heiraten, doch sie wollte keinen. Schließlich sagte sie: **„Gut, ich werde den Mann heiraten, der sich so gut verstecken kann, dass ich ihn nicht finde."** Die Prinzen kamen und versteckten sich, so gut sie konnten. Aber Prinzessin Ardita hatte ein ganz **besonderes Fernrohr**. Wenn sie hindurchschaute, konnte sie den ganzen Himmel, weit über die Erde und bis in die tiefsten Tiefen des Meeres sehen. Und sie entdeckte sie alle.

Zur gleichen Zeit lebte ein **junger Mann** in diesem Land, **der hieß Agim**. Eines Tages saß Agim am Ufer eines Baches. Da sah er einen roten Fisch zappeln, der zwischen den Steinen gefangen war. Agim befreite ihn und der Fisch schwamm davon. Kurz darauf tauchte er wieder auf, spuckte einen Kieselstein vor Agims Füße und begann zu sprechen: „Vielen Dank! Du hast mir das Leben gerettet! Nimm diesen Kieselstein. Wenn du einmal in Not bist, wirf ihn ins Wasser und rufe:
‚Fisch, mein Fisch, schwimm schnell zurück.
Bring mir Hilfe, bring mir Glück.'
Dann werde ich kommen und dir helfen."

Agim stecke den Kieselstein in die Tasche und ging weiter. An einer Wegkreuzung sah er einen Adler, der sich in einem Netz verfangen hatte. Agim befreite ihn. Da riss sich der Adler eine Feder aus dem Flügel und krächzte: „Vielen Dank! Du hast mir das Leben gerettet. Nimm diese Feder. Und wenn du einmal in Not bist, wirf sie in die Luft und rufe:
‚Adler, mein Adler, flieg schnell zurück.
Bring mir Hilfe, bring mir Glück.'
Dann werde ich kommen und dir helfen."

Agim steckte die Feder in die Tasche und wanderte weiter. Da hörte er von ferne ein jämmerliches Jaulen. Agim eilte hinzu und sah einen Fuchs, der sich die Hinterpfote in einer Bärenfalle eingeklemmt hatte.
Agim öffnete die Bärenfalle. Der Fuchs sprang auf, riss sich drei Haare aus dem buschigen Schwanz und sagte: „Vielen Dank! Du hast mir das Leben gerettet. Hier, nimm diese drei Haare. Und wenn du einmal in Not bist, wirf sie ins Feuer und rufe:
‚Fuchs, mein Fuchs, spring schnell zurück.
Bring mir Hilfe, bring mir Glück.‘
Dann werde ich kommen und dir helfen.“

Agim steckte die Fuchshaare ein und wanderte weiter. Am nächsten Morgen kam er in die Stadt. Da erzählten ihm die Leute von der Prinzessin. **„Ich will auch mein Glück versuchen!“, dachte er** und eilte zum Königsschloss. Prinzessin Ardita freute sich, als sie Agim sah, denn er war ein hübscher, junger Mann. Sie sagte: „Ich gebe dir **drei Tage Zeit**, um **dich zu verstecken**. Nach dieser Frist werde ich dich suchen. Versteck dich gut!“ […]

2 Welche Tiere spielen in dem Märchen eine Rolle?
Nenne die Tiere und ihre besonderen Fähigkeiten.

3 Schreibe weitere Märchenmerkmale auf, die du erkennst.

Mit den Handlungsbausteinen kannst du den Inhalt des Märchens besser verstehen.

4 Prinzessin Ardita ist eine Hauptfigur des Märchens.
Was erfährst du über sie? Notiere Stichworte.

5 Agim ist die zweite Hauptfigur des Märchens.
- In welcher Situation ist Agim?
- Welchen Wunsch hat er?
- Welches Problem muss er lösen, um seinen Wunsch zu erfüllen?

Beantworte die Fragen in Stichworten.

6 Wie könnte das Märchen weitergehen?
Notiere deine Ideen.

**Die Handlungsbausteine Lösungsweg und Ende fehlen.
Mit Hilfe der Bilder kannst du das Märchen weitererzählen und dir ein glückliches Ende ausdenken.**

7 Wo könnte sich Agim verstecken?

a. Sieh dir die drei Bilder an.

b. Notiere Stichworte zu den Handlungsbausteinen Lösungsweg und Ende.

8 Erzähle das Märchen mit Hilfe deiner Stichworte zu Ende. Schreibe es auf.

- Verwende die magischen Gegenstände und Zauberformeln aus dem Märchen.
- Achte auf die richtige Erzählzeit (Präteritum).
- Formuliere einen märchenhaften Schluss.

9 Gebt euch gegenseitig Feedback.

a. Lest euch eure Märchen vor.

b. Formuliert Checkfragen und überprüft eure Märchen.

c. Überarbeitet eure Märchen.

8 *Agim überlegte nicht lange. Er lief zum Meer, warf den Kieselstein ins Wasser und rief: „Fisch, mein Fisch, schwimm schnell zurück. Bring mir Hilfe, bring mir Glück." …*

9 **b.** *Checkfragen:*

– Kommen die drei sprechenden Tiere vor?
– Kommen die magischen Gegenstände vor?
– Werden die Zauberformeln genannt?
– Löst die Hauptfigur die Aufgabe?
…

Das Mädchen aus dem Straußenei – ein Märchen lesen

Du liest ein Märchen der Zulu aus Südafrika. Es erzählt von einem Mann, der einen außergewöhnlichen Fund macht.

1 Lies das Märchen mit dem Lese-Profi.

▶ Der Lese-Profi, S. 342

Das Mädchen aus dem Straußenei

Seetetelane war ein armer Mann. Er hatte kein Land, keine Kuh und keine Frau. Ganz allein lebte er im Grasland. Er jagte Feldmäuse und aß sie und aus den kleinen Fellen machte er sich Kleider.

Eines Tages, als er wieder Feldmäuse jagte, fand er ein Straußenei, größer, als er jemals eines gesehen hatte. „Was für ein Gewinn!", rief Seetetelane voll Freude. „Endlich hat ein so armer Bursche wie ich auch einmal Glück! Ich werde das Ei in meine Hütte tragen. Dort soll es unter dem Dach liegen, bis die stürmischen und regnerischen Tage kommen!" Er schleppte das Ei in seine Hütte und wünschte sich, das Glück möge anhalten und ihm noch weitere Freuden bescheren. „Hoffentlich!", rief er. „Hoffentlich bleibt das Glück bei mir!" Er versteckte das Ei unter dem Strohdach und ging wieder auf Mäusejagd.

Als er spät am Abend heimkehrte, sah er zu seinem Erstaunen, dass die Hütte aufgeräumt war. Ein frisch gebackenes Brot lag da und daneben stand ein Krug mit frisch gebrautem Bier. „Wie kann das sein?", rief Seetetelane. „Das sieht ja aus, als habe eine Frau hier gewerkt[1]? Wie in meinen schönsten Träumen!" Weil er aber hungrig war, dachte er nicht länger nach. Er aß und trank und freute sich, dass es ihm gut ging. Auch am zweiten und am dritten Tag geschah dasselbe: Wenn Seetetelane am Abend in seine Hütte kam, schien es so, als habe eine Frau voll Liebe alles für ihn hergerichtet.

Am vierten Tag vergaß Seetetelane, als er zur Mäusejagd aufbrach, seine Pfeife in der Hütte. Er ging zurück, um die Pfeife zu holen, da bemerkte er, dass jemand in seiner Hütte war. Er schlich leise näher und spähte hinein. Ein schönes, fremdes Mädchen räumte auf, füllte den Krug mit Bier und legte frisch gebackenes Brot in den Korb. Als alles hergerichtet war, wollte das Mädchen in das große Straußenei schlüpfen.

[1] gewerkt: gearbeitet

„Nein!", rief Seetetelane und fasste das Mädchen an der Hand. „Bleib hier! Bleib bei mir!" – „Du hast so sehr gehofft und gewünscht, dass das Glück bei dir einkehrt", sagte das Mädchen. „Ich will gern bei dir bleiben. Aber du darfst mir nie vorwerfen, dass ich nur ein Mädchen aus einem Straußenei bin!" Seetetelane versprach es und sie lebten glücklich miteinander.

Eines Tages sagte Seetetelane: „Es ist schön mit dir. Aber ich habe auch Sehnsucht nach anderen Menschen, mit denen ich reden, essen und feiern kann." Das Mädchen nahm einen Dreschflegel[2], ging vor die Hütte und begann, einen Grashaufen zu dreschen. Aus dem Grashaufen kamen Menschen hervor, alte und junge, es kamen Kühe hervor, die brüllten, und Hunde, die bellten. Seetetelane lief aus der Hütte, als er den Lärm hörte. „Nun muss dir nicht mehr langweilig sein!", sagte das Mädchen. Die Leute aus dem Grashaufen umringten Seetetelane. „Glück und Heil, unser Häuptling!", riefen sie und die Hunde wedelten mit ihren Schwänzen. Nun war Seetetelane Häuptling geworden. Er trug keine Kleider aus Mäusefellen mehr, sondern aus weichen Schakalfellen[3], und er schlief auf einer schönen Matte. Er hatte genug zu essen und zu trinken und er hatte Leute, die für ihn arbeiteten. Er war sehr zufrieden mit seinem Leben.

Eines Abends hatte Seetetelane seinen Krug leer getrunken. Er blickte auf und wollte das Mädchen herbeiwinken, aber er sah es nicht. Da ärgerte er sich und schrie: „Wo steckst du, Mädchen aus dem Straußenei? Mein Krug ist leer!" Das Mädchen kam und sah Seetetelane traurig an. „Weißt du nicht mehr, was du mir versprochen hast, Seetetelane?" – „Ach was", sagte er, stellte den Krug beiseite und schlief ein.

Als er am nächsten Morgen erwachte, wollte er seinen Augen nicht trauen: Er lag auf seiner alten Matte, in seinem alten Kleid aus Mäusefellen, und der Krug mit Bier, die schönen Becher, das Brot, das gute Essen, alles war verschwunden. Auch das Mädchen war verschwunden und mit ihm das Straußenei, aus dem es gekommen war. Vor der Hütte pfiff der Wind durch das Gras. Auch alle Leute, alle Kühe und Hunde, die das Mädchen ihm geschenkt hatte, waren verschwunden. Traurig machte sich Seetetelane auf, um das Straußenei wiederzufinden. Aber so sehr er auch suchte, er fand es nicht mehr.

[2] der Dreschflegel: ein Werkzeug zum Dreschen von Getreide
[3] die Schakalfelle: Felle von Wildhunden

2 Das Mädchen ist eine Märchenfigur.
Beschreibe, was märchenhaft an ihr ist.

Mit den Handlungsbausteinen kannst du das Märchen besser verstehen und es anderen erzählen.

3 Worum geht es in dem Märchen?
Beantworte die Fragen zu den Handlungsbausteinen in Stichworten.
- Wer sind die Hauptfiguren?
- In welcher Situation befindet sich Seetetelane am Anfang?
- Welche Wünsche hat er?
- Welches Hindernis ist ihm im Weg?
- Wie reagiert er darauf?
- Wie endet das Märchen?

4 Erzähle einer Partnerin/einem Partner das Märchen oder erzählt es gemeinsam.
Verwendet eure Stichworte aus Aufgabe 3.

Das Märchen hat kein glückliches Ende.
Aber die Leser können aus der Geschichte etwas lernen.

5 Seetetelane hat zunächst viel Glück, dann verliert er alles.
Erkläre in einigen Sätzen, warum es ihm so ergeht.

6 Was könnte Seetetelane denken, nachdem er alles wieder verloren hat?
Versetze dich in seine Situation und schreibe seine Gedanken auf.

7 **a.** Was könnte man aus dem Märchen Das Mädchen aus dem Straußenei lernen?
Schreibe eine Lehre auf.
b. Tausche dich mit einer Partnerin/einem Partner über eure Ergebnisse aus.

Welche typischen Merkmale enthält das Märchen?

8 **a.** Untersuche die Merkmale des Märchens.
Berücksichtige dabei auch Gegensätze wie gut – böse und arm – reich.
b. Sammle die Merkmale in einer Mind-Map.

▶ Was sind Märchen?, S. 155
▶ Die Mind-Map, S. 96

9 Lies in einem Märchenbuch das Märchen Von dem Fischer und seiner Frau der Brüder Grimm und vergleiche es mit Das Mädchen aus dem Straußenei.

10 Findet weitere Märchen, die nicht glücklich enden.
Lest in Märchenbüchern nach oder recherchiert im Internet.

Das Märchen anders erzählen

Mit Hilfe der Handlungsbausteine kannst du das Märchen auch anders erzählen.
Du kannst zwischen den Aufgaben 1 1 und 1 2 wählen.

1 1 Das Mädchen aus dem Straußenei ist deine Hauptfigur und steht im Mittelpunkt der Handlung.
Plane dein Märchen.
- Formuliere Fragen zu den Handlungsbausteinen.
- Beantworte deine Fragen in Stichworten.

1 2 Seetetelane bleibt deine Hauptfigur, aber du veränderst die Handlung.
a. Wem könnte Seetetelane begegnen?
Überlege dir, wer diese Figur ist, welche magischen Kräfte sie besitzt und wie sie diese einsetzt.
b. Plane dein Märchen.
- Formuliere Fragen zu den Handlungsbausteinen.
- Beantworte deine Fragen in Stichworten.

2 Erzähle dein Märchen und schreibe es auf.
- Achte auf eine verständliche Handlung.
- Schreibe im Präteritum.
- Verwende passende Märchenmerkmale.
- Überlege dir einen schönen Namen für dein Märchen.

Tipp: Mit Bildern kannst du deinen Text märchenhaft gestalten.

3 Gebt euch gegenseitig Feedback.
a. Lest euch eure Märchen vor oder tauscht sie zum Lesen aus.
b. Überprüft eure Märchen und überarbeitet sie.

1 1 *Das Mädchen wird von einer Hexe/einem Zauberer/einem Geist in das Straußenei gezaubert.*
Das Straußenei muss drei/sieben/zwölf Mal von jemandem gefunden werden, bis schließlich …

1 2 **a.** *Er begegnet einem Geist/einem sprechenden Tier/einer Hexe/einem Zwerg/…*
Er findet eine magische Lampe/eine Frucht/einen Teppich/…

Vertiefen: Drei Wünsche – ein weiteres Märchen lesen

Du liest ein Märchen aus Deutschland, in dem ein zauberhaftes Wesen auftaucht.

1 Lies das Märchen mit dem Lese-Profi.

▶ Der Lese-Profi, S. 342

Drei Wünsche *Johann Peter Hebel*

Ein junges Ehepaar lebte recht vergnügt und glücklich zusammen und hatte den einzigen Fehler, den alle Menschen haben: Wenn es ihnen gut geht, wünschen sie sich, dass es ihnen noch besser geht.

Eines Abends, als unser Hans und seine Lise gemütlich am Ofen saßen und Nüsse aufklopften, kam durch die Kammertür eine kleine, wunderschöne Frau herein. Die ganze Stube roch auf einmal nach Rosen. Die Lampe erlosch, doch von der Frau ging ein Lichtschimmer aus, der den Raum erhellte. Das war schön anzusehen, aber es erschreckte das Ehepaar auch. Da sagte die kleine Frau mit wundersüßer Stimme: „Ich bin eure Freundin, die Bergfrau Anna Fritze, die im kristallenen Schloss mitten in den Bergen wohnt. Mit unsichtbarer Hand streue ich Gold in den Rheinsand und gebiete über 700 dienstbare Geister. Ihr aber habt drei Wünsche frei; drei Wünsche sollen euch erfüllt werden."

Hans drückte den Arm seiner Frau, als ob er sagen wollte: Das klingt nicht übel. Und Lise wollte schon den Mund öffnen und über teure Hüte, seidene Halstücher und dergleichen Dinge reden, als die Bergfrau sie warnte: „Acht Tage lang habt ihr Zeit. Bedenkt euch wohl und übereilt euch nicht." Das ist kein Fehler, dachte der Mann und legte seiner Frau die Hand auf den Mund. Da verschwanden die Bergfrau und der Rosenduft, und die Lampe brannte wieder wie vorher.

Nun waren Hans und Lise überglücklich vor Vorfreude und zugleich übel dran, denn sie wussten nicht, was sie wünschen wollten. Nicht einmal über ihre Wünsche zu sprechen getrauten sie sich. Sie fürchteten, dass das Gesagte in Erfüllung gehen würde, bevor sie es sich genug überlegt hätten. Da sagte Lise: „Wir haben ja noch Zeit bis zum Freitag."

Am nächsten Abend röstete Lise Kartoffeln in der Pfanne. Als sie aber die Kartoffeln auf die Teller tat und ihr der Geruch lieblich in die Nase stieg, sagte sie: „Wenn wir jetzt nur ein gebratenes Würstchen dazu hätten." O weh, da war der erste Wunsch getan! Schon lag auf den Kartoffeln die schönste Bratwurst. Wie es Lise gewünscht hatte, so war es geschehen.

Hans aber ärgerte sich über die Unvorsichtigkeit seiner Frau und rief: „Wenn dir doch nur die Wurst an der Nase angewachsen wäre." Und wie gewünscht, so geschah es: Kaum war das letzte Wort gesprochen, so saß die Wurst an der Nase seiner Frau fest.

Nun war die Not der armen Eheleute erst recht groß. Zwei Wünsche waren getan, und alles, was sie gewonnen hatten, war die Bratwurst an Lises Nase. Ein Wunsch war noch übrig, aber was halfen Reichtum und Glück, wenn einem eine Bratwurst an der Nase hing? Sie mussten also die Bergfrau bitten, Lise wieder von der Wurst zu befreien. Wie gebeten, so geschehen. Als der dritte Wunsch nun vorüber war, sahen die armen Eheleute einander an. Sie waren der gleiche Hans und die gleiche Lise wie vorher, und die schöne Bergfrau kam niemals wieder.

2 Was für eine Märchenfigur ist die Bergfrau?
Beschreibe ihr Aussehen und ihre magischen Kräfte.

3 Beantworte die Fragen zu den Handlungsbausteinen schriftlich.
- In welcher Situation befinden sich Hans und Lise, als die Bergfrau erscheint?
- Welchen Wunsch haben Hans und Lise, nachdem sie das Geschenk der Bergfrau erhalten haben?
- Auf welche Probleme stoßen sie?
- Wie reagieren sie darauf?
- Wie endet das Märchen?

4 **a.** Schreibe auf, welche typischen Merkmale du in dem Märchen erkennst.
b. Hat das Märchen ein glückliches Ende? Begründe deine Meinung.

„O weh, da war der erste Wunsch getan!" (Zeilen 28–29)
Das Märchen kannst du an dieser Stelle anders weitererzählen.

5 **a.** Plane dein Märchen Drei Wünsche mit Hilfe der Fragen:
- Wie könnte das Märchen weitergehen, nachdem der erste Wunsch getan ist?
- Welche anderen Wünsche könnten Hans und Lise haben?
- Wie könnten sie sich auf zwei Wünsche einigen, ohne sie gleich auszusprechen?

b. Notiere Stichworte zu den Handlungsbausteinen Problem, Lösungsweg und Ende.
c. Schreibe dein Märchen auf. Achte auf eine verständliche Handlung und passende Märchenmerkmale.

6 Gebt euch gegenseitig Feedback zu euren Märchen.
Überprüft eure Märchen und überarbeitet sie.

7 Vergleicht das Märchen Drei Wünsche mit dem Märchen Das Mädchen aus dem Straußenei.

Märchen vorlesen, erzählen, spielen

In diesem Kapitel hat jeder von euch zwei oder drei Märchen kennen gelernt. Ihr könnt ein Märchen mit Stabpuppen spielen.

1 Wählt in der Klasse zwei oder drei Märchen aus.
Bildet Gruppen zu jedem Märchen.

2 Bastelt Stabpuppen zu eurem Märchen.
Tipp: Eine Bastelanleitung findet ihr auf Seite 167.

▶ Ein Märchen szenisch darstellen, S. 151, 167

3 Plant die Szenen.
Schreibt auf, was geschieht und was die Figuren sagen.

4 Übt das Spielen.
- Verteilt die Rollen.
- Überlegt, ob ihr einen Erzähler oder einen Spielleiter braucht.
- Ihr könnt auch Geräusche oder Musik einsetzen.

Ihr könnt eure Märchen als Schattentheater präsentieren.

5 Bereitet die Bühne für das Schattentheater vor.
Die Anleitung und das Bild helfen euch.

Anleitung für ein Schattentheater
- Nehmt ein **weißes Laken** und spannt es zwischen zwei Tische oder zwei Kartenständer oder in einen Türrahmen.
- Bedeckt den unteren Teil mit einem **dunklen Tuch**. Das Publikum soll euch nicht sehen, wenn ihr dahinter hockt.
- Stellt eine **Lampe** hinter der Bühne auf. Ihr Licht wirft die Schatten der Figuren auf das helle Tuch.
- Verdunkelt den Raum, bevor das Spiel beginnt.

6 Spielt eure Märchen in der Klasse vor.

Was ist gelungen? – Die Arbeit auswerten

Die Märchen, die ihr gelesen habt, könnt ihr euch gegenseitig vorstellen.

Bildet gemischte Gruppen: 🍐, 🍊, 🍒, 🫐

1 Lest euch die Märchen gegenseitig vor.
Ihr könnt auch die Märchen vorlesen, die ihr selbst geschrieben habt.
Tipp: Orientiert euch an der Arbeitstechnik: Ausdrucksvoll vorlesen.

▶ Ausdrucksvoll vorlesen, S. 213

2 Erzählt gemeinsam ein neues Märchen.
- Wählt Märchenfiguren aus, die euch gefallen.
- Einer beginnt zu erzählen, die anderen erzählen nacheinander weiter.
- Verwendet die Märchenmerkmale und eure Fantasie.

Es war einmal …

Auch Naomi, Tarik, Anna und Paul haben einige Märchen kennengelernt und mit den Handlungsbausteinen anders erzählt. Sie sprechen darüber.

Paul

An den Märchen gefällt mir, dass es die Hauptfiguren fast immer schaffen, die Probleme zu lösen.

Mich faszinieren die Figuren mit magischen Kräften. Es hat mir viel Spaß gemacht, mir Zauberformeln auszudenken.

Tarik

Naomi

Ich hatte viele Ideen für ein anderes Ende. Paul und ich haben den schönsten Schluss ausgewählt und aufgeschrieben.

Ich fand es schwierig, den Handlungsbaustein Wunsch zu erkennen. Denn die Hauptfigur hat oft mehrere Wünsche.

Anna

3 **a.** Was hat Naomi, Tarik, Anna und Paul gefallen, was fanden sie schwierig?
b. Sprecht über eure eigene Arbeit mit den Märchen.

4 Welche Märchenmerkmale habt ihr kennen gelernt?
Seht euch noch einmal eure Mind-Maps (Seite 153) an und ergänzt sie.

7 Unter Freunden – *Gedichte verstehen und gestalten*

Freundschaft kann ganz Unterschiedliches bedeuten.

1

2

3

Für einen guten Freund / eine gute Freundin würde ich jederzeit …

Meine Freundin / Mein Freund und ich, wir verstehen uns, weil …

Durch dick und dünn!

So, wie du bist, lass ich dich sein.

Wann sind Freunde wichtig?

1 Was gehört für euch alles zu einer Freundschaft? Was nicht?

Renate Welsh
Die Brücke

Worte Worte Worte
Worte Worte Worte Worte
Worte Worte
Worte Worte
Worte Worte
ICH Worte Worte DU

Hans Manz
Freundschaft rechnet nicht?

„Ich sollte noch eine alte
Rechnung begleichen mit dir,
aber ich hab mir's anders überlegt
und verzichte darauf, dir alles
heimzuzahlen."

„Das werd ich dir hoch anrechnen.
Du kannst zählen auf mich."

Marianne Kreft
Petra

Das macht Petra, wenn sie sich
mit Steffen an-freundet:
Sie lächelt Steffen an.
Sie legt ihren Arm um Steffen.
Sie hält Steffen an der Hand.
Sie macht Steffen den Ranzen zu.
Sie setzt sich ganz nah zu Steffen.

Das macht Petra, wenn sie sich
von Steffen ab-freundet:
[…]

2 Welches Gedicht gefällt euch am besten? Begründet.

3 Was fällt euch an der Form der Gedichte auf?

4 Wie klingen die Gedichte?
a. Lest sie mehrmals leise für euch.
b. Was fällt euch als Vorleser/Vorleserinnen auf? Was als Zuhörer/Zuhörerinnen?

7 Unter Freunden –
Gedichte verstehen und gestalten

In diesem Kapitel untersucht und schreibt ihr Gedichte. Ihr tragt sie außerdem in der Klasse vor.

Vers, Strophe, Reim – Gedichtmerkmale bestimmen

Gedichte haben bestimmte Merkmale.

Marianne Kreft
Petra

Das macht Petra, wenn sie sich
mit Steffen an-freundet:
Sie lächelt Steffen an.
Sie legt ihren Arm um Steffen.
Sie hält Steffen an der Hand.
Sie macht Steffen den Ranzen zu.
Sie setzt sich ganz nah zu Steffen.

Das macht Petra, wenn sie sich
von Steffen ab-freundet:
Sie dreht Steffen den Rücken zu.
Sie guckt Steffen bös an.
Sie steckt Steffen die Zunge raus.
Sie lacht Steffen aus.

Jürgen Spohn
Jederzeit

Komm mich
mal **besuchen**
Ich back dir
einen **Kuchen**
Ich zeig dir
meinen Leberfleck
und puste
deine Sorgen weg
So, wie du bist
lass ich dich sein
und klopfst du an
lass ich dich ein

1 a. Worum geht es in den Gedichten? Schreibt je einen Satz auf.
b. Vergleicht eure Ergebnisse.

In Gedichten gibt es häufig Abschnitte.
Einen Abschnitt im Gedicht nennt man Strophe.

2 Das Gedicht Petra hat zwei Strophen.
Vergleicht die beiden Strophen: Wie verhält sich Petra?

Eine Zeile in einem Gedicht nennt man Vers.

3 Ein Gedicht reimt sich, wenn die Wörter am Versende gleich klingen.
Welches Gedicht reimt sich? Schreibt die Reimwörter auf.

4 a. Was fällt euch an den Versanfängen im Gedicht Petra auf?
b. Was wird durch die Wiederholungen hervorgehoben?

Hier sind zwei Gedichte durcheinandergeraten:

Liselotte Rauner
Freundschaft

Regina Schwarz
Keine Freundschaft

Der Bleistift
Hast du manchmal schon am Morgen
mag den Spitzer nicht.
Ängste, Kummer oder Sorgen,
Den findet er gemein.
dann frag bei deinen Freunden an,
Der gönnt ihm seine Größe nicht
ob dir einer helfen kann.
und spitzt ihn klitzeklein.
[…]

5 Entflechtet die Gedichte.
a. Jede/Jeder schreibt eines der Gedichte mit der passenden Überschrift auf.
b. Erklärt euch gegenseitig die Form.
Verwendet dabei Fachbegriffe Vers und Reim.

6 Unterstreicht gleich klingende Reimwörter mit der gleichen Farbe.

So geht das Gedicht Freundschaft weiter.

[…]
Denn ein Freund teilt auch die ___,
ist bereit, dir Mut zu ___,
und verlässt ihn mal das ___,
dann gib ihm den Mut ___.

zurück
borgen
Sorgen
Glück

7 Schreibe die Verse zu dem richtigen Gedichtanfang.
Ergänze sie jeweils mit dem passenden Reimwort.

8 Erfindet eine Fortsetzung für das Gedicht Freundschaft.
Schreibt mindestens zwei eigene Verse auf.

5 **b.** *der Vers/die Verse: Die Zeilen eines Gedichts heißen Verse.*
der Reim/die Reime: Zwei Wörter reimen sich, wenn sie vom letzten betonten Vokal an gleich klingen, z. B. geht – steht.

Welche Verse reimen sich? – Reimformen erkennen

In Gedichten können verschiedene Reimformen vorkommen.

Georg Bydlinski

Wann Freunde wichtig sind

Freunde sind wichtig a
zum Sandburgenbauen, b
Freunde sind wichtig, a
wenn andre dich hauen, b
Freunde sind wichtig
zum Schneckenhaussuchen,
Freunde sind wichtig
zum Essen von Kuchen.

Vormittags, abends,
im Freien, im Zimmer …
Wann Freunde wichtig sind?
Eigentlich immer!

1 Welche Verse reimen sich?
- **a.** Schreibt die Reimwörter untereinander.
- **b.** Kennzeichnet gleich klingende Reimwörter mit gleichen Kleinbuchstaben.

2 Welche Reimform hat das Gedicht? Nutzt das Merkwissen.

Merke

Reimformen:

Paarreim: a a b b	Kreuzreim: a b a b	umarmender Reim: a b b a
Reime am Ende von aufeinanderfolgenden Versen heißen Paarreim.	Reimt sich jeweils der übernächste Vers, spricht man von Kreuzreimen.	Sich reimende Verse, die einen Paarreim umschließen, sind umarmende Reime.

3 Erstellt eine Reimwörter-Sammlung auf Karteikarten.
- **a.** Sammelt gemeinsam Wörter zum Thema Freundschaft.
- **b.** Findet passende Reimwörter und schreibt sie dazu.

wir – dir – hier – …   Mut – gut – Wut – …   Sachen – machen – lachen – …

► Gereimte Gedichte schreiben, S. 193, 195, 199

Die Lesepartitur – einen Gedichtvortrag vorbereiten

Eine Lesepartitur hilft, ein Gedicht ausdruckvoll vorzutragen.

Karlhans Frank

Du und ich

Du bist anders als ich,
ich bin anders als du.
Gehen wir auf-
einander zu,
schauen uns an,
erzählen uns dann,
was du gut kannst,
was ich gut kann,
was ich so treibe,
was du so machst,
worüber du weinst,
worüber du lachst,
ob du Angst spürst bei Nacht,
welche Sorgen ich trag,
welche Wünsche du hast,
welche Farben ich mag,
was traurig mich stimmt,
was Freude mir bringt,
wie wer was bei euch kocht,
wer was wie bei uns singt …
Und plötzlich erkennen wir
– waren wir blind? –,
dass wir innen uns
äußerst ähnlich sind.

Lesepartitur
Du und ich |
von Karlhans Frank

Du bist anders | als ich

Ich | bin anders als du ||
→→→
Gehen wir auf-
→→→→
einander zu, (…)

Info

Die **Vortragszeichen** in einer Lesepartitur zeigen an, wie ein Gedicht vorgetragen werden soll:

____	= Wörter/Wortgruppen betonen
→	= schneller werden
←	= langsamer werden
<	= lauter werden
>	= leiser werden
|	= kurze Pause
||	= lange Pause

1 Wie würdet ihr das Gedicht vortragen?
Geht in drei Schritten vor: Think – Pair – Share.

a. Lies das Gedicht mehrmals, probiere verschiedene Möglichkeiten aus. Think.

b. Fertigt zu zweit eine Lesepartitur an: Schreibt das Gedicht ab, lasst eine Zeile über jedem Vers frei und tragt Vortragszeichen ein. Pair.

c. Tragt das Gedicht mit eurer Lesepartitur vor. Share.

d. Gebt euch gegenseitig ein Feedback zum Vortrag.

Ein Gedicht erschließen

Um ein Gedicht zu verstehen, untersuche ich es genauer.

Ich untersuche den Inhalt.	Was verrät mir der Titel? Um welches Thema geht es? – Was wird beschrieben (z. B. ein Ereignis, Gefühle, Gedanken, eine Stimmung)? – Gibt es einen Sprecher oder eine Sprecherin? – Wird jemand in dem Gedicht angesprochen?
Ich untersuche die Form **– des Gedichts,** **– der Strophen,** **– der Verse,** **– der Reime.**	– Hat das Gedicht eine besondere Form (z. B. Elfchen, Rondell, Bildgedicht)? – Wie viele Strophen hat das Gedicht? – Aus wie vielen Versen bestehen die Strophen? – Werden Strophen oder Verse wiederholt? – Ist das Gedicht gereimt? – Welche Reimformen (z. B. Paarreim, Kreuzreim, umarmender/umschließender Reim) erkenne ich?
Ich untersuche die Sprache.	– Gibt es Wörter oder Wortgruppen, die wiederholt werden? – Gibt es Wörter, die besonders oder ähnlich klingen (z. B. dreihundertdreiunddreißig, dreiunddreißig, drei Freunde)? – Gibt es viele Wörter aus einem bestimmten Wortfeld (z. B. posten, twittern, Internet)?

Ein Gedicht, das ich verstehe, kann ich ausdrucksvoll vortragen.
Mit einer Lesepartitur kann ich den Vortrag vorbereiten.

Info

Eine Lesepartitur anfertigen

- Ich schreibe das Gedicht ab oder kopiere es. Ich lasse über jedem Vers Platz.
- Ich lese das Gedicht mehrmals und probiere Möglichkeiten aus, es vorzutragen.
- Ich trage Vortragszeichen ein, die anzeigen, wie das Gedicht vorgetragen werden soll.

____	= unterstrichene Wörter/Wortgruppen betonen		
→	= schneller werden	←	= langsamer werden
<	= lauter werden	>	= leiser werden
|	= kurze Pause	||	= lange Pause

- Ich lese das Gedicht mit meiner Lesepartitur, bis ich es flüssig vortragen kann.
- Ich achte dabei auf die eingetragenen Vortragszeichen.

Was sind Gedichte?

Gedichte unterscheiden sich von anderen Texten durch ihre besondere Form und ihre Sprache. Ich kann Gedichtmerkmale am Schriftbild und manchmal am Klang erkennen.

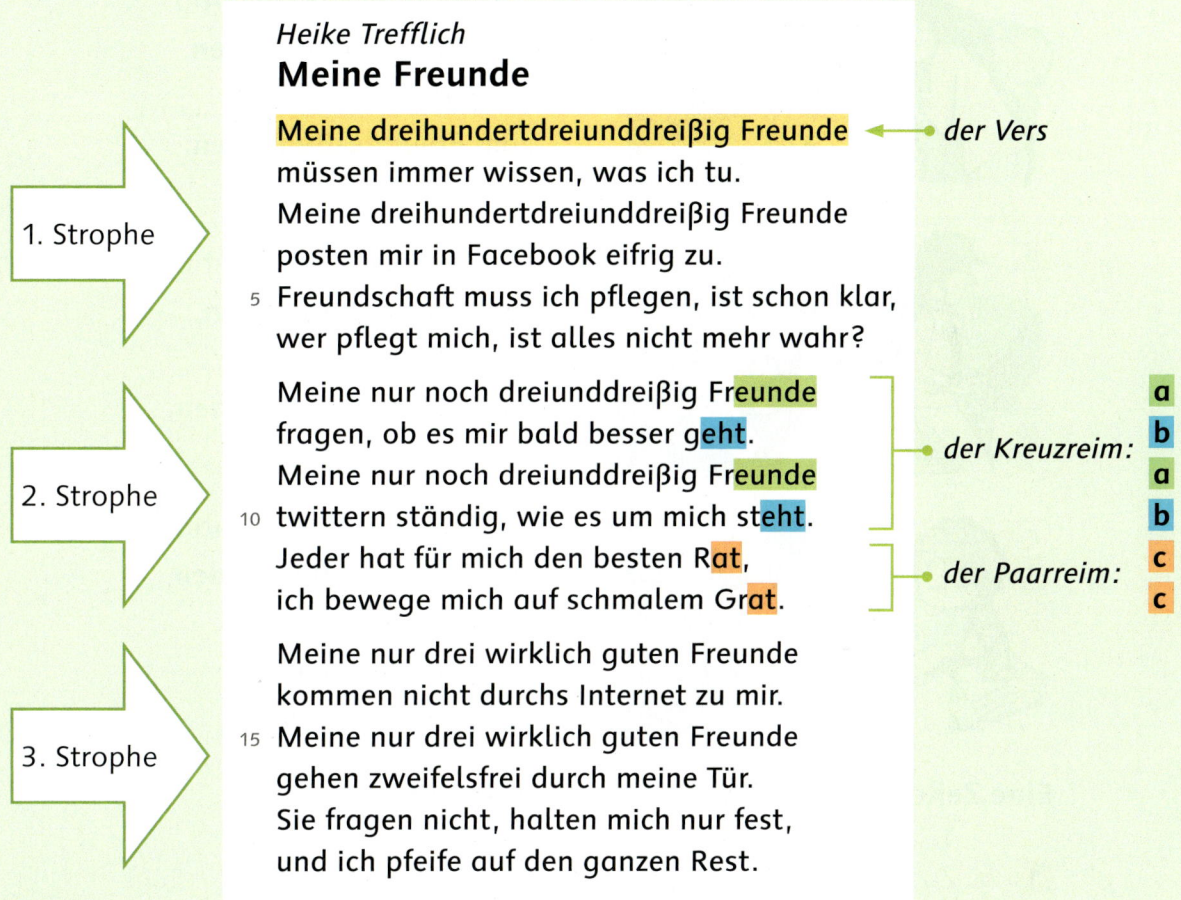

Heike Trefflich

Meine Freunde

1. Strophe

Meine dreihundertdreiunddreißig Freunde ← *der Vers*
müssen immer wissen, was ich tu.
Meine dreihundertdreiunddreißig Freunde
posten mir in Facebook eifrig zu.
Freundschaft muss ich pflegen, ist schon klar,
wer pflegt mich, ist alles nicht mehr wahr?

2. Strophe

Meine nur noch dreiunddreißig Freunde — a
fragen, ob es mir bald besser geht. — b
Meine nur noch dreiunddreißig Freunde — a
twittern ständig, wie es um mich steht. — b
der Kreuzreim: a b a b
Jeder hat für mich den besten Rat, — c
ich bewege mich auf schmalem Grat. — c
der Paarreim: c c

3. Strophe

Meine nur drei wirklich guten Freunde
kommen nicht durchs Internet zu mir.
Meine nur drei wirklich guten Freunde
gehen zweifelsfrei durch meine Tür.
Sie fragen nicht, halten mich nur fest,
und ich pfeife auf den ganzen Rest.

Info

Ein Gedicht ist ein Text, der in Verse (Gedichtzeilen) und Strophen (Abschnitte aus mehreren Versen) unterteilt ist.

Eine Strophe ist ein Gedichtabschnitt, der aus mehreren Versen besteht und durch einen Absatz von weiteren Versen getrennt ist.

Zwei Wörter reimen sich, wenn sie vom letzten Vokal an gleich klingen, z. B. geht – steht. In manchen Gedichten sind Verse durch **Reime** verbunden.

Die regelmäßige Abfolge von Reimen ergibt verschiedene **Reimformen**, z. B. Paarreim (aabb), Kreuzreim (abab), umarmender/umschließender Reim (abba).

Freunde sind wichtig – ein Gedicht erschließen

Georg Bydlinski
Wann Freunde auch noch wichtig sind

A

(1) Freunde sind wichtig
zum Rudern und **Reiten**,
Freunde sind wichtig
zum Freunde-**Begleiten**,

B

(2) Freunde sind wichtig
zum **Aufgabenmachen**,
Freunde sind wichtig
zum Weinen und **Lachen**,

C

(3) Freunde sind wichtig
zum Träumen und **Reden**,
Freunde sind einfach
wichtig für **jeden**!

Eine Zeile in einem Gedicht nennt man Vers.

1 **a.** Zu welchen Versen passen die Bilder? Ordne zu.
b. Welcher Vers wird fünf Mal wiederholt?

2 Wann und wo sind Freunde für dich wichtig?
Schreibe Stichworte auf.

Manche Wörter am Versende reimen sich.

3 Schreibe die Reimwörter auf.

Reiten – begleiten, …

Das Gedicht weiterschreiben und vortragen

Je zwei Verse gehören zusammen.

zum Spielen mit Dingen | zum Sorgenverstehen |
zum Trösten und Fragen | zum Filmesehen |
zum Freizeitverbringen | zum Streiten und Vertragen

1 Schreibe das Gedicht weiter.

Freunde sind wichtig
zum …
Freunde sind wichtig
zum …

Du erkennst Reime auch an ihrem Klang.

2 Welche Verse gehören zusammen?
a. Lies die Verse am Rand leise vor dich hin.
b. Schreibe das Gedicht weiter.

Freunde sind wichtig,
um Würstchen zu grillen
Freunde sind wichtig,
um …

um Würstchen zu grillen
um sich zu verstecken
um gemeinsam zu chillen
um Eis zu schlecken

Wie willst du dein Gedicht vortragen?

3 Trage Zeichen ein:
– Wo willst du eine Pause machen?
– Welche Wörter willst du betonen?

Freunde sind wichtig |
zum Spielen mit Dingen

▶ Die Lesepartitur, S. 189, 190

Pause = |
Betonung = ____

4 Lies dein Gedicht mehrmals oder lerne es auswendig.
Achte auf die eingetragenen Zeichen.

Streit und Freundschaft – ein Gedicht erschließen

Streit kommt vor. Am Anfang dieses Gedichts werden Anlässe dafür genannt.

Frantz Wittkamp
Warum Raben sich streiten

Weißt du, warum Raben sich streiten?
Um Würmer und Körner und Kleinigkeiten,

um Schneckenhäuser und Blätter und Blumen
und Kuchenkrümel und Käsekrumen,

und darum, wer recht hat und unrecht, und dann
auch darum, wer schöner singen kann.

Mitunter streiten sich Raben wie toll
darum, wer was tun und lassen soll,

und darum, wer erster ist, letzter und zweiter
und dritter und vierter und so weiter.
(...)

1 Warum streiten sich Raben?
a. Schreibe passende Verse auf.
b. Zu welchem Vers passt das Bild?

2 Warum streiten Freunde und Freundinnen manchmal?
Schreibe Beispiele auf.

Jeder Streit hat einmal ein Ende.

3 Schreibe Vorschläge auf, einen Streit unter Freunden/Freundinnen zu beenden.

4 Wie endet der Streit der Raben? Ergänze das Gedicht.
a. Schreibe zuerst auf, welche Wörter sich in den Versen 1 bis 10 reimen.

streiten – Kleinigkeiten, ...

b. Schreibe dazu die vier Verse vom Rand in der richtigen Reihenfolge auf.
c. Markiere die Reimwörter in deinem Heft.

Und wenn der Streit mal zu Ende ist,
Komm, wir wollen uns wieder vertragen!
Raben streiten um jeden Mist.
weißt du, was Raben dann sagen?

Das Gedicht umschreiben, ein Gedicht vortragen

1 Wie unterscheidet sich ein Streit zwischen Raben von einem Streit unter Freunden? Schreibe das Gedicht um.
- Ersetze das Wort Raben immer durch Freunde oder Freundinnen.
- Ersetze unterstrichene Wörter, die Anlässe für den Streit der Raben angeben.

2 Erweitere deine Reimwörter-Sammlung von Seite 188.
a. Erstelle weitere Karteikarten mit Reimwörtern.
b. Ergänze eigene Reimwörter.

dauerhaft | entzweit | krachen | anspruchsvoll | Freundschaft | toll | Streit | lachen | beispielhaft | vertrauensvoll | Süßigkeit | Sachen

Wähle zwischen den Aufgaben 3 1 und 3 2.

3 1 **a.** Schreibe mit deiner Reimwörter-Sammlung das folgende Gedicht weiter.
b. Schreibe eine passende Überschrift über das Gedicht.

Leute gibt es massenhaft,
doch du bist einfach sagenhaft.

▶ Die Reimwörter-Sammlung, S. 188

3 2 Schreibe ein Elfchen über Freundschaft.

Info

Aufbau eines Elfchens

Ein Elfchen besteht aus elf Wörtern, die in dieser Form angeordnet sind:

Lachen	(Vers 1: ein Wort)
Zu zweit	(Vers 2: zwei Wörter)
Über deinen Witz	(Vers 3: drei Wörter)
Bis ich Bauchschmerzen habe	(Vers 4: vier Wörter)
Freudentränen	(Vers 5: ein Wort)

4 Bereite einen Gedichtvortrag mit Hilfe einer Lesepartitur vor.

▶ Die Lesepartitur, S. 189, 190

1 *1. Strophe: Stifte und Hefte, Wörter und Sätze, …*
2. Strophe: Videoclips, Musik und Sänger und Klingeltöne und Schlüsselanhänger
3. Strophe: besser malen, toller skaten, schneller …

Wie ist ein Freund? – Ein Gedicht erschließen

Freunde können verschieden sein, aber in einigen Eigenschaften ähneln sie sich.

Helmut Zöpfl
Ein Freund

Jemand, der da ist, geht's dir mal nicht gut,
und der, was er kann, für dich dann auch tut,
der Zeit für dich hat, viel Zeit jederzeit,
und der zu dir steht in Freud und in Leid,
der gern mit dir froh ist, der gern mit dir lacht,
der Spaß versteht und Gaudi[1] mitmacht.
Und selbst, wenn alles um dich herum fällt,
nicht auslässt und jetzt erst recht zu dir hält,
jemand, der da ist, wie es auch steht,
durch dick und durch dünn für dich immer geht,
ein Mensch, auf den man todsicher baut,
vor dem man denken darf, sogar laut.
Wenn du so irgend jemand kennst, pass auf immerdar;
denn das ist ein Freund, und Freunde sind rar[2].
Freunde kannst du nicht kaufen für noch so viel Geld,
einen Freund musst du suchen wie nichts auf der Welt.

[1] die Gaudi – die Späße, die Scherze [2] rar – selten, kostbar

1 Wie ist ein Freund oder eine Freundin?
Schreibe Adjektive auf, die zur Beschreibung im Gedicht passen.

verlässlich – Vers 1

2 Schreibe auf, was dir an einem Freund/an einer Freundin wichtig ist.

Das Gedicht hat eine besondere Form.

3 **a.** Schreibe auf, welche Wörter am Ende der Verse sich reimen.
b. Bestimme die Reimform.

▶ Die Reimformen, S. 188, 191

4 Ändere die Reimform.
Stelle vier Verse so um, dass eine andere Reimform entsteht.

Ein Rondell schreiben und vortragen

Anna hat ein Gedicht über Freundschaft geschrieben.

Durch dick und dünn

Mit dir
durch dick und dünn.
Jetzt und für immer.
Mit dir
kichern ohne Grund,
zusammen einfach unschlagbar.
Mit dir
durch dick und dünn.
Anna, 5a

1 Wie wird die Freundschaft beschrieben?
Schreibe Stichworte auf.

Diese Gedichtform nennt man Rondell.

2 Beschreibe die Merkmale eines Rondells.
a. Untersuche die Anzahl der Verse.
b. Untersuche, welche Verse sich wiederholen.
c. Untersuche, in welcher Reihenfolge die Verse wiederholt werden.

Nun kannst du ein eigenes Rondell schreiben.

3 Schreibe ein Rondell zum Thema Freundschaft.
Nutze deine Ergebnisse zu Aufgabe 2.
Tipp: Du kannst die Verse am Rand nutzen.

Dich gibt's nur einmal
So haben wir uns angefreundet

So bereitest du dich darauf vor, dein Rondell vorzutragen:

4 Fertige eine Lesepartitur an.
a. Schreibe dein Rondell groß und gut lesbar auf.
b. Ergänze Zeichen, die dir beim Vortragen helfen.

▶ Die Lesepartitur, S. 189, 190

5 Lies dein Rondell mehrmals oder lerne es auswendig.
Achte auf die eingetragenen Zeichen.

Wahre Freundschaft? – Gedichte untersuchen und produktiv mit ihnen umgehen

Freunde und Freundinnen verhalten sich verschieden.

Regina Schwarz

A

Bei Jörg ist das so:

Ist der Marc bei ihm,
dann lässt er mich stehn,
und ich kann nach Hause gehen.

Ist der Sven bei ihm,
dann lässt er mich stehn,
und ich kann nach Hause gehen.

Ist die Silke bei ihm,
dann lässt er mich stehn,
und ich kann nach Hause gehen.

Ist Jörg aber allein,
dann sagt er: „Komm rein!“

Hans Manz

B

(Eine steht immer im Mittelpunkt.)

```
B R I G I T T E
A             U
R             G
B   I N G E   E
A             N
R             I
A M B R O S I A
```

Volkslied

C

Wahre Freundschaft soll nicht wanken,
wenn sie gleich entfernet ist,
lebet fort noch in Gedanken
und der Treue nie vergisst.

Keine Ader soll mehr schlagen,
wo ich nicht an dich gedacht.
Ich will Sorge für dich tragen
bis zur späten Mitternacht.

Wenn der Mühlstein trägt die Reben
und daraus fließt kühler Wein,
wenn der Tod mir nimmt das Leben,
hör ich auf, getreu zu sein.

1 Welche Überschriften passen zu den Gedichten?
- **a.** Finde eigene Überschriften und schreibe sie auf.
- **b.** Vergleiche sie mit einer Partnerin oder einem Partner.

2 Welche Gedichtmerkmale kennst du? Nenne Beispiele aus diesen Gedichten.

B *Eugenia und Ambrosia sind altertümliche Mädchen-/Frauennamen*

Du untersuchst die Gedichte genauer.

3 Vergleiche den Inhalt der Gedichte.
Was haben sie gemeinsam? Worin unterscheiden sie sich?

4 Erläutere, wie die Gedichte aufgebaut sind.
Nutze dazu die folgenden Fachbegriffe am Rand.

Strophe(n), Vers(e), Reim(e), Reimform, Wiederholung(en), Bildgedicht

5 Wodurch zeichnet sich wahre Freundschaft aus?
Schreibe deine Meinung auf und gehe dabei auf Inhalt und Form der Gedichte ein.

Bearbeite mindestens zwei der folgenden Aufgaben 6 1, 6 2, 6 3:

6 1 Verfasse zu Gedicht A eine weitere Strophe.
Verwende die gleiche Reimform wie in den übrigen Strophen.
Achte darauf, dass deine Strophe inhaltlich zu den anderen Strophen passt.

6 2 Welches Bild passt aus deiner Sicht zum Thema Freundschaft?
Schreibe dazu ein Elfchen, ein Rondell oder ein Bildgedicht.

▶ Das Elfchen, S. 195; das Rondell, S. 197

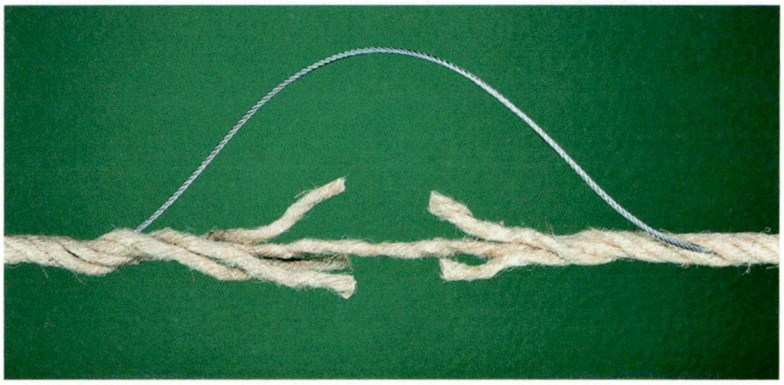

6 3 Schreibe ein Gespräch unter Freunden zu Gedicht A oder B.
- Jörgs Freunde sprechen ihn auf sein Verhalten an.
- Inge, Brigitte, Eugenia, Ambrosia und Barbara sprechen über ihre Freundschaft.

So kannst dich darauf vorbereiten, ein Gedicht ausdrucksvoll vorzutragen:

7 Wähle ein Gedicht aus diesem Kapitel, das dir besonders gefällt.
a. Mache Notizen zum Inhalt des Gedichts.
b. Überlege, wie du den Zuhörern helfen kannst, die wichtigen Aussagen zu verstehen.

8 Fertige eine Lesepartitur an.
a. Schreibe das Gedicht groß und gut lesbar auf.
b. Trage Zeichen für Betonungen, Pausen, Sprechtempo und Lautstärke ein.
c. Lies die Partitur mehrmals, bis du das Gedicht ausdrucksvoll vortragen kannst.

▶ Die Lesepartitur, S. 189, 190

Gedichte schriftlich und mündlich präsentieren

Ihr habt Gedichte über Freundschaft kennen gelernt, weitergeschrieben, umgeschrieben sowie eigene Gedichte und andere Texte dazu verfasst.

Unser Freundschaftsbuch

1 Stellt ein Buch mit euren Gedichten und Texten aus diesem Kapitel zusammen.

a. Schreibt die Texte einzeln auf ein Blatt.
Tipp: Ihr könnt eure Texte auch verzieren.

b. Ordnet die Blätter in der Reihenfolge eurer Wahl.

c. Sammelt Vorschläge und einigt euch auf einen Titel für euer Buch.

d. Gestaltet ein Deckblatt.

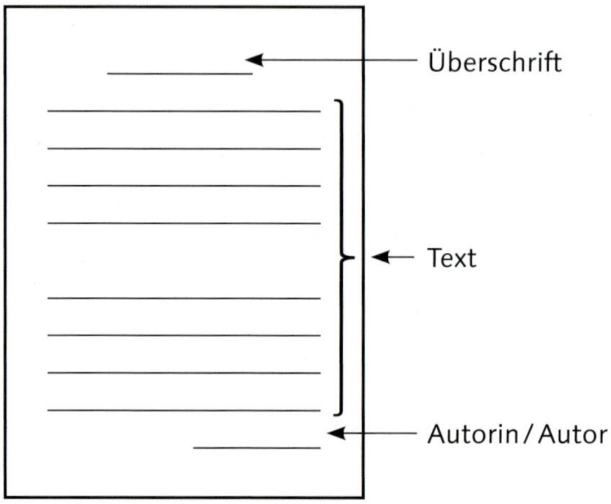

Poetry-Party

2 Tragt ein Gedicht eurer Wahl auf einer Poetry-Party vor.
Bereitet die Party in gemischten Gruppen vor:

- Probt euren Gedichtvortrag.
- Verteilt Aufgaben: Wer kümmert sich um was?
- Sammelt Ideen: Wie können die Zuhörer einbezogen werden?
- Veranstaltet eure Party.

Wo/Wann findet die Party statt?
Wo sitzen die Zuhörer?
Gibt es eine Bühne?
Werden Gäste eingeladen?
Gibt es eine Moderation?
...

Gedichtvorträge auswerten

**Wie sind eure Gedichtvorträge bei den Zuhörern angekommen?
Mit Hilfe dieser Checklisten könnt ihr euch ein Feedback geben lassen.**

Checkliste

Ein Gedicht ausdrucksvoll vortragen	**Ja**	**Noch nicht**
1. Du hast dich so hingestellt, dass dich alle sehen konnten.		
2. Du hast erst angefangen, als alle ruhig waren.		
3. Du hast frei gesprochen und die Zuhörer beim Vortrag angesehen.		
4. Du hast so gesprochen, dass du gut zu verstehen warst.		
5. Du hast flüssig vorgetragen.		
6. Du hast die Überschrift und den Autor/die Autorin genannt.		
7. Du hast deine Stimme und Sprechweise (Betonung, Pausen, Lautstärke, Sprechgeschwindigkeit) abwechslungsreich eingesetzt.		

1 Schreibt die Checkliste ab und ergänzt, wenn nötig, weitere Sätze.

2 Nutzt die Checkliste. Arbeitet in gemischten Gruppen: 🍐, 🍊, 🍒, 🫐

a. Wer achtet auf was? Verteilt die Checkpunkte.

b. Macht euch während des Vortrags Notizen zu den einzelnen Checkpunkten.

c. Gebt euch gegenseitig ein Feedback zu jedem Vortrag. ▶ Gesprächsregeln, S. 19

Tarik, Anna und Naomi haben ihr Feedback so begründet.

Paul hat viele Pausen gemacht und dadurch die Spannung erhöht.
Tarik
Die fröhliche Stimmung des Gedichts konnte ich an Pauls Sprechweise gut erkennen.
Anna
Mir hat gefallen, dass Paul seinen Vortrag durch Mimik und Gestik unterstützt hat.
Naomi

3 Was ist euren Mitschülerinnen und Mitschülern besonders gut gelungen? Begründet euer Feedback.

8 Spannend! – *Jugendbücher lesen und präsentieren*

Die Buchcover gehören zu drei spannenden Jugendbüchern.

Hier geht es sicher um eine Schatzsuche – das ist bestimmt ein spannendes Buch.

Haifischzähne und Fahrräder – wie passt das zusammen?

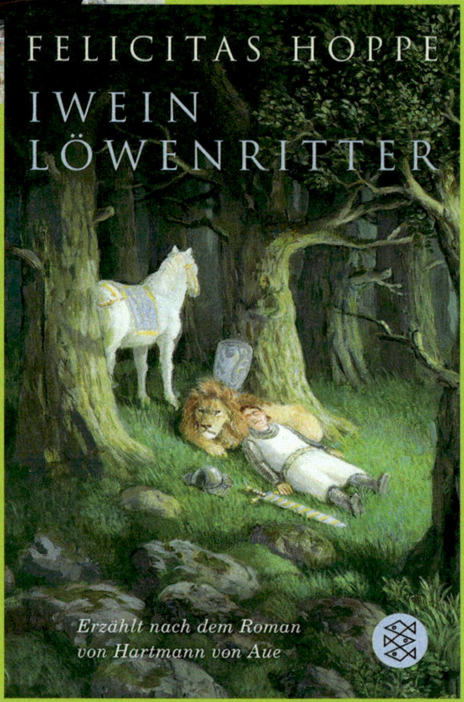

1 Was verraten euch die Bilder über den Inhalt der Bücher?

2 Was sagen euch die jeweiligen Titel über den Inhalt?

3 Welches Buchcover macht euch neugierig?

Die folgenden Texte gehören zu den Buchcovern auf S. 202. Sie heißen Klappentexte und stehen jeweils auf der Rückseite.

Einmal mit dem Rad rund ums Ijsselmeer. 360 Kilometer an einem Tag und in einer Nacht. Eine verrückte Idee, aber Atlanta ist wild dazu entschlossen. (...) Ärgerlich nur, dass sie gleich am Anfang mit Finley zusammenstößt, der auch vor irgendetwas wegläuft. Oder ist das doch eher ein Glück? Jedenfalls fahren sie nun gemeinsam weiter, ausgerüstet mit Wasserflaschen, zwölf Käsebroten und Haifischzähnen. Denn dem Schicksal begegnet man am besten nicht unbewaffnet.

Iwein ist jung, er ist stark und er ist ein Ritter – der Beste der Besten! So gewinnt er auch das Herz der schönen Laudine. Bis zu seinem Lebensabend könnte er nun glücklich sein, an der Seite seiner Frau und als Herrscher vom Land Nebenan. Aber muss ein Ritter nicht immer kämpfen, um sich zu beweisen? (...) Er kämpft mit Drachen, gewinnt einen Löwen zum Freund und besiegt sogar einen Riesen. Doch das größte aller Abenteuer wartet noch auf ihn.

Als Benno, Georg, Jan und Jutta heimlich mit einem alten Segelboot aufbrechen, um auf einer der vielen unbewohnten Inseln einen längst vergessenen Schatz zu heben, werden sie in immer abenteuerlichere Geschehnisse verwickelt. (...) Doch damit nicht genug: Vor Pagensand erleiden die vier Schiffbruch und müssen plötzlich völlig auf sich gestellt um ihr Überleben kämpfen. ...

4 **a.** Was verraten die Texte über den Inhalt der Bücher?
b. Welcher Text gehört zu welchem Cover?

8 Spannend! – *Jugendbücher lesen und präsentieren*

In diesem Kapitel informiert ihr euch über Jugendbücher, lest und stellt sie vor.

Cover und Klappentext – erste Informationen finden

Das Cover eines Buches entscheidet oft schon darüber, ob ihr das Buch lesen möchtet, denn das Cover-Bild und der Titel verraten etwas über den Inhalt.

1 a. Seht euch das Cover an. Was ist euer erster Eindruck von dem Buch?
b. Seht nun genauer auf das Cover. Was verrät das Bild über das Buch? Sprecht über eure Vermutungen.

2 Lest den Buchtitel. Was sagt euch der Titel über den Inhalt des Buches?

3 a. Wie passen Cover-Bild und Titel zusammen?
b. Was möchtet ihr über die beiden Jungen erfahren? Schreibt jede/jeder eine Frage auf eine Frage-Karte.

4 Wer ist die Autorin oder der Autor des Buches? Notiert den Namen.

Die Informationen des Covers benötigt ihr für die spätere Buch-Präsentation.

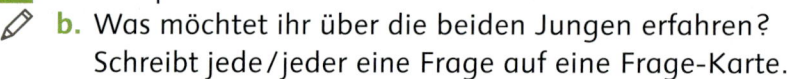

5 a. Legt eine Karteikarte an.
b. Sammelt die Karten für eure Präsentation. Tipp: Ihr könnt auch eine Lesemappe anlegen.

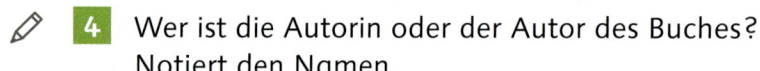

Das Cover
– Der Titel des Buches:
Der Tag, an dem ich cool wurde

– Das Cover-Bild:
Auf dem Cover sind zwei Jungen zu sehen, der eine …

▶ Eine Lesemappe anlegen, S. 212

2 *Es geht wohl um einen besonderen Tag … / Cool bedeutet … / Es geschieht etwas …*

Viele Bücher haben auf der Rückseite einen Klappentext. Er enthält weitere Informationen über den Inhalt.

6 Lest den Klappentext.

Martin und Karli wären gern cool. So cool wie Lucas und seine „FabFive". Die finden Martin und Karli maximal uncool und machen ihnen das Leben mit so fiesen Sachen wie sauer gewordener Sahne im Ranzen und permanenten[1] Gemeinheiten ziemlich schwer. Das geht zu weit, finden Martin und Karli. Leider geht ihr Racheplan gründlich schief und endet zur Strafe in einem öden Campingurlaub. Aber dann werden es doch noch klasse Ferien – erst recht, als sie herausfinden, dass Lucas gar nicht der Superheld ist, der er vorgibt zu sein …

[1] permanent: andauernd, ständig

7 **a.** Welche Informationen enthält der Klappentext?
b. Wie passen die Informationen zu euren Vermutungen in den Aufgaben 1 und 2? Sprecht darüber.

8 Was verrät der Klappentext über die Figuren im Buch?
a. Ergänzt dazu die folgenden Satzanfänge:

▶ Die Handlungsbausteine, S. 154

Die Hauptfiguren sind
Sie sind unzufrieden, weil
Sie wünschen sich
Sie versuchen
Es endet erst einmal

b. Schreibt die Informationen auf zwei weitere Karteikarten.

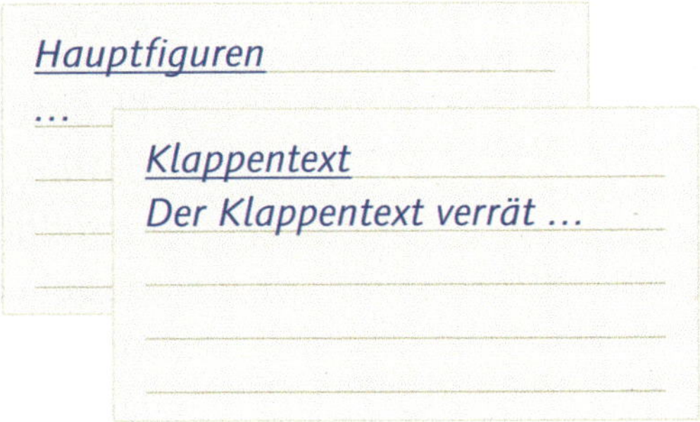

9 Was verrät der Klappentext nicht?
a. Schreibt Fragen auf eure Frage-Karte.
b. Wie könnten eure Fragen beantwortet werden? Stellt Vermutungen an.

8 – *Personen in einer Geschichte nennt man Figuren oder Hauptfiguren, wenn sie für die Geschichte besonders wichtig sind.*

9 **a.** – *Wer sind die FabFive?*
– *Was ist das für ein Racheplan? …*

Wie gruselig! – Den Anfang lesen und untersuchen

Im Klappentext habt ihr schon einiges über den Inhalt des Buches erfahren. Der Buchanfang führt euch mitten in die Geschichte.

Fehlstart: Der Antrieb klemmt

Ich stecke fest.

Ich stecke komplett fest.

Da kann ich ruckeln und strampeln, wie ich will, es geht nichts. Kein Zentimeter.

Ich bin eingezwängt in eine orangefarbene Plastikrutsche in unserem Freibad und komme nicht vor und nicht zurück. Es ist stockfinstere Nacht, ich bin alleine und einsam und es ist gruselig. Manchmal höre ich eine Eule: Hu-huuuuu-hu, hu-huuuuu-hu.

Es ist schon sehr spät, mitten in der Nacht. (Genau weiß ich es nicht, weil ich meine Armbanduhr nicht sehen kann, mein Arm steckt nämlich genauso fest wie der ganze Rest von mir, und das ist nicht wenig.)

Jetzt muss ich warten, bis jemand kommt und mich aus dieser Lage befreit, und das kann dauern. Karli, mein bester (und einziger) Freund, ist nämlich gerade erst ein paar Minuten weg, um Hilfe zu holen, und dafür muss er ein ganzes Stück weit laufen.

Es graust mir jetzt schon davor, dass gleich einige Leute auftauchen werden, die mich aus der Plastikröhre ziehen und sich dabei schlapplachen werden. Bestimmt sind Polizisten dabei und bei meinem Pech wohl auch noch die Feuerwehr. Lucas' Vater ist bei der freiwilligen Feuerwehr. Damit weiß es Lucas, mein Todfeind, spätestens morgen beim Frühstück.

Spätestens nach der ersten großen Pause lachen sie alle, die ganze Schule.

Und diese grauenvolle Vorstellung ist noch die beste Variante[1] von den Es-geht-in-die-Hose-Szenarien[2].

Das Allerschlimmste wäre, wenn jetzt die FabFive hier auftauchen und mich eingeklemmt in der Rutsche finden würden. Das wäre das Ende, der Super-GAU[3], der finale[4] Todesstoß für meine Person und muss unter allen Umständen verhindert werden. Deswegen ist Karli eben losgerannt, als wäre der Teufel persönlich hinter ihm her, denn die FabFive werden hier auftauchen. Fragt sich nur, wann. Und genau deswegen sind Karli und ich eigentlich hierhergekommen. Wir wollten unsere Todfeinde überraschen. Die haben nämlich heimlich geplant, heute um Mitternacht ins Freibad einzusteigen und dort herumzuplanschen. Das ist bei ein paar Leuten aus den oberen Klassen gerade der angesagte Sommerspaß. Und weil die FabFive sich für die Coolsten unserer Klassenstufe halten, wollten sie sich natürlich auch nachts im Freibad lässig wie die Großen im Becken herumfläzen. Blöd, wie sie sind, haben sie sich aber belauschen lassen. Die dachten wirklich, niemand bemerkt es, wenn sie sich während der großen Pause, wo alle auf den Schulhof müssen, im Heizungskeller verstecken! Tja, und da war für Karli und mich klar, dass das die Gelegenheit war, uns an den FabFive zu rächen. Wir haben nämlich mit diesen oberfiesen Kerlen eine gewaltige Rechnung offen.

[1] Variante: eine von verschiedenen Möglichkeiten
[2] Szenarien: Pluralform von das Szenario: eine Vorstellung, wie sich eine Situation entwickeln könnte
[3] GAU: Abkürzung für: der größte anzunehmende Unfall
[4] final: endgültig

1 a. In welcher Situation befindet sich der Junge? Wie fühlt sich der Junge?
b. Wer kann dieser Junge sein? Lest noch einmal den Klappentext.
c. Wie passt diese Situation zu dem Klappentext? Überlegt gemeinsam.

2 Welche eurer offenen Fragen von Seite 205, Aufgabe 9 werden schon beantwortet?

3 Was verraten euch der Text und das Bild über Martin?
a. Stellt euch gegenseitig Fragen zu Martin.
b. Schreibt die Antworten aus dem Text auf.

4 Was wollt ihr bei einer Buchpräsentation über Martin erzählen? Ergänzt eure Karteikarte Hauptfiguren.

3 a. *Wie sieht Martin aus? Wer ist sein bester Freund? Wer ist sein …? …*

Für die Spannung in einer Geschichte kann es wichtig sein, an welchem Ort und zu welcher Zeit sie spielt.

5 An welchem Ort befindet sich Martin?
- **a.** Schreibt den Ort auf eine weitere Karteikarte.
- **b.** Was ist das Besondere an diesem Ort? Beschreibt, wie ihr euch den Ort vorstellt.

Ort der Geschichte
...

6 Zu welcher Zeit spielt die Geschichte?
- **a.** Schreibt die Tageszeit auf eine Karteikarte.
- **b.** Warum hat die Autorin diese Tageszeit gewählt? Sprecht über eure Vermutungen.
- **c.** Sucht Textstellen heraus, die eure Vermutungen begründen können.

Zeit, in der die Geschichte spielt
...

7 Wie wirken der Ort und die Zeit auf euch? Beschreibt euch gegenseitig die Stimmung, in der sich Martin befindet.
Tipp: Ihr könnt aus den Wörtern am Rand auswählen.

lustig, ernst, gruselig, traurig, geheimnisvoll, beängstigend, heiter

8 Wie geht es mit Martin weiter? Was passiert außerdem in der Nacht? Gestaltet mit euren Ideen und Vermutungen ein Blatt für eure Lesemappe oder schreibt eine mögliche Fortsetzung auf eine Karte.

Eine Geschichte kann aus unterschiedlicher Sicht erzählt werden. Sie kann in der Ich-Form oder Er- oder Sie-Form erzählt werden.

9 Wer erzählt die Geschichte in diesem Buch? In welcher Form wird die Geschichte erzählt? Sprecht in der Klasse darüber.

10 Stellt euch vor, einer der FabFive erzählt seinen Freunden, in welcher Situation er Martin gesehen hat.
- **a.** Erzählt euch Martins Situation gegenseitig aus der Sicht der FabFive.
- **b.** Was ist an der Geschichte jetzt anders? Sprecht darüber.

11 Ihr habt nun schon viele Informationen zu dem Buch gesammelt.
- **a.** Informiert euch mit Hilfe eurer Karten darüber, was ihr über das Buch wisst.
- **b.** Sprecht darüber, wie euch dieser Buchanfang gefällt. Begründet.

10 **a.** *Stellt euch vor, ich komme ins Freibad und da sehe ich den uncoolen Martin in der Rutsche klemmen, und wie er dann … es war zum …*

Ein Buch präsentieren, ausdrucksvoll vorlesen

Die Klasse 5a plant eine Buchvorstellung zu dem Buch „Der Tag, an dem ich cool wurde“. Die Schülerinnen und Schüler überlegen, wie eine gute Präsentation gelingen kann.

Anna

Wir brauchen die Karteikarten mit allen Informationen. Aber vielleicht finden wir auch was zum Vorzeigen, das zu Martin passt – eine Sonnenbrille vielleicht?

Ich zeichne Martin auf ein Plakat. Ihr könnt dann dazuschreiben, was man über ihn wissen muss. Die Blätter hängen wir auf eine Lese-Leine.

Tarik

Naomi

Am besten, wir legen alles, was wir zeigen wollen, in einen Lese-Kasten, also das Cover, die Gegenstände …

Wir müssen unbedingt üben, dass wir die Texte nicht nur ablesen.

Paul

1 Welche Ideen haben Naomi, Tarik, Anna und Paul für eine Buchpräsentation? Welche Ideen findet ihr gut? Sprecht darüber.

2 Wie würdet ihr das Buch vorstellen? Tragt eure Ergebnisse zusammen.

a. Überlegt, welche Informationen zu dem Buch wichtig sind.

b. Notiert, womit ihr außerdem auf das Buch neugierig machen wollt, z. B.:

Textausschnitte, Gegenstände, Bilder …

c. Schreibt auf, weshalb euch das Buch gefällt.

3 Erstellt eine Checkliste für eure Präsentation.

Checkliste für eine Präsentation
- *Ich habe die Karteikarten mit den Informationen geordnet.*
- *Ich habe spannende Textstellen ausgewählt.*
- *…*

Beim Vorlesen ist eure Stimme euer wichtigstes Instrument.
Bevor ihr gut vorlesen könnt, solltet ihr den Text gut kennen und verstehen.

In diesem Kapitel erzählt Martin, was in der Nacht im Freibad weiter passiert ist.

1 Lest den Text einmal durch.

Bruchlandung!

Die Stimmen wurden lauter.
Wer auch immer es war, sie kamen näher.
Es raschelte.
Mir liefen eiskalte Schauer über den Rücken.
Erschien Lucas gleich am Beckenrand?
Würde ich jetzt für alle Ewigkeiten zum Gespött der Schule werden?
Ich schloss die Augen.
„Hey“, rief jemand.
Das war doch …
Ich öffnete ein Auge.
„Huhu“, quietschte der Jemand.
Das war doch Karli!
Ich machte das zweite Auge auf.
Schon erschien Karlis Kopf am Beckenrand.
„Mann, hast du mich erschreckt!“, rief ich.
„Ich hab Hilfe mitgebracht“, sagte Karli und grinste breit.
Zwei weitere Köpfe kamen in mein Blickfeld.
Das war der Moment, in dem mein Herz schon mal ohne mich nach unten plumpste. (Jedenfalls kam es mir so vor.)
„Du hast wohl nicht mehr alle Tassen im Schrank“, sagte der eine Kopf, der eindeutig zu Papa gehörte.

2 **a.** Lest genau. Findet Antworten auf die folgenden Fragen:
- Wie fühlt sich Martin in der Rutsche?
- Wie fühlen sich Karli und Martins Papa?

b. Legt eine Folie über den Text und markiert wichtige Wörter.

3 a. Sprecht darüber, welche Gefühle ihr beim Vorlesen deutlich machen wollt.
b. Schreibt Stichwörter auf.

Martin: hat Angst, Karli: ..., Papa: ...

4 Übt zu zweit, wie ihr den Buchausschnitt spannend vorlesen wollt.
a. Probiert aus, wie ihr die verschiedenen Gefühle am besten ausdrücken könnt:

laut lesen, flüstern, mit zittriger Stimme sprechen, langsam lesen, schnell lesen, ...

b. In den folgenden Zeilen sind Betonungen und Pausen markiert.
Lest euch die Zeilen gegenseitig vor.

Die **Stimmen** wurden lauter. ||

Wer auch immer es war, / sie **kamen näher**. ||

Es raschelte. ||

Mir liefen **eiskalte Schauer** über den Rücken.

Erschien **Lucas** gleich am Beckenrand? |

Würde ich jetzt für alle Ewigkeiten **zum Gespött der Schule** werden? ||

Ich schloss die Augen.

5 Bereitet jetzt den ganzen Text zum Vorlesen vor.
a. Tragt auf der Folie (siehe Aufgabe 2) Betonungen und Pausen ein.
b. Hebt die Wortgruppen in wörtlicher Rede besonders hervor.
Verändert dabei eure Stimme so, dass sie z. B. zu Papa passt.

„Du hast wohl nicht mehr alle Tassen im Schrank", sagte der eine Kopf, der eindeutig zu Papa gehörte.

c. Überlegt, wie Karli sprechen könnte. Probiert verschiedene Varianten aus.

6 a. Lest den Buchausschnitt vor Zuhörern vor.
b. Besprecht, was gut gelungen ist und was ihr noch verbessern könnt.
Tipp: Orientiert euch an der Arbeitstechnik:
Ausdrucksvoll vorlesen.

► Ausdrucksvoll vorlesen, S. 212

| *bedeutet: eine kurze Pause machen*
|| *bedeutet: eine längere Pause machen*
↗ *bedeutet: die Stimme heben*
↘ *bedeutet: die Stimme senken*

Informationen zu einem Buch sammeln

**Bevor ich ein Buch präsentiere, verschaffe ich mir einen Überblick.
Ich notiere alle wichtigen Informationen in Stichworten z. B. auf Karteikarten.
Ich lege eine Lesemappe an.**

Ich sehe mir das Cover an: – Cover-Bild – Titel – Autorin oder Autor	– Welche Informationen enthält das Cover-Bild? – Was verrät mir der Titel? – Wer hat das Buch geschrieben? Kenne ich die Autorin oder den Autor vielleicht schon?
Ich lese den Klappentext.	– Was verrät der Klappentext über den Inhalt, über die Figuren? Figuren nennt man in einer Geschichte die Personen. – Welche Fragen bleiben offen?
Ich lese den Buchanfang oder einen Buchausschnitt. Ich stelle Fragen an das Buch und nutze dazu die Handlungsbausteine.	– In welcher Situation befindet sich die Hauptfigur? – Welchen Wunsch hat die Hauptfigur? – Welches Problem muss gelöst werden? – Wie reagiert die Hauptfigur? – Wie könnte die Geschichte enden? Tipp: Ein Textausschnitt muss nicht alle Fragen beantworten können.
Ich suche im Text nach Hinweisen: – **Wo und wann spielt die Geschichte?** – **Wird in Ich- oder Er-/Sie-Form erzählt?**	– An welchem Ort befindet sich die Hauptfigur? Wie wirkt der Ort auf mich? – Zu welcher Zeit (z. B. Tageszeit) geschieht etwas? Es kann auch gemeint sein: in unserer Gegenwart, vor sehr langer Zeit, in der Zukunft. – Wer erzählt die Geschichte in welcher Form, z. B. in der Ich-Form, Er-Form, Sie-Form?

Arbeitstechnik

Eine Lesemappe anlegen

In einer Lesemappe sammle ich Informationen, eigene Texte und Bilder zu einem Buch.

- Ich gestalte ein **Deckblatt** mit dem Titel und einem Bild.
- Ich lege alle **Informationen** (Karteikarten) zum Buch sowie **meine eigenen Texte** mit **Ideen, Gedanken, Vermutungen** zu den Figuren, zu den **Handlungsbausteinen, zu Ort und Zeit** hinein.
- Ich schreibe auf, welche **meine Lieblingsstelle** in dem Buch ist.
- Ich sammle **Bilder**, die ich selbst gestaltet oder zu dem Buch gefunden habe.
- Ich schreibe ein **Inhaltsverzeichnis**.

Ein Buch präsentieren

**Mit meiner Präsentation stelle ich ein Jugendbuch vor.
Gleichzeitig möchte ich meine Klasse auf das Buch neugierig machen.**

Ich zeige den Zuhörerinnen und Zuhörern das Buchcover.	*Ich nenne den Titel und die Autorin/den Autor des Buches.* *Ich spreche darüber, was mir das Cover-Bild und der Titel über den Inhalt des Buches verraten haben.*
Ich informiere knapp über den Inhalt.	*Ich lese den Klappentext vor und erzähle,* *– was ich nun schon über die Hauptfigur weiß,* *– was mich auf das Buch neugierig macht,* *– welche offenen Fragen mich besonders interessieren.*
Ich stelle die Hauptfigur vor und weitere wichtige Figuren.	*Ich erzähle,* *– in welcher Situation sich die Hauptfigur befindet und was sie sich wünscht,* *– welches Problem gelöst werden muss und wie das geschieht – ich verrate aber nicht zu viel.* *In einem Kasten habe ich Gegenstände, die zu den Figuren passen; ich stelle sie vor.*
Ich erzähle kurz, wo und wann die Geschichte spielt.	*Ich zeige zum Ort der Geschichte eine Illustration aus dem Buch oder ein Bild, das ich gemalt habe.*
Ich lese einen Abschnitt ausdrucksvoll vor und übe das zuvor.	
Ich erkläre, warum mir das Buch gut gefällt oder was mir nicht so gut gefällt.	

Arbeitstechnik

Ausdrucksvoll vorlesen

- Vor dem Vorlesen **lese** ich die Geschichte **mehrmals leise**.
- Ich bereite den Text zum Vorlesen vor: Ich lege eine Folie darüber, markiere wichtige Wörter und trage Zeichen für Bemerkungen und Pausen ein, siehe Seite 211.
- Beim Lesen **betone** ich wichtige Wörter.
- Manche Stellen lese ich **leise**, andere **lauter, schneller oder langsamer**.
- Ich mache **Pausen**, z. B. vor einer spannenden Stelle.
- Ich achte bei der **wörtlichen Rede** darauf, meine Stimme den sprechenden Figuren anzupassen.
- Ich achte auf die **Satzzeichen:** Vor einem Komma hebe ich die Stimme an, ebenso bei einem Fragezeichen. Vor einem Punkt senke ich die Stimme.
- Ich übe das laute Vorlesen mit einer Partnerin oder einem Partner.

Cover und Klappentext – erste Informationen finden

Das Cover und der Klappentext möchten dich auf das Buch neugierig machen. Sie geben dir auch erste Informationen zu dem Buch. Am Ende des Kapitels stellst du das Buch deiner Klasse vor.

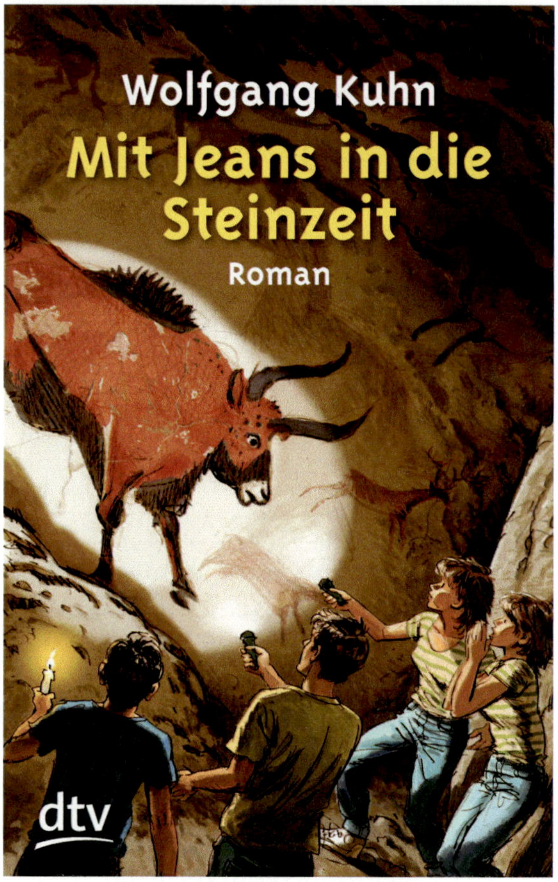

1 Sieh dir das Cover an.

a. Was erzählt dir das Bild?

vier Jugendliche | Tierbild | Höhle

b. Was verrät dir der Titel?

Jeans | Gegenwart | Steinzeit | vor sehr langer Zeit

c. Wodurch wirst du neugierig?

Neugierig macht mich …

d. Welche Fragen hast du? Notiere sie auf einer Frage-Karte.

Was suchen die Jugendlichen …?

2 Sammle alle Informationen zum Cover auf einer Karteikarte.

a. Beschrifte die Karteikarte wie in dem Beispiel unten.

b. Trage die Informationen auf der Karteikarte ein.

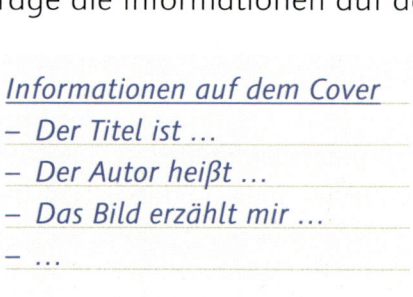

Informationen auf dem Cover
– Der Titel ist …
– Der Autor heißt …
– Das Bild erzählt mir …
– …

Auf der Rückseite des Buches findest du einen Text über den Inhalt. Dieser Text heißt Klappentext.

3 Lies nun den Klappentext.

> **Isabelle verbringt ihre Ferien bei Verwandten in Südfrankreich. Mit ihrer Kusine und ihren Vettern findet sie eine Höhle aus der Eiszeit. In der Höhle entdecken die Jugendlichen Skelette, Werkzeuge und Höhlenbilder. Dies sind 20.000 Jahre alte Zeugnisse der Cromagnon*-Menschen. Doch dann geschieht etwas Entsetzliches! Durch einen Erdrutsch wird Isabelle von den anderen abgeschnitten.**
>
> *Zeitspanne zwischen 40.000 und 12.000 Jahren vor heute

4 **a.** Beantworte folgende Fragen zum Klappentext.
- Wie heißt die Hauptfigur*?
- Wo verbringt sie ihre Ferien?
- Was finden die Jugendlichen bei einem Ausflug?
- Was geschieht auf einmal?

*das Mädchen, das genannt wird

b. Schreibe die Antworten auf eine Karteikarte. Mache es wie in dem Beispiel unten.

Informationen auf dem Klappentext:
Die Hauptfigur: …
Der Ferienort: …
Die Entdeckung: …
Das Entsetzliche: …

Der Klappentext beantwortet auch einige deiner Fragen.

5 **a.** Beantworte deine Fragen von Aufgabe 1 d.
b. Markiere die Fragen, auf die du noch keine Antwort bekommen hast.

In der Höhle – einen Buchausschnitt lesen und untersuchen

Dieser Buchausschnitt stammt aus einem Leseprojekt zum Originalbuch. In diesem Ausschnitt erforschen die Kinder die drei Gänge der Höhle. Dort haben sie einige Tage zuvor Werkzeuge und Bilder von Tieren gefunden.

1 Lies den Text mit dem Lese-Profi.

▶ Der Lese-Profi, S. 242

Kapitel 9

Philippe kam zur vereinbarten Zeit zum **Treffpunkt** zurück. **Suzanne** und **Regis** saßen schon im Schein einer Kerze auf einem Felsen. Regis warf gelangweilt Steine gegen die Wand. „Sitz ihr schon lange hier?“, fragte Philippe verwundert. „**Unser Gang** war eine ziemliche **Enttäuschung**“, **klagte Suzanne**. „Wir sind **zuerst durch** ziemlich enge **Felsspalten** gekrochen. Aber dann war **der Gang plötzlich zu Ende**. Schon nach einer halben Stunde! Auf dem **Rückweg** haben wir noch einmal **alle Wände genau untersucht**. Aber es war eine **Sackgasse**.“ Bei mir war es auch nicht anders“, **erzählte Philippe**. „Mein Gang war nur anscheinend länger. **Überall lagen Steine im Weg**. Und einmal musste ich sogar auf dem Bauch vorwärtsrutschen, um weiterzukommen. Aber **einen Ausgang** habe ich auch **nicht gefunden**. **Wo sind denn Isabelle und Jaquin*?**“

„Keine Ahnung.“ Suzanne zuckte mit den Schultern. „Wahrscheinlich hatte sie mehr Erfolg als wir.“ **Die drei lauschten angestrengt.** Aber es waren **keine Schritte** aus dem linken Gang zu hören.

* Name der Hündin von Suzanne, Philippe und Regis

„Ich geh Isabelle ein Stück entgegen. Ihr bleibt hier, bis ich zurück bin, in Ordnung?“ Suzanne nickte und **Philippe verschwand** in dem linken Gang. Suzanne und Regis sahen Philippe ängstlich nach. Die Kerze flackerte. Hoffentlich war Isabelle nichts passiert.

Es **dauerte lange**, bis sie wieder Schritte hörten. **„Sie kommen!“**, **rief Suzanne** erleichtert. Kurz darauf **tauchte Philippe** in der dunklen Öffnung **auf**. Seine Kleidung war voller Dreck und Staub. **„Ist Isabelle immer noch nicht hier?“**, fragte er erschrocken. Suzanne starrte ihn mit weit aufgerissenen Augen an. „Hier? Wieso hier? Wie kann denn Isabelle hier sein, wenn du doch die ganze Zeit in dem Gang warst?“ **„Ich hatte gehofft, dass** ich sie verpasst habe und **sie längst hier bei euch ist.“** Philippes Stimme klang müde und hoffnungslos. „Da unten führen nämlich **zwei Gänge in verschiedene Richtungen**. In jeden bin ich ein Stück weit hineingelaufen. Ich habe gerufen, bis mir der Hals wehtat. Aber ich habe **keine Spur von Isabelle** entdeckt.“ „Isabelle muss sich verirrt haben! Was ist, wenn sie kein Licht mehr hat?“ **Suzanne** machte sich **große Sorgen**. „Zum Glück ist sie nicht allein, denn **Jaquin ist bei ihr**“, sagte Regis. Seine Stimme zitterte. **„Wir müssen Isabelle suchen!“**, rief Suzanne verzweifelt.

(Fortsetzung folgt) *Nach Wolfgang Kuhn*

Du hast den Buchausschnitt gelesen.
Nun weißt du mehr über die Ereignisse in der Höhle.

2 Was ist in der Höhle geschehen?
Beantworte dazu folgende Fragen:
- Wer ist in der Höhle?
- Was wollen diese Figuren (Personen) in der Höhle?
- Wer war mit wem unterwegs?
- Was sagen die Jugendlichen über die Höhle?
- Warum bekommen sie plötzlich einen Schreck?

Lies noch einmal den Klappentext auf Seite 215.

3 Sammle wichtige Informationen auf einer Karteikarte.
Mache es wie in dem Beispiel unten.

Wichtige Informationen zu den Ereignissen in der Höhle:
- *Die Figuren (Personen): …*
- *Die Höhle: …*
- *Der Schreck: …*
- *Die Vermisste: …*

4 Wie könnte die Geschichte weitergehen?
Schreibe Stichpunkte auf eine neue Karte.

Die Jugendlichen suchen … | *Sie gehen verschiedene Wege …* | *Unterwegs finden sie …* | *… holen Hilfe …* | *Sie hören die Hündin …* | *Isabelle findet …*

5 **a.** Lest euch eure Vermutungen gegenseitig vor.
b. Sprecht darüber.

6 Schreibe deine Meinung zu dem Buch.
Wähle einen Satzanfang aus und ergänze eine Begründung.

Ich möchte das Buch lesen, weil …
Ich möchte das Buch nicht lesen, weil …

Ein Buch präsentieren

Du hast dir das Cover angeschaut, den Klappentext und einen Buchausschnitt gelesen. Nun kannst du das Buch vorstellen.

1 Bereite deine Präsentation vor.

a. Ordne deine Karteikarten in eine sinnvolle Reihenfolge.

b. Formuliere Sätze zu den Informationen zum Buch. Schreibe sie auf die Rückseite der passenden Karteikarte.

- *Der Titel des Buches ist …* | – *Der Autor heißt …*
- *In dem Buch geht es um …* | – *Isabelle geht gemeinsam mit …*
- *Aber dann …*

c. Lies noch einmal deinen Satz zu Aufgabe 6 auf Seite 218. Präge dir deine Begründung ein, damit du sie nicht ablesen musst.

2 Übt zu zweit das Vorlesen des Textes. Lest euch den Buchausschnitt gegenseitig vor. Achtet auf die Betonung bei der wörtlichen Rede.

► Ausdrucksvoll vorlesen, S. 213

3 **a.** Übt die ganze Präsentation nach der Checkliste.

b. Gebt euch gegenseitig Feedback: Was war gut?

► Ein Buch präsentieren, S. 213

Checkliste: Ein Jugendbuch präsentieren	Ja	Noch nicht
Ich habe den Titel und den Autor vorgestellt.		
Ich habe das Cover gezeigt.		
Ich habe wichtige Informationen zum Buch gegeben.		
Ich habe über meine unbeantworteten Fragen gesprochen.		
Ich habe den Textausschnitt vorgelesen.		
Ich habe meine Vermutung vorgelesen, wie die Geschichte weitergeht.		
Ich habe meine Meinung zu dem Buch gesagt.		

Cover und Klappentext – erste Informationen finden

Das Cover und der Klappentext verraten dir schon viel über das Jugendbuch. Am Ende des Kapitels stellst du das Buch deiner Klasse vor.

1 Schau dir das Cover genau an.
- **a.** Was siehst du auf dem Bild? Nenne mindestens drei Dinge.
- **b.** Welche Informationen erhältst du außerdem?
- **c.** Worum könnte es in dem Buch gehen?
- **d.** Schreibe alle Informationen auf eine Karteikarte.

Das Cover
– Der Titel ist …
– Das Bild auf dem Cover zeigt …
– Der Autor ist …
– In dem Buch könnte es gehen um …

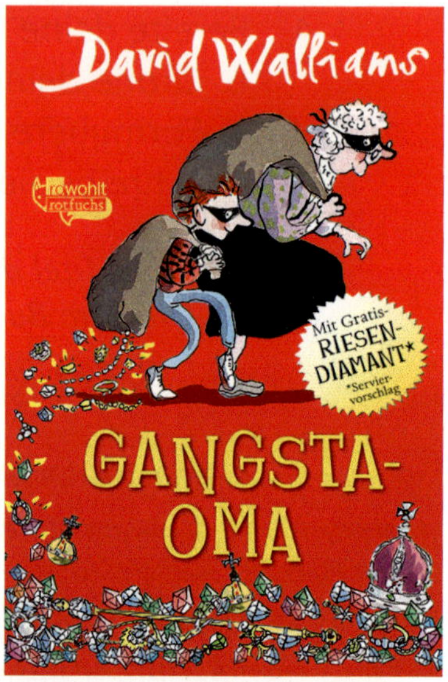

2 Lies nun den Klappentext.

Ben muss jeden Freitag bei seiner Oma verbringen, wenn seine tanzverrückten Eltern das Tanzbein schwingen. Bens Oma ist zwar nett, aber soooooo langweilig! Immer will sie bloß Scrabble spielen und isst den ganzen Tag nichts anderes als Kohlsuppe – igitt! Doch eines Tages findet Ben heraus, dass seine Oma ein Geheimnis hat: Sie war früher eine berühmte Juwelendiebin! Und jetzt plant sie ihr größtes Ding: Sie will die Kronjuwelen der englischen Königin stehlen! Ben ist Feuer und Flamme. Was für ein Abenteuer! Von nun an können die Freitage gar nicht schnell genug kommen.

3 Welche Informationen enthält der Klappentext?
- **a.** Beantworte dazu folgende Fragen:
  - Wer sind die Hauptfiguren?
  - Womit ist eine der beiden Figuren unzufrieden?
  - Was verändert sich eines Tages?
  - Welche Fragen bleiben offen?
- **b.** Schreibe deine Antworten und Fragen auf eine Karteikarte.

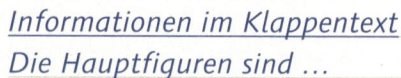

Informationen im Klappentext
Die Hauptfiguren sind …

Omas Verwandlung – einen Ausschnitt lesen und untersuchen

Im Klappentext hast du schon einiges über Ben und seine Oma erfahren. Die langweiligen Zeiten sind für Ben vorbei, nun wird es spannend.

1 Lies den Buchausschnitt mit dem Lese-Profi.

▶ Der Lese-Profi, S. 242

[...] Die Nacht brach herein. Gegen Ende November wurde es rasch kälter und dunkler und Ben schlotterte hinter seinem Busch, während er das Haus seiner Oma beobachtete. Wo kann sie denn bloß hinwollen?, überlegte er. Sie geht doch so gut wie niemals aus.

Ben sah, wie sich in Omas Haus ein Schatten bewegte. Dann erschien ihr Gesicht am Fenster und er duckte sich schnell. Das Gebüsch raschelte. Pst, dachte er. Ob seine Oma ihn wohl gesehen hatte?

Wenige Minuten später öffnete sich die Haustür langsam, und heraus trat eine vollkommen in Schwarz gekleidete Person. Sie trug einen schwarzen Pullover, schwarze Leggins, schwarze Handschuhe und Socken – wahrscheinlich sogar schwarze Unterwäsche. Eine schwarze Sturmmaske verbarg das Gesicht, aber an der gebeugten Haltung erkannte Ben, dass es seine Großmutter war ... Rittlings nahm sie auf ihrem Elektromobil Platz und ließ den Motor aufheulen. Wo zum Teufel wollte sie hin? [...]

Ben lehnte sein Fahrrad an den Busch und machte sich bereit zur Verfolgung seiner eigenen Oma ... Es war nicht sonderlich schwer, mit ihr Schritt zu halten, denn die Geschwindigkeit des Elektromobils betrug sechs Stundenkilometer ... Ben schnappte nach Luft, als er sah, wo sie schließlich parkte.
Vor dem Juwelierladen.
In der Auslage funkelten Halsketten, Ringe und Armbanduhren. Ben traute seinen Augen nicht, als Oma eine Konservenbüchse mit Kohlsuppe aus dem Gepäckkorb ihres Elektromobils nahm. [...]

Über Bens Oma hast du schon etwas im Klappentext gelesen. In dem Buchausschnitt auf Seite 221 erfährst du mehr über sie.

2 Was erfährst du über Bens Oma in dem Textausschnitt?
a. Beantworte die folgenden Fragen.
- Wie sieht Bens Oma aus? Sieh dir dazu auch das Bild neben dem Text an.
- Womit ist Bens Oma unterwegs?
- Was hat sie vermutlich vor?

b. Schreibe deine Antworten auf eine weitere Karteikarte. Tipp: Du kannst auch selbst ein Bild malen.

3 Was unterscheidet die Beschreibung der Oma im Klappentext von der Oma im Buchausschnitt?
a. Wie stellst du dir die Oma im Klappentext vor? Beschreibe sie oder male ein Bild.
b. Ergänze einige Stichworte auf deiner Karteikarte.

Bens Oma
im Klappentext:
– ist langweilig, – …
im Buchausschnitt:
– vollständig in Schwarz …

Für die Spannung in einem Buch können auch Ort und Zeit der Geschichte wichtig sein.

4 Wo und wann spielt die Geschichte?
a. Schreibe Stichworte auf.
b. Notiere Wörter und Wortgruppen, die die Geschichte außerdem spannend machen.

Ort und Zeit der Geschichte
– Ort …
– Zeit …
spannende Textstellen: …

5 **a.** Welche Fragen zu dem Buch kannst du schon beantworten (Seite 220, Aufgabe 3), welche Fragen sind offen?
b. Wie könnte die Geschichte weitergehen? Ergänze deine Karteikarte.

Fragen an das Buch
Frage 1: … Was geschieht an den nächsten Freitagen?
Antwort 1: …
Wahrscheinlich will Oma …

6 Möchtest du dieses Buch gern weiterlesen? Begründe deine Meinung in zwei bis drei Sätzen.

4 **a.** *Ort: in der Nähe von Omas Haus/im Gebüsch/Straße/… Zeit: Nacht, Ende …,/…*
b. *Die Nacht brach herein. | Das Gebüsch raschelte | …*

6 *Ich möchte das Buch weiterlesen, weil …*

Ein Buch präsentieren

Du hast schon viele Informationen zu dem Buch Gangsta-Oma gesammelt und einen Buchausschnitt gelesen. Nun kannst du das Buch präsentieren.

1 a. Ordne deine Karteikarten in eine sinnvolle Reihenfolge.
b. Formuliere Sätze zu deinen Karteikarten:
Ich möchte euch … vorstellen. / Auf dem Cover … /
Der Klappentext verrät … / in dem Buch geht es … / die Hauptfiguren …
zuerst …, aber dann … / … Ich vermute, … / Offen bleibt …

▶ Ein Buch präsentieren, S. 213

2 Bereite die Vorstellung der Hauptfiguren vor. Überlege dir,
– wie du die Gangsta-Oma vorstellen möchtest.
– wie du dir Ben vorstellst, als er seine Oma beobachtet und verfolgt.
Tipp: Du kannst Bilder aus dem Original-Buch oder eigene Bilder und Gegenstände zeigen.

3 Begründe, weshalb du den ausgewählten Textausschnitt vorlesen möchtest.
Den folgenden Textausschnitt lese ich vor, weil
er besonders lustig / traurig / spannend ist. / … er macht neugierig …

4 Übt das ausdrucksvolle Vorlesen zu zweit.
Gebt euch gegenseitig Feedback: Was war gut, was kann noch verbessert werden?
Tipp: Orientiert euch an der Arbeitstechnik Ausdrucksvoll vorlesen auf Seite 213 und an den Übungen auf Seite 211.

5 Übt die ganze Präsentation mit Hilfe der Checkliste.

Checkliste: Ein Jugendbuch präsentieren	Ja	Noch nicht
Ich habe das Cover vorgestellt, Titel und Autor genannt.		
Ich habe den Klappentext vorgelesen und erzählt, was er verrät.		
Ich habe die Hauptfiguren anschaulich vorgestellt.		
Ich habe über meine offenen Fragen und Vermutungen gesprochen, wie die Geschichte weitergehen könnte.		
Ich habe den Textausschnitt vorgelesen.		
Ich habe meine Meinung zu dem Buch gesagt.		

Cover und Klappentext – erste Informationen finden

Spannung von Anfang an – Cover und Klappentext stimmen dich ein.

1 Das Cover verrät dir, um welches Buch es geht.
- **a.** Notiere den Titel und die Autorin des Buches.
- **b.** Was verrät das Bild auf dem Cover? Beschreibe es.
- **c.** Was stellst du dir unter dem Titel vor? Wie passen Titel und Bild zusammen?

Das Cover
Der Titel: …
Die Autorin: …
Das Cover-Bild: …

- **d.** Schreibe für deine spätere Präsentation alle Informationen auf Karteikarten.

Tipp: Du kannst auch eine Lesemappe anlegen, in der du alle Informationen und deine Gedanken zu dem Buch aufschreibst und gestaltest.

▶ Eine Lesemappe anlegen, S. 212

Im Klappentext auf der Rückseite des Buches erfährst du mehr über den Inhalt.

Immer um fünf Minuten vor halb vier beginnt Lehrer Franz seinen Schülern die unglaublichsten Geschichten zu erzählen: von Schiffbruch und einsamen Inseln. Von Kriegern und Krummsäbeln, von einem finsteren Spukschloss – und von einem seltsamen Brief. Wer ist der geheimnisvolle Absender? Wem gehört die mysteriöse Kutsche, die Franz in einer stürmischen Nacht abholt? Ist alles nur ein übler Streich oder tatsächlich die Wirklichkeit? Im Handumdrehen sind Lehrer und Schüler in ein undurchsichtiges Komplott[1] verwickelt …

[1] das Komplott: eine gemeinschaftliche, abgesprochene Verschwörung

2
- **a.** Notiere in Stichworten wichtige Informationen aus dem Klappentext:
  – Wer ist die Hauptfigur? Was wird über sie gesagt?
- **b.** Stelle Vermutungen an, in welches Abenteuer der Lehrer und seine Schüler gemeinsam geraten könnten. Schreibe deine Überlegungen dazu auf.

Ein seltsamer Brief – Ausschnitte lesen und untersuchen

Im Klappentext hast du etwas über einen seltsamen Brief gelesen. Nun erfährst du mehr über den Brief und eine unglaubliche Geschichte.

Eigentlich hatte sich Franz van der Steg den Brief mit dem unbekannten Absender bloß ausgedacht, weil ihm spontan kein besserer Anfang für eine neue Abenteuergeschichte einfiel, aber dann …

[…] „Was ist denn jetzt los?“, rief Franz und sauste in den Flur. Ein Windstoß kam ihm entgegen; die Haustür war vom Sturm aufgedrückt worden. Die kupferne Laterne in der Diele schaukelte hin und her und auf den Wänden tanzten bizarre Schatten. Der Regen klatschte Franz ins Gesicht, während er sich bemühte, die Tür wieder zu schließen. Erst jetzt sah er, dass ein Brief auf der Fußbodenmatte lag. Er hob ihn auf; der Umschlag war feucht und die Schrift darauf fleckig. Trotzdem konnte er deutlich seinen eigenen Namen und seine Anschrift entziffern. „Du liebe Zeit“, murmelte er vor sich hin, „jetzt wird aus meiner Fantasie Wirklichkeit – ein Brief für mich, einfach so hereingeweht.“ Er sah nach, ob die anderen Türen und Fenster gut verschlossen waren; dann ging er ins Zimmer zurück und machte, am großen Tisch sitzend, den Umschlag auf. Er las den Brief […]

Dienstag, den 22. September

Sehr geehrter Herr van der Steg!

Bezugnehmend auf Ihr Schreiben vom 18. dieses Monats möchte ich gerne ein persönliches Gespräch mit Ihnen vereinbaren.
Da ich etwas abgelegen wohne, werde ich meinen Wagen schicken, um Sie abzuholen, und zwar am kommenden Freitag, den 25. September, pünktlich abends um halb acht Uhr.

Mit vorzüglicher Hochachtung

Gr~ Gr~

Die Unterschrift war unlesbar; das Einzige, was Franz deutlich entziffern konnte, waren zwei große Gs, und hinter jedem G ein r. Gr… Gr… […] Dann musste er plötzlich lachen. Das waren natürlich die Kinder, die ihm einen Streich gespielt hatten! […]

Doch Franz wird tatsächlich von einer Kutsche abgeholt.

[...] Nach einer Weile blieb die Kutsche an einer Lichtung stehen. „Wohin fahren wir?", fragte Franz. „Das brauche ich Ihnen doch nicht zu erzählen!", gab der Kutscher unwillig zur Antwort. Jetzt wurde Franz ernstlich böse. Er drehte den Knauf der Tür, die sich zu seiner Verwunderung sofort öffnen ließ; dann sprang er aus der Kutsche. Franz schaute sich um. Sie standen an einer Stelle, an der sich mehrere Wege kreuzten, und ganz in der Nähe erkannte er die Umrisse eines Hauses. Hinter einem Fenster brannte Licht. [...]

Am nächsten Tag stellt Franz die Kinder in seiner Klasse zur Rede.

[...] „Hört mal", sagte er in ernstem Ton, „ich fürchte, dass ich einem merkwürdigen und gefährlichen Geheimnis auf die Spur gekommen bin. Mehr kann und darf ich euch zurzeit nicht darüber sagen. Und jetzt möchte ich euch etwas fragen, meine Lieben. Ist irgendjemand unter euch, der weiß, oder vermutet, wer Gr... Gr... in Wirklichkeit ist? Denn ihr müsst wissen, er hat einen richtigen Namen!"

Es war mäuschenstill in der Klasse. Einige Kinder sahen ihn mit großen Augen an; andere wandten ihre Blicke absichtlich ab. Marianne, die immer schnell errötete, bekam prompt einen roten Kopf. Franz van der Steg räusperte sich. Es war ihm nicht recht wohl in seiner Haut – gerade so, als handelte es sich tatsächlich um ein gefährliches Geheimnis. [...] „Vielleicht ist es besser, dass derjenige, der etwas weiß, unter vier Augen mit mir spricht", sagte er. „Ihr könnt es mir nach Schulschluss jederzeit erzählen." [...] Als er im leeren Klassenzimmer noch rasch ein paar Bücher durchsah, stand plötzlich Marianne neben ihm am Tisch. „Herr Lehrer ...", begann sie schüchtern. Im Türrahmen erschienen drei Jungen – Martin, Kees und Arie. „Na, was gibt's?", erkundigte sich Franz. Die Jungen kamen zu ihm an den Tisch. „Herr Lehrer", sagte Martin, der natürlich wieder der Wortführer war, „es handelt sich um das, was Sie eben in der Klasse gesagt haben ..." Gr... Gr...", knurrte Kees leise. „Wisst ihr denn, wer Gr... Gr... ist?" „Oh nein", sagten die Kinder wie aus einem Munde. „Nein, Herr Lehrer", sagte Martin. „Aber wir möchten Ihnen helfen, wenn es geht. Sollen wir vielleicht ... dürfen wir vielleicht ... Wir würden so gern einmal den Brief sehen!" [...]

Ein Buch präsentieren

Für eine Buchpräsentation ist es wichtig, sich einen Überblick über das Buch zu verschaffen. Die Handlungsbausteine können helfen.

▶ Die Handlungsbausteine, S. 114

1 Worum geht es in dem Buchausschnitt?
Beantworte die Fragen. Schreibe Stichworte auf eine weitere Karteikarte.
- In welcher Situation befindet sich der Lehrer Franz?
- Warum ist er seiner Meinung nach in diese Situation gekommen?
- Welchen Wunsch hat Franz? Was will er herausfinden?
- Was hindert ihn daran?

2 Wie schafft es Franz, die Klasse auf seine Geschichte so neugierig zu machen?
- Was erzählt er den Kindern, was nicht?
- An welchem Ort, zu welcher Zeit spielt die geheimnisvolle Geschichte?
- Wie reagiert die Klasse auf die Geschichte ihres Lehrers?

Notiere entsprechende Textstellen.

3 Wie könnte die Geschichte weitergehen?
Schreibe deine Vermutungen dazu auf.

4 Begründe, warum du das Buch weiterlesen möchtest oder warum nicht.

Du hast schon viele Informationen zu dem Buch „Das Geheimnis des siebten Weges“ gesammelt. Nun kannst du das Buch präsentieren.

5 Überlege, wie du bei deiner Buchpräsentation vorgehen möchtest.
Bringe deine Karteikarten und weitere Notizen in eine sinnvolle Reihenfolge.
Orientiere dich an Wissen kompakt, Seite 213.

6 Überlege, wie du die Präsentation mit Bildern, Musik oder Gegenständen spannend und anschaulich gestalten kannst.

▶ Arbeitstechnik „Ausdrucksvoll vorlesen“, S. 213

7 Übe das laute und betonte Vorlesen einer Textstelle, die dir besonders gut gefällt. Orientiere dich auch an den Übungen auf Seite 211.

8 Übt die gesamte Präsentation zu zweit. Gebt euch gegenseitig Feedback:
Was war schon gut? Was kann noch verbessert werden?
Orientiert euch dazu auch an den Checklisten auf Seite 232.

Cover und Klappentext – erste Informationen finden

Der erste Blick auf das Cover entscheidet oft darüber, ob wir ein Buch lesen möchten. Alice im Wunderland von Lewis Carroll ist schon oft veröffentlicht worden. Ebenso häufig wurden Cover und Klappentext neu gestaltet.
Du bereitest zu diesem Buch eine Präsentation vor.

1 a. Sieh dir die drei Cover an und vergleiche sie:
- Welche Erwartungen wecken sie?
- Welches Cover spricht dich am meisten an?

b. Schreibe deine Eindrücke auf einen Notizzettel oder eine Karteikarte.

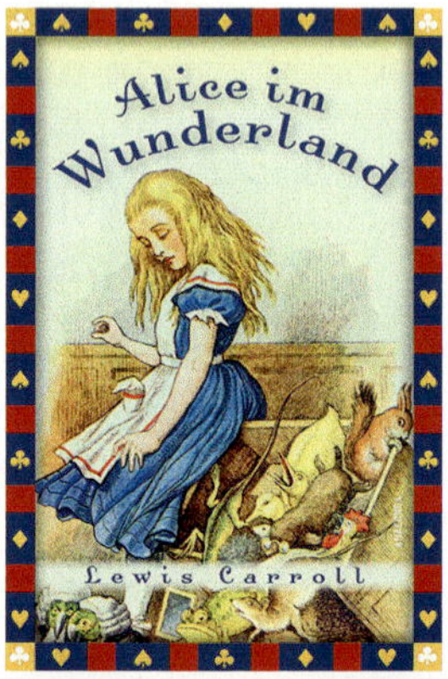

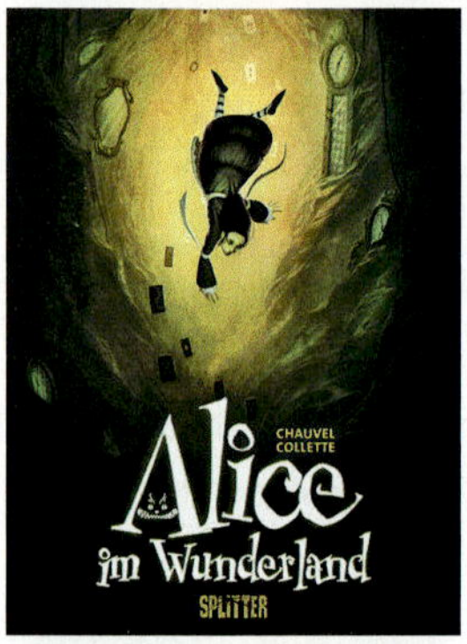

Klappentext 1:

Einfach unglaublich, was Alice da erlebt: Alles fängt damit an, dass ein weißes Kaninchen wie gehetzt durch ihren Garten rennt, zwischendurch seine goldene Uhr aus der Westentasche zieht und zuletzt jammernd in einem Erdloch verschwindet. Alice muss einfach hinterher! Sie kriecht durch den Eingang – und landet im Wunderland, wo sie die sonderbarsten Bekanntschaften macht.

Klappentext 2:

Wenn Alice gewusst hätte, in welche Abenteuer sie sich damit stürzte – ob sie dann wohl dem Weißen Kaninchen nachgelaufen wäre? Durch den Kaninchenbau, fällt sie direkt ins Wunderland, dessen Bewohner merkwürdige Gestalten sind: Alice begegnet der Wasserpfeife rauchenden Raupe, der geheimnisvollen Lachkatze und dem Märzhasen. Sie versucht, mit Flamingos Krocket zu spielen, und gerät an eine äußerst merkwürdige Teegesellschaft. Doch als die Herzkönigin den Kopf des Mädchens fordert, wird es für Alice gefährlich ...
Lewis Carroll hat mit „Alice im Wunderland" eine der wohl berühmtesten Geschichten der Kinderliteratur geschaffen – und ein fantastisches Spiel mit Logik und Nonsens.

2 a. Welche Informationen erhältst du in den beiden Klappentexten?

b. Welchen Klappentext hältst du für interessanter? Begründe deine Meinung.

c. Ergänze deine Notizen zum Klappentext (siehe Aufgabe 1 b.).
Tipp: Du kannst auch eine Lesemappe gestalten.

▶ Eine Lesemappe anlegen, S. 212

Alice und das Weiße Kaninchen – einen Ausschnitt lesen und untersuchen

Alice gerät im Wunderland immer wieder in unglaubliche Situationen. Vor allem verändert sich ständig ihre Größe. Das Kaninchen hält Alice für sein Dienstmädchen Mary Ann und schickt sie los, ihm einen Fächer und Handschuhe zu holen.

[...] [Alice kam] zu einem schmucken kleinen Haus, an dessen Tür ein glänzendes Messingschild hing, in das der Name „W. Kaninchen“ eingraviert war. Ohne anzuklopfen, trat sie ein und lief geschwind die Treppe hinauf, weil sie befürchtete, der echten Mary Ann zu begegnen und aus dem Haus geworfen zu werden, ehe sie Fächer und Handschuhe gefunden hatte.

„Wie komisch es doch ist“, sagte sich Alice, „für ein Kaninchen Botengänge zu erledigen! Als Nächstes wird mich vermutlich Dinah [Alice' Katze] mit einem Auftrag losschicken!“ Und sie malte sich aus, was dann wohl passieren würde: „Fräulein Alice! Kommen Sie unverzüglich hierher und machen Sie sich zum Ausgehen fertig!“ „Ich komme gleich, Fräulein! Aber erst muss ich noch dieses Mäuseloch hier bewachen, bis Dinah zurück ist, damit die Maus nicht entwischt.“ „Nur glaube ich nicht“, fuhr Alice fort, „dass man Dinah im Haus bleiben ließe, wenn sie anfinge, die Leute derart herumzukommandieren.“

Mittlerweile war sie in ein sauberes kleines Zimmer gelangt; vor dem Fenster stand ein Tisch, und darauf lagen (wie sie gehofft hatte) ein Fächer und zwei oder drei Paar winzige weiße Glacéhandschuhe[1]; sie nahm den Fächer und ein Paar Handschuhe an sich und wollte gerade das Zimmer verlassen, als ihr Blick auf ein Fläschchen fiel, das in der Nähe des Spiegels stand. Diesmal gab es zwar kein Zettelchen mit den Worten „Trink mich“, doch sie entkorkte es trotzdem und führte es an die Lippen. „*Irgendwas* Interessantes passiert ja mit Sicherheit“, sagte sie sich, „sobald ich etwas esse oder trinke, also werde ich einfach mal schauen, was diese Flasche bewirkt. Ich hoffe sehr, dass sie mich wieder größer macht, denn ich bin es wirklich leid, ein solch winzig kleines Ding zu sein!“

Und das tat die Flasche wahrhaftig, und zwar viel schneller, als Alice erwartet hatte: Kaum war die Flasche halb ausgetrunken, da spürte sie bereits, wie ihr Kopf gegen die Decke drückte, und sie musste sich bücken, damit sie sich nicht das Genick brach. Flugs stellte sie die Flasche ab und sagte sich: „Das genügt vollkommen – hoffentlich wachse ich nicht noch weiter – ich passe ohnehin schon nicht mehr durch die Tür – hätte ich doch nur nicht so viel davon getrunken!“

[1] feine, weiße Lederhandschuhe

Doch leider – dieser Wunsch kam zu spät. Sie wuchs weiter und weiter und musste sich schon bald auf den Fußboden niederknien; doch in den nächsten Minuten reichte selbst dafür der Platz nicht mehr aus, und sie versuchte, wie es wäre, wenn sie sich hinlegte und dabei einen Ellbogen gegen die Tür stemmte und sich den anderen Arm um den Kopf schlang. Aber sie wuchs immer noch weiter, und als letzten Ausweg streckte sie einen Arm zum Fenster hinaus und einen Fuß den Kamin hinauf und sagte sich dann: „Jetzt kann ich nichts mehr tun, was auch geschehen mag. Was *soll* nur aus mir werden?"

Alice konnte von Glück sagen, dass das magische Fläschchen bereits seine volle Wirkung entfaltet hatte und sie nicht mehr größer wurde. Dennoch empfand sie ihre Lage als recht unbequem, und da keinerlei Aussicht zu bestehen schien, jemals wieder aus diesem Zimmer herauszukommen, war es kein Wunder, dass sie sich ziemlich elend fühlte.

„Da war es doch zu Hause viel angenehmer", dachte die arme Alice, „als man nicht andauernd größer und kleiner wurde und sich nicht von Mäusen und Kaninchen herumkommandieren lassen musste. Ich wünschte fast, ich wäre nicht in dieses Kaninchenloch hineingesprungen – und trotzdem – trotzdem – diese Lebensweise ist doch wirklich zu kurios! Was kann denn nur mit mir passiert sein? Früher, wenn ich Märchen las, dachte ich immer, dass solche Dinge sowieso nie geschehen könnten, und jetzt stecke ich mittendrin! Es sollte ein Buch über mich geschrieben werden, ja, das sollte es! Und wenn ich groß bin, werde ich selbst eins schreiben – aber eigentlich bin ich ja schon groß", fügte sie bekümmert hinzu, „zumindest reicht der Platz nicht aus, um *hier* noch größer zu werden."

„Aber dann", dachte Alice, „werde ich ja wohl auch nie älter, als ich jetzt bin? Das wäre immerhin ein gewisser Trost, einerseits – nie eine alte Frau zu werden – aber andererseits – immerzu Lektionen lernen zu müssen! Oh, das würde mir gar nicht gefallen!"

„Ach, du närrische Alice!", antwortete sie sich selbst, „Wie solltest du denn hier drin Lektionen lernen? Es ist ja schon für *dich* kaum genug Platz, und überhaupt gar keiner für irgendwelche Schulbücher!"

Und so fuhr sie fort, indem sie zuerst den einen und dann den anderen Standpunkt einnahm und so ein richtiges Gespräch führte; aber nach einigen Minuten hörte sie draußen eine Stimme und hielt inne, um zu lauschen.

„Mary Ann! Mary Ann!", rief die Stimme, „Hol mir sofort meine Handschuhe!" Fast gleichzeitig hörte man leises Fußgetrippel auf der Treppe. Alice wusste, es war das Kaninchen, das nach ihr suchte, und sie zitterte so sehr, dass das Haus wackelte, denn sie vergaß völlig, dass sie jetzt etwa tausendmal so groß wie das Kaninchen war und keinen Grund mehr hatte, sich vor ihm zu fürchten.

Im Nu war das Kaninchen an der Tür und versuchte, sie zu öffnen, da aber die Tür nach innen aufging und Alice ihren Ellbogen fest dagegenstemmte, erwies sich dieser Versuch als vergeblich. Alice hörte, wie es zu sich sagte: „Dann gehe ich eben ums Haus herum und steige durchs Fenster ein." [...]

Für deine Präsentation verschaffst du dir einen Überblick über das Buch.

1 In der Geschichte über Alice passieren viele Dinge, die in der realen Welt nicht möglich wären. Notiere Beispiele aus diesem Textausschnitt.

▶ Wissen kompakt, S. 212

2 Alice muss immer wieder mit ungewohnten Situationen fertigwerden.

a. Beschreibe die Geschichte mit Hilfe der Handlungsbausteine: Hauptfigur, Situation, Wunsch, Problem, Reaktion.

b. Beschreibe Alice' wechselnde Gefühle genauer. Notiere dir dazu passende Stellen aus dem Text.

▶ Die Handlungsbausteine, S. 154

3 **a.** Ergänze für deine Präsentation weitere Notizzettel oder Karteikarten (siehe Seite 228), auf denen du Informationen zur Hauptperson, zu den weiteren Handlungsbausteinen, zu Ort und Zeit der Handlung festhältst.

b. Begründe, ob du das Buch deiner Klasse empfehlen möchtest oder nicht.

Nun kannst du deine Präsentation vorbereiten.

4 **a.** Überlege, ob du außer den Informationen, die du gesammelt hast, noch mehr über das Buch herausfinden kannst, z. B.:
- Informationen über den Autor
- Lesermeinungen zu dem Buch (Rezensionen im Internet)
- Hinweise auf Verfilmungen, Comics

▶ Ein Buch präsentieren, S. 213

b. Überlege, wie du das Buch präsentieren willst:
- Welchen Textausschnitt möchtest du vorlesen?
- Kannst du (z. B. in einer PowerPoint-Präsentation) Bilder zu dem Buch zeigen: Illustrationen aus dem Buch, weitere Cover, Filmplakate? Erläutere, wie die Bilder die Leser neugierig machen können.

5 Übt die gesamte Präsentation zu zweit. Gebt euch gegenseitig Feedback: Was war schon gut? Was kann verbessert werden? Orientiert euch an den Checklisten auf Seite 232.

Zu einer Buchpräsentation ein Feedback geben

Ihr habt in diesem Kapitel verschiedene Jugendbücher kennen gelernt und stellt nun ein Buch eurer Klasse vor. Ob eure Präsentation gut gelungen ist, könnt ihr am besten als Zuhörerinnen und Zuhörer beurteilen.

1 Nutzt die folgenden Checklisten, um euch gegenseitig zu euren Präsentationen ein Feedback (eine Rückmeldung) zu geben.

a. Teilt die Klasse in drei Gruppen ein, sodass sich alle Zuhörer einer Gruppe auf eine Checkliste konzentrieren können.
Tipp: Ihr könnt auch Beobachtungsaufgaben an Einzelne vergeben.

b. Macht euch beim Zuhören Notizen zu den Punkten auf eurer Checkliste.

c. Haltet bei der anschließenden Auswertung eure Gesprächsregeln ein.

▶ Gesprächsregeln, S. 19

Checkliste: Inhalt

	Ja	Nein
1. Du hast den Autor und den Titel genannt und darüber gesprochen, was dir das Bild auf dem Cover verraten hat.		
2. Du hast die Hauptfigur(en) vorgestellt und gesagt, wann und wo die Geschichte spielt.		
3. Du hast erklärt, in welcher Situation sich die Hauptfigur befindet und warum sie unzufrieden ist.		
4. Du hast beschrieben, was der Wunsch der Hauptfigur ist.		
5. Du hast eine interessante Textstelle zum Vorlesen ausgewählt.		
6. Du hast eine persönliche Bewertung zu dem Buch abgegeben.		
7. Du hast Vermutungen zum weiteren Verlauf der Handlung geäußert.		

Checkliste: Medien

	Ja	Nein
1. Du hast das Cover gezeigt.		
2. Du hast ein Plakat oder eine Lesemappe zu deinem Vortrag gestaltet.		
3. Du hast weitere Materialien zu dem Buch mitgebracht, z. B. Fotos, Gegenstände, Zeichnungen		

Checkliste: Vortrag

	Ja	Nein
1. Du hast langsam, laut und deutlich gesprochen.		
2. Du hast frei gesprochen und deine Klasse dabei angeschaut.		
3. Du hast deine ausgewählte Textstelle ausdrucksvoll vorgelesen (Betonung, Pausen, ...)		

Die Buchpräsentationen gemeinsam auswerten

1 Welche Buchpräsentation hat euch überzeugt?

a. Bildet Kleingruppen aus Zuhörerinnen und Zuhörern mit den verschiedenen Checklisten (Inhalt, Medien, Vortrag).

b. Tauscht euch mit Hilfe eurer Notizen zu den Präsentationen gemeinsam zu folgenden Fragen aus:
- Wurden die Fragen zum Inhalt beantwortet?
- War die Präsentation durch den Einsatz verschiedener Medien besonders anschaulich?
- Was war am Vortrag der Präsentation gut gelungen?
- Hat mich die Präsentation auf das Buch neugierig gemacht?

c. Notiert euch zu jeder Bewertung Stichworte für eine Begründung.

Naomi, Paul, Tarik und Anna haben sich schon Gedanken gemacht:

Tarik

Ich fand besonders toll, wie lustig Ella die Situation der Hauptfigur beschrieben hat, auch das Bild hat super dazu gepasst.

Mir hat besonders gut gefallen, welche Gegenstände Patil in ihrem Lesekasten hatte …

Naomi

Anna

Mich hat beeindruckt, dass Kemal alles frei vorgetragen hat und wie er seine Meinung zu dem Buch gesagt hat …

Die Idee von Karian und Tim fand ich gut: Sie haben die wörtliche Rede der Hauptfiguren zu zweit vorgetragen …

Paul

2 Entscheidet euch in eurer Gruppe gemeinsam, was für eine gelungene Präsentation für euch besonders wichtig war.

3 Tauscht euch in der Klasse darüber aus.

9 Die Welt der Medien – *Medien bewusst nutzen*

Jeden Tag nutzt ihr verschiedene Medien.

Wie kann ich mich über Sportvereine in meiner Nähe informieren?

Wenn ich mich mit meinen Freunden verabreden will, nutze ich …

Ich sehe jeden Tag im Fernsehen Serien an.

1 Welche Medien seht ihr auf den Bildern? Welche kennt ihr noch?

2 a. Welche Medien habt ihr in der Schule schon genutzt?
b. Welche Medien nutzt ihr zu Hause?
c. Welche nutzt ihr, wenn ihr unterwegs seid?

So nutzen Jugendliche verschiedene Medien.

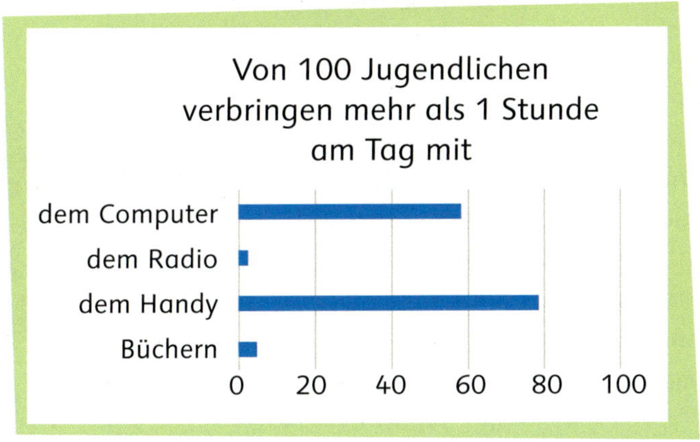

3 a. Wozu nutzen die Jugendlichen die Medien?
b. Wozu nutzt ihr verschiedene Medien?

4 Welche Medien werden weniger genutzt als andere? Sammelt mögliche Gründe dafür.

9 Die Welt der Medien

Medien bewusst nutzen

MK **In diesem Kapitel untersucht ihr den Umgang mit Medien und eure eigene Mediennutzung. Dabei lernt ihr, Diagramme auszuwerten und selbst zu erstellen.**

Buch, Handy, Internet … – die Nutzung untersuchen

Anna, Naomi, Tarik und Paul sprechen über ihre Mediennutzung.

Anna

Mit meinem **Handy** *kann ich* **Nachrichten** *und lustige* **Fotos verschicken**, **Spiele spielen** *und* **Musik hören**.

Ich sehe jeden Tag im **Fernsehen** *Serien an. Im* **Internet** *kann ich dann mehr über meine Stars erfahren und darüber chatten, wie es wohl weitergeht.*

Naomi

Tarik

Wenn wir in der Schule ein Thema bearbeiten, leihe ich mir dazu ein Buch in der Bibliothek. Manchmal dürfen wir das Handy auch im Unterricht benutzen, um etwas nachzuschlagen oder Lernvideos zu sehen.

Ich bin Fußballfan. In einer Zeitschrift über die Bundesliga finde ich interessante Artikel über meine Lieblingsmannschaft und über einzelne Spieler. Die Spiele sehe ich am Wochenende im Fernsehen an. Wenn ich keine Zeit habe, lese ich die Spielberichte montags in der Zeitung.

Paul

1 Welche Medien nutzen Anna, Naomi, Tarik und Paul?

Mit Hilfe von Medien kann man etwas übermitteln, zum Beispiel Texte, Bilder oder Töne.

2 Wozu werden Medien genutzt?
- **a.** Zeichnet die Mind-Map auf ein DIN-A-4-Blatt.
- **b.** Tragt die Angaben aus den Sprechblasen ein.
- **c.** Ergänzt eigene Angaben.

▶ Die Mind-Map, S. 96

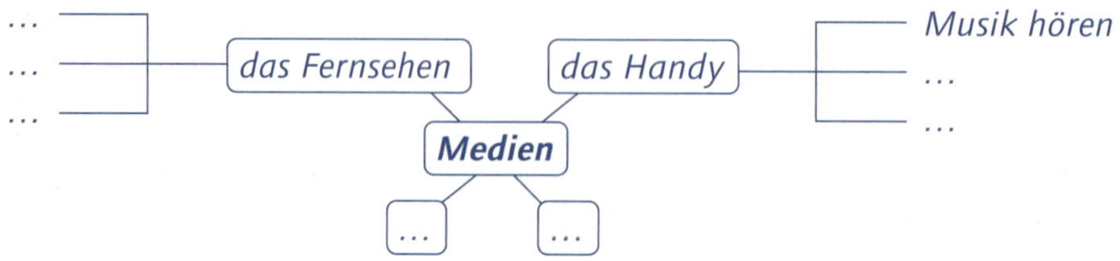

Medien haben verschiedene Funktionen. Ihr nutzt sie, wenn ihr euch mit anderen austauscht, wenn ihr Informationen sucht oder zum Vergnügen.

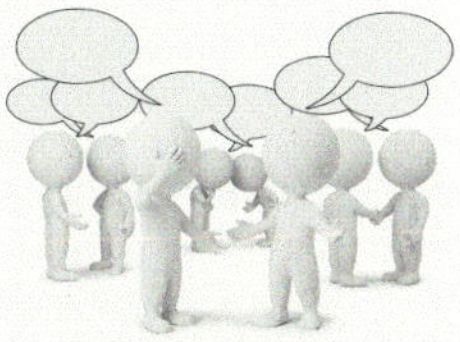

Austausch mit anderen (Kommunikation)
- *telefonieren*
- *...*

Information
- *unbekannte Wörter nachschlagen*
- *...*

Spiel und Unterhaltung
- *online spielen*
- *...*

3 Sammelt Ideen. Wendet die Graffiti-Methode an.

Arbeitstechnik: Die Graffiti-Methode anwenden

Mit der Graffiti-Methode tragt ihr euer Wissen zu einem Thema zusammen.

Vorbereitung: Verteilt große Papierbogen auf mehreren Tischen im Raum. Schreibt die Überschriften **Kommunikation**, **Information** und **Spiel und Unterhaltung** auf je einen Bogen. Ihr teilt die Klasse in Kleingruppen auf. Jede Kleingruppe geht zu einem Tisch.

Schritt 1 – Think: Du schreibst während einer festgelegten Zeit Stichworte zu eurer Überschrift auf den Papierbogen.

Schritt 2 – Pair: Auf ein Zeichen wechselt ihr als Gruppe zum nächsten Papierbogen. Dort lest ihr die Überschrift und die Stichworte der Vorgruppe(n) und ergänzt sie.

Schritt 3 – Share: Sobald ihr wieder am Ausgangsbogen angekommen seid, lest ihr die Stichworte der anderen Gruppen. Wichtige Ergebnisse präsentiert ihr anschließend in der Klasse.

4 Welche Medien nutzt du am liebsten?
- zum Austausch mit anderen
- zur Information
- zur Unterhaltung

Begründe deine Wahl.

5 Wann nutzt du dein Lieblingsmedium?
Was könntest du stattdessen tun?

Mediennutzung – Diagramme auswerten

Diese Diagramme enthalten Informationen zur Mediennutzung von Jugendlichen.

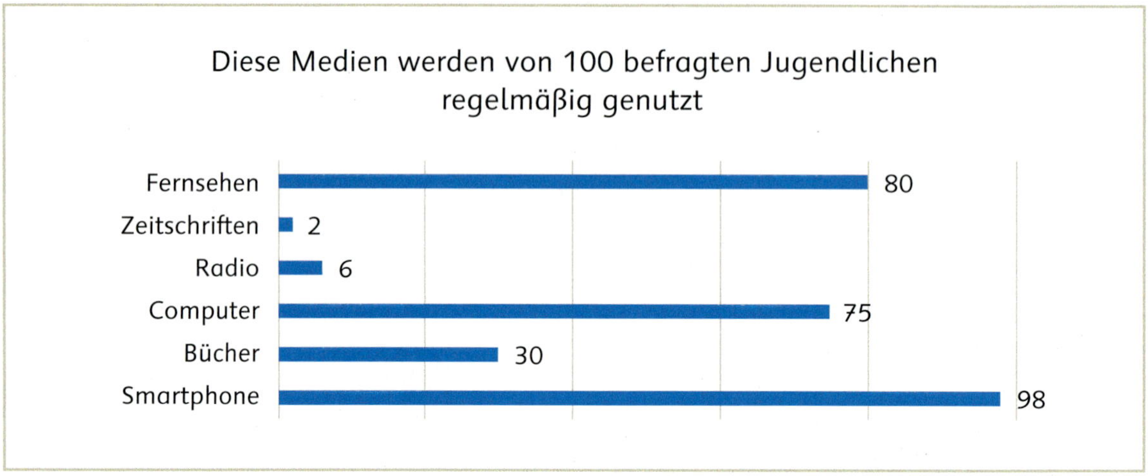

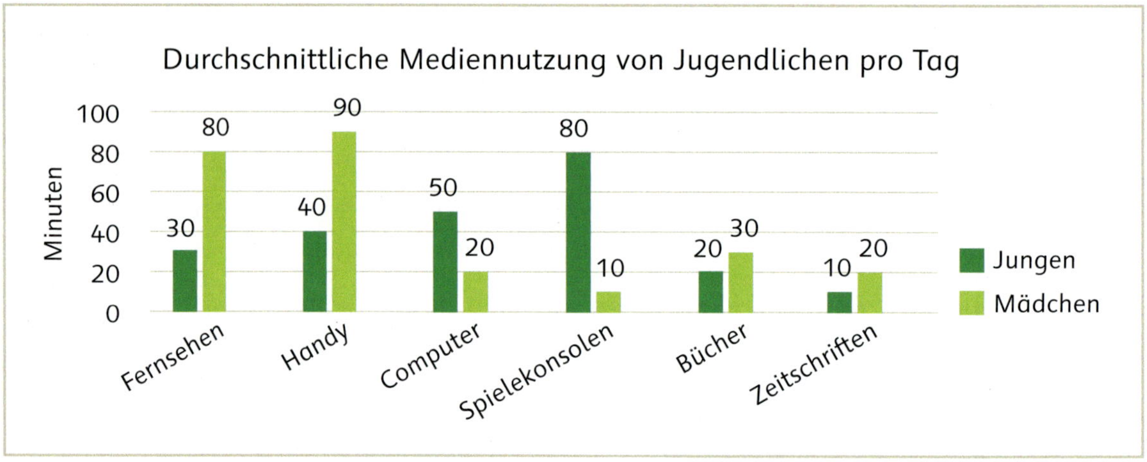

1 a. Wählt eines der Diagramme aus.
b. Untersucht es mit den Schritten 1 bis 3 des Lese-Profis.
- Worüber informiert das Diagramm?
- Gibt es Balken oder Säulen?
- Wofür stehen die Balken oder Säulen?
- Was sagt dir die Länge der Balken oder Säulen?

▶ Der Lese-Profi – Grafiken lesen, S. 239

2 Stellt anderen aus der Klasse eure Ergebnisse zu Aufgabe 1b vor.

Grafiken mit dem Lese-Profi lesen

Der Lese-Profi hilft mir, einer Grafik (zum Beispiel einem Diagramm) Informationen zu entnehmen.

Schritt 1: Vor dem Lesen
Ich lese die Überschrift.
- Welche Informationen gibt mir die Überschrift?
- Was könnte der Inhalt der Grafik sein?
- Was weiß ich selbst schon darüber?

Schritt 2: Beim ersten Lesen
Ich sehe mir die Grafik an.
- Was fällt mir auf (z. B.: verschiedene Säulen oder Balken)?
- Welche Angaben stehen unter oder neben der Grafik?

Schritt 3: Beim genauen Lesen
- Welche W-Fragen kann ich beantworten?

Ich lese die Angaben auf der Querachse.
- Wofür stehen die einzelnen Säulen oder Balken?

Ich lese die Angaben auf der Längsachse.
- Was sagt mir die Länge der Säulen oder Balken?

Schritt 4: Nach dem Lesen
- Welche Informationen sind für mich wichtig?
- Was ist meine Aufgabe: Was soll ich mit den Informationen der Grafik tun?

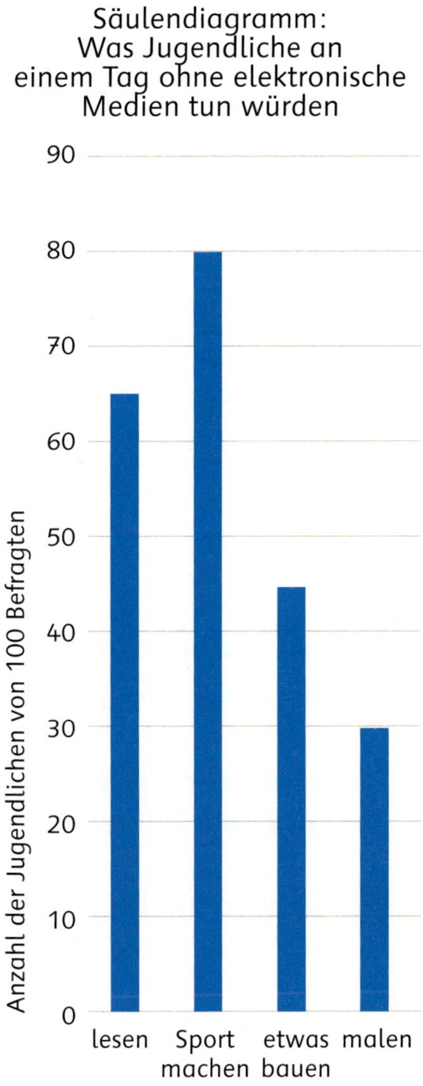

Beispiele für Aufgaben nach dem Lesen:
- *Ich fasse die Informationen zusammen.*
- *Ich schreibe Stichwörter zu den Informationen auf.*
- *Ich erstelle eine Tabelle.*

Mit Freunden Kontakt halten – ein Diagramm lesen

So hältst du mit Freunden Kontakt:
Du sprichst mit ihnen oder du schreibst ihnen.

1 Wie hältst du Kontakt mit deinen Freunden?

Forscher haben Kinder gefragt, wie sie mit ihren Freunden Kontakt halten.

Balkendiagramm: Kontakt zu Freunden

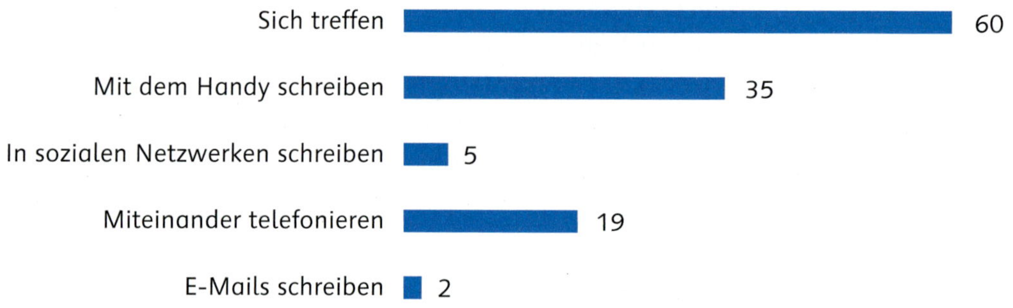

2 Lies die Überschrift.
Welche Informationen enthält das Balkendiagramm?

Beim Balkendiagramm gilt:
Je länger ein Balken ist, desto größer ist die Anzahl.

3 Sieh dir die Länge der Balken an.
- Wie halten die meisten Kinder Kontakt?
- Wie halten die wenigsten Kinder Kontakt?

4 Welche Ergebnisse überraschen dich?
Welche Ergebnisse hast du erwartet?

Mich überrascht, dass Ich habe erwartet, dass	so viele Kinder so wenige Kinder	sich mit Freunden treffen. mit dem Handy schreiben. in sozialen Netzwerken schreiben. miteinander telefonieren. ihren Freunden Mails schreiben.

Viele Kinder nutzen vor allem ihr Handy.

Natalie

Ich brauche überhaupt kein Handy.

Ohne Handy kann ich mich mit meinen Freunden nicht verabreden.

Catalin

Onur

Ich bekomme manchmal so viele Nachrichten aufs Handy. Das nervt total!

Wenn ich das Handy nicht anhabe, habe ich Angst, ich verpasse etwas.

Madalina

5 Wem stimmst du zu? Begründe.

Onur hat recht: Viele Nachrichten sind …

Immer mehr Kinder verzichten manchmal auf ihr Handy.

in der Schule
beim Hausaufgabenmachen/beim Lernen
abends/nachts
beim Sport
in den Ferien/im Urlaub
wenn ich mich mit Freunden treffe
wenn ich Zeit für mich/Ruhe haben will
…

6 Wann hast du handyfreie Zeiten?

Meine handyfreien Zeiten sind: …

7 Welche Vorteile bringen handyfreie Zeiten?

Üben: Über Mediennutzung sprechen und schreiben

Diese Kinder nutzen ihr Handy unterschiedlich oft:

Madalina

*Ich bin 24 Stunden an allen 7 Wochentagen online. Mein Handy habe ich **immer** dabei.*

*Ich schaue **oft** nach neuen Nachrichten. Ich antworte nur, wenn es wichtig ist.*

Onur

Catalin

*Mein Handy ist nur **manchmal** an. In der Schule bin ich off. Nachts schalte ich es ganz ab.*

*Ich verbringe viel Zeit mit meinen Hobbys und meinen Freunden. Ich benutze mein Handy **fast nie**.*

Natalie

1 Wie oft nutzen die Kinder ihr Handy?

2 Welcher Spitzname passt zu wem?
a. Lies die Spitznamen am Rand.
b. Ordne die Spitznamen den Kindern zu.

Spitznamen:
*24/7-online (**immer** online)*
*Gut vernetzt (**oft** online)*
*Mal on, mal off (**manchmal** online)*
*Offline glücklich (**fast nie** online)*

Es gibt viele Möglichkeiten, mit Freunden Kontakt zu halten.

	fast nie	manchmal	oft	immer
Handy (chatten)				
Brief/Postkarte				
Festnetz (telefonieren)				
E-Mail				

3 Wie oft nutzt du was?
a. Schreibe die Tabelle ab.
b. Kreuze an.
c. Formuliere Sätze.

Ich schreibe manchmal eine E-Mail.

Mit anderen sprechen oder ihnen schreiben kannst du auf verschiedene Weise.

Wie entscheidest du dich?

1 Wenn ich mit Freunden ein Geheimnis besprechen will, …
2 Wenn ich jemandem die Hausaufgabe erklären will, …
3 Wenn ich meine Eltern an etwas erinnern will, …
4 Wenn ich zu einer Feier einladen will, …

telefoniere ich.
schreibe ich einen Brief.
schreibe ich eine E-Mail.
spreche ich mit …
schreibe ich eine Nachricht im Chat.
hänge ich einen Notizzettel auf.

4 **a.** Schreibe mindestens drei Satzanfänge ab und ergänze sie.

Wenn ich mit Freunden ein Geheimnis besprechen will, telefoniere ich.

b. Schreibe eigene Sätze dazu.

5 Warum nutzt du was?
Schreibe Sätze auf.
Du kannst auch eigene Sätze bilden.

Ich nutze Ich wähle	das Handy, das Telefon, eine E-Mail, einen Notizzettel, einen Brief, ein Gespräch,	weil es	praktisch ist. nichts kostet. schnell geht. persönlich ist. sicher ist.

Sich informieren – Quellen kennen und bewerten

Anna, Naomi, Tarik und Paul wollen sich informieren.

Naomi

Ich will meinen Kurzvortrag über Komodowarane vorbereiten.

Ich möchte etwas über Sportvereine in meiner Nähe erfahren.

Anna

Tarik

Ich möchte mich über aktuelle Nachrichten informieren.

Wie kann ich Bilder am Computer bearbeiten? Ich brauche eine Anleitung.

Paul

1 Wie können sich Anna, Naomi, Tarik und Paul informieren?
a. Schreibe für jeden passende Möglichkeiten auf.
b. Unterstreiche, was du an ihrer Stelle nutzen würdest.

2 Welche Informationen interessieren dich besonders?
Schreibe Stichworte auf.

Informationen über
– Stars
– Sachen, die ich kaufen will
– …

3 Welche Medien nutzt du, um dich zu informieren?
a. Schreibe sie zu deinen Stichworten zu Aufgabe 2.
b. Begründe deine Medienwahl.

4 Wie oft nutzt du welche Medien, um dich zu informieren?
Schreibe die Tabelle ab und ergänze sie mit deinen Angaben.

meistens	häufig	manchmal	selten	nie

1 *das Sachbuch, die Zeitschrift, das Lexikon …*

Manchmal unterscheiden sich die Nachrichten zum gleichen Thema in verschiedenen Medien.

Wissenschaftler haben Kinder und Jugendliche befragt, welchen Medien sie bei Nachrichten am meisten vertrauen:

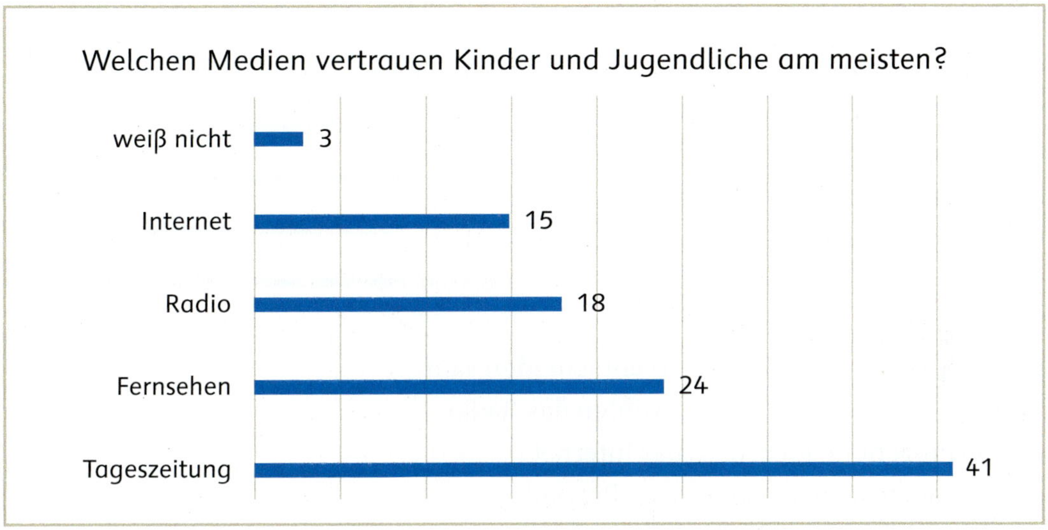

5 Beantworte die folgenden Fragen zum Balkendiagramm:
- Welche Antworten haben die Kinder und Jugendlichen gegeben?
- Was haben die meisten geantwortet?
- Was haben die wenigsten geantwortet?

6 Welchen Medien vertraut ihr am meisten?
Macht eine Punktabfrage.
a. Vergebt jeder zwei Klebepunkte.
b. Stellt die Ergebnisse in einer Tabelle dar.

Punktabfrage
der Fernseher ●●●
das Radio ●●●●●
das Internet ●●
…

Welchen Medien vertrauen wir?
Insgesamt verteilte Punkte: ____

Medium	*Punkte*
Fernsehen	*3*
…	*…*

7 Fasst die Ergebnisse in einem kurzen Text zusammen.

7 *Die Punktabfrage zeigt …*
Am wenigsten/Am meisten vertrauen wir …

Üben: Diagramme auswerten, Ergebnisse formulieren

In diesem Text sind die Ergebnisse des Balkendiagramms auf Seite 245 zusammengefasst.

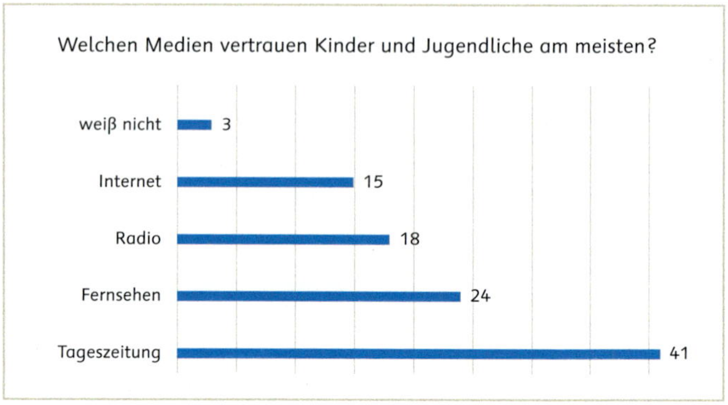

Das Balkendiagramm **zeigt**, welchen Medien Kinder und Jugendliche am meisten vertrauen, wenn sie sich über aktuelle Ereignisse in den Nachrichten informieren. Es **veranschaulicht**, welche Medien sie für mehr oder weniger glaubwürdig halten. Die meisten (41 Prozent) **stimmen für** die Tageszeitung, 25 Prozent **entscheiden sich für** das Fernsehen. 18 Prozent **wählen** das Radio und 15 Prozent meinen, dass das Internet am vertrauenswürdigsten ist. Drei Prozent können sich bei dieser Frage nicht entscheiden.

1 Wie kannst du etwas über den Inhalt des Balkendiagramms ausdrücken? Schreibe die Satzschalttafel ab und ergänze Verben aus dem Text.

Das Balkendiagramm Es	informiert darüber,	welchen Medien Jugendliche am meisten vertrauen.

2 Wie kannst du etwas über die Angaben der einzelnen Balken auszudrücken? Schreibe die Satzschalttafel ab und ergänze Verben aus dem Text.

Die meisten Jugendlichen Die wenigsten Jugendlichen Prozent	stimmen für	die Tageszeitung. den Fernseher. das Radio. das Internet.

3 Überarbeitet eure Zusammenfassung zur Punktabfrage auf Seite 245, Aufgabe 7. Nutzt die Formulierungen in den Satzschalttafeln.

Vertiefen: Informationen überprüfen

Naomi will einen Kurzvortrag über den Komodowaran vorbereiten. Im Internet hat sie diese Informationen gefunden.

Echsenschützer online

Der Komododrache, dieses beeindruckende Reptil aus der Urzeit! Er hat keine natürlichen Feinde, ist aber vom Aussterben bedroht. An Größe werden Komododrachen von keiner Echsen-Art übertroffen. Sie werden sehr lang (knapp 2 m) und sehr schwer (100 kg).

Informationen aus Internet-Texten sollten überprüft werden.

1 Überprüfe die Informationen.
Vergleiche die Informationen mit dem Sachtext „Ein Drache aus der Urzeit: der Komodowaran" auf den Seiten 84–85.

Arbeitstechnik

Informationen aus dem Internet überprüfen
- Wem gehört die Internetseite? Klicke das Impressum an.
- Sind die Besitzer der Internetseite vertrauenswürdig? Frage jemanden, wenn du nicht sicher bist.
- Stimmen die Informationen? Vergleiche sie mit Informationen aus Büchern oder anderen Internet-Seiten.
- Wann wurde die Internet-Seite aktualisiert? Finde das Datum auf der Internetseite. Wenn es lange zurückliegt, können die Informationen veraltet sein.

2 Informiere dich über ein Sachthema deiner Wahl, zum Beispiel über besondere Tiere.
a. Rufe über eine Suchmaschine unterschiedliche Internetseiten auf.
b. Überprüfe die Informationen mit Hilfe der Arbeitstechnik.

▶ Besondere Tiere, S. 70–107

Was machst du am liebsten? – Mediennutzung in der Freizeit

Jedes Jahr werden Kinder gefragt, wie sie sich in ihrer Freizeit am liebsten beschäftigen. Das sind einige Ergebnisse aus dem Jahr 2016:

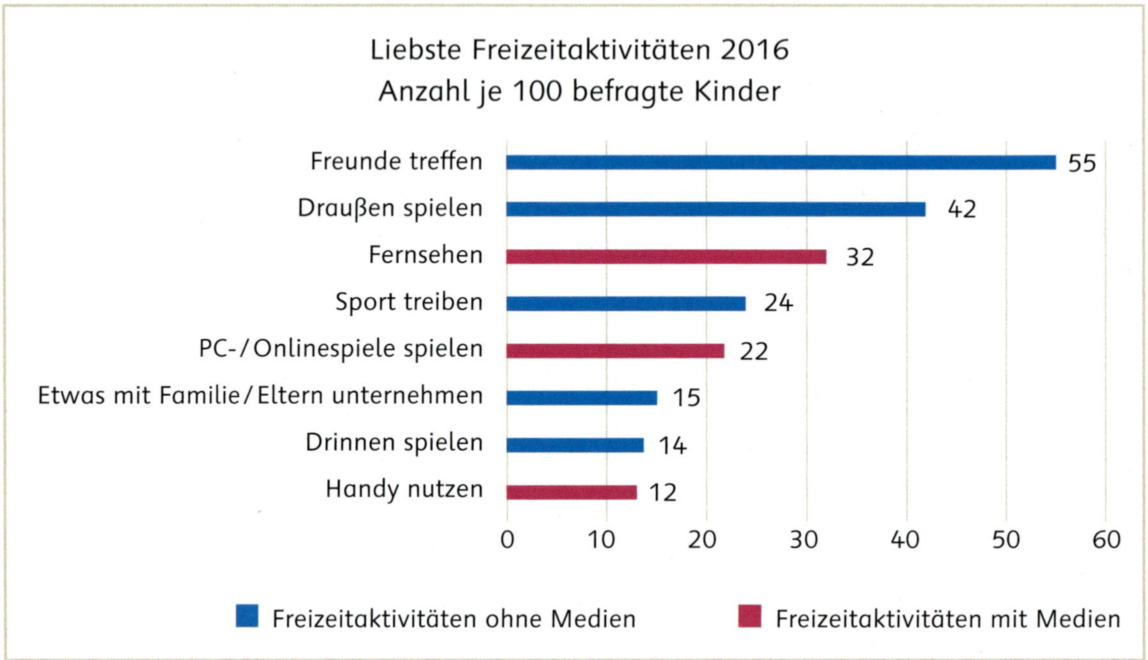

1 Was kannst du aus dem Diagramm ablesen?
- Nutze den Lese-Profi.
- Mache dir Notizen.

Nun kannst du die Ergebnisse auswerten.
Wähle zwischen den Aufgaben 2 1, 2 2 und 2 3 mindestens eine aus und bearbeite sie.

2 1 Wie beliebt sind Freizeitaktivitäten mit und ohne Medien? Vergleiche die Werte und schreibe ein bis zwei Sätze dazu auf.

2 2 Bewerte die Ergebnisse mit Hilfe der folgenden Fragen:
- Was ist besonders auffällig oder überrascht dich?
- Welche Ergebnisse sind für dich neu? Welche hättest du erwartet?

2 3 Verfasse einen kurzen informativen Text, in dem du das Diagramm erläuterst.

1 *Überschrift: .../Art des Diagramms: .../Farben der Balken: .../Länge der Balken: ...*

Wie gut kennst du deine eigene Mediennutzung in der Freizeit?

Freizeitaktivitäten ohne Medien	*Freizeitaktivitäten mit Medien*

3 Was tust du am liebsten in deiner Freizeit?
a. Schreibe die Tabelle ab.
b. Ergänze in jeder Spalte drei Aktivitäten.

4 Wie oft beschäftigst du dich womit?
a. Entscheide dich bei jeder Aktivität für eine der Antworten am Rand.
b. Ergänze in der Tabelle, wie oft du den Aktivitäten in deiner Freizeit nachgehst.

fast jeden Tag
mehrmals pro Woche
einmal pro Woche

In einem Diagramm kannst du deine Gewohnheiten übersichtlich darstellen.

5 Erstelle ein Balkendiagramm.
Tipp: Du kannst kariertes Papier verwenden.
a. Übertrage das leere Diagramm auf ein Blatt.
b. Schreibe deine Freizeitaktivitäten an die Längsachse.
c. Trage daneben die Balken in der passenden Farbe und Länge ein.
d. Finde eine passende Überschrift für das Diagramm.

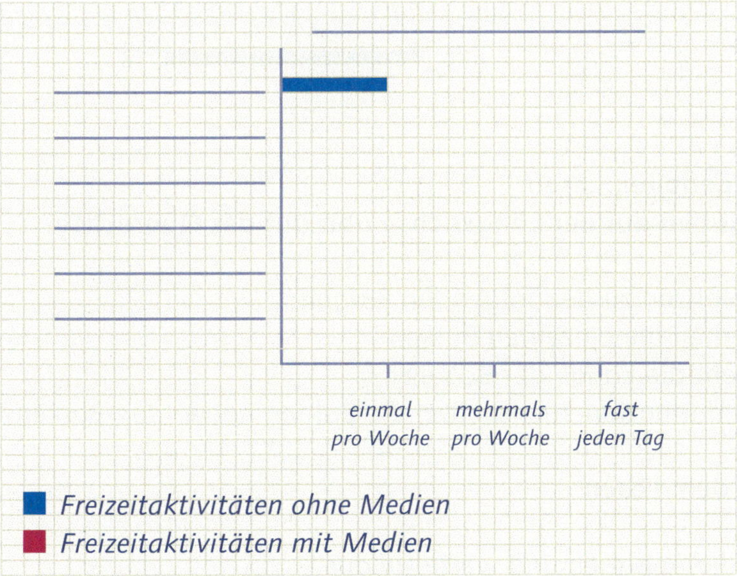

6 Vergleicht eure Diagramme.

Üben: Diagramme lesen

Mit dem Lese-Profi kannst du üben, Diagramme zu lesen.

1 Wende die Schritte 1 und 2 des Lese-Profis an.

Schritt 1: Vor dem Lesen
Ich lese die Überschrift.
- Was könnte der Inhalt des Diagramms sein?
- Was weiß ich selbst schon darüber?

Schritt 2: Beim ersten Lesen
Ich sehe mir das Diagramm als Ganzes an.
- Was fällt mir auf (z. B.: verschiedene Balken oder Säulen)?
- Welche Angaben stehen unter oder neben der Grafik?

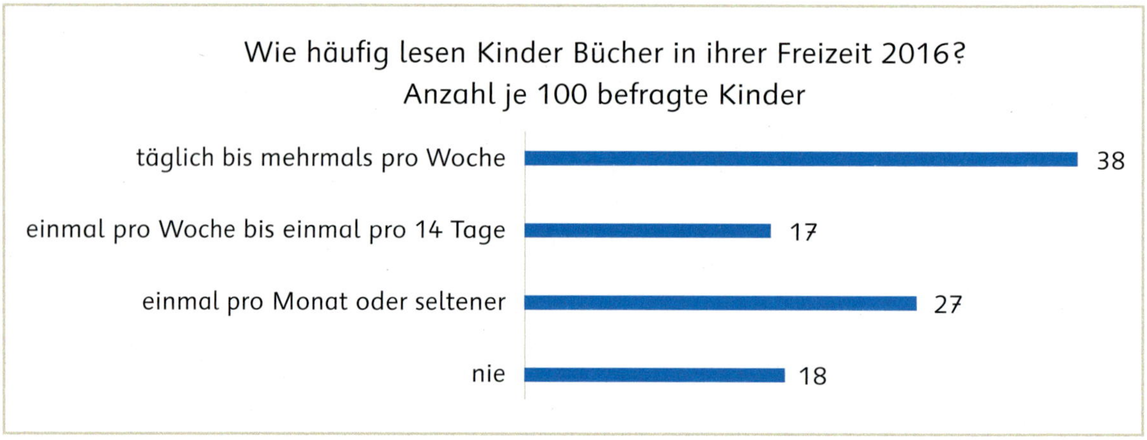

Schritt 3: Beim genauen Lesen
Ich lese die Angaben auf der Längsachse und auf der Querachse.

2 Mache dir Notizen zu den folgenden Fragen:
- Wofür stehen die einzelnen Balken?
- Wofür steht die Länge der Balken?
- Welche Informationen enthalten die Zahlen neben den Balken?

Schritt 4: Nach dem Lesen

3 Beschreibe die Angaben und werte sie aus:
- Welcher ist der höchste Wert? Welcher der niedrigste?
- Was ist besonders auffällig? Was überrascht dich?

Vertiefen: Ergebnisse bewerten

Wissenschaftler haben untersucht, ob und wie sich die Freizeitaktivitäten von Kindern und Jugendlichen über eine lange Zeit verändern.

1 Worüber informiert das Diagramm?
a. Wende die **Schritte 1, 2** und **3** des Lese-Profis an.
b. Mache Notizen zu jedem Schritt.

▶ Der Lese-Profi – Grafiken lesen, S. 239

Bücher lesen* 2006–2016
täglich / mehrmals pro Woche
*nur gedruckte Bücher

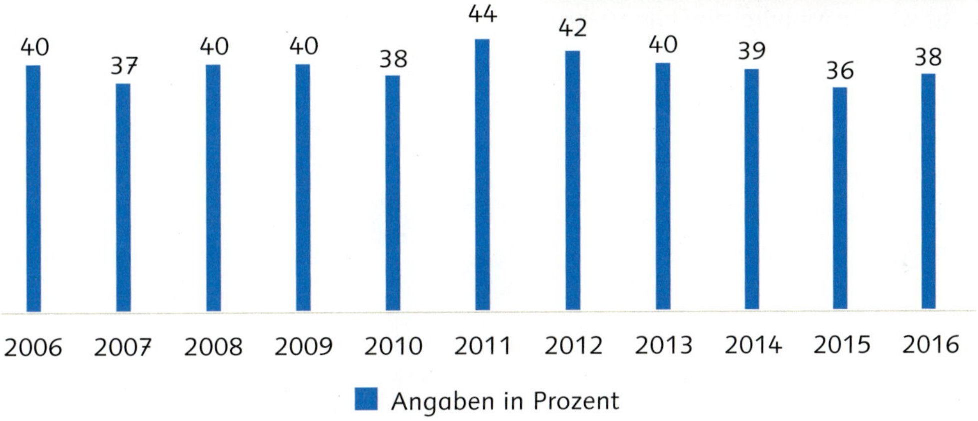

Schritt 4: Nach dem Lesen

2 Fasse die Ergebnisse zu Aufgabe 1 in einem kurzen Text zusammen.

3 Bewerte die Ergebnisse.
Beantworte dazu die folgenden Fragen schriftlich:
- Welche Ergebnisse kannst du nachvollziehen? Welche nicht?
- Wie erklärst du die ähnlichen Ergebnisse im Zeitraum von 2006 bis 2016?
- Wie wichtig werden Bücher in der Zukunft vermutlich sein?

▶ Das Futur, S. 289

4 Wie wichtig ist es dir, in deiner Freizeit Bücher zu lesen?
Begründe deine Antwort schriftlich.

Mediennutzung früher und heute

Paul erinnert sich an den Geburtstag seiner Oma.

Dein neues Handy, Oma!

Letzten Monat haben wir Oma zu ihrem Geburtstag ein Smartphone geschenkt. Zuerst schaute sie etwas skeptisch, dann aber siegte ihre Neugier. Ich sollte ihr gleich erklären, was man damit alles machen kann und wie sie die verschiedenen Funktionen nutzen kann.

Oma meinte, dass sie als Kind lange noch nicht mal ein Telefon gehabt habe und trotzdem nicht unglücklich gewesen sei. Sie begann zu erzählen: „So etwas wie ein Mobiltelefon konnten wir uns früher gar nicht vorstellen. Wenn man so darüber nachdenkt, besaßen nur wenige technische Geräte. Ein Radio. Das hatten wir. Aber das wurde nur angeschaltet, wenn unsere Eltern dabei waren. Gehört wurden vor allem Nachrichten und Musik. In unserer Straße wohnte eine Familie, die einen Fernseher besaß, auf dem unsere Väter manchmal Fußballspiele geschaut haben. Wir haben erst viel später einen Fernseher bekommen. Und selbst dann wurde er nur sehr selten angeschaltet. Das fanden wir aber nicht sehr schlimm. Wenn wir etwas wissen wollten oder für die Schule etwas herausfinden mussten, dann schauten wir in ein Lexikon oder gingen in die Bibliothek, und wenn uns langweilig war, gingen wir eben zum Nachbarhaus, klingelten und fragten, ob die Nachbarskinder mit uns spielen dürften. Warum wir nicht einfach angerufen haben? Wie hätten wir das denn tun sollen ohne Telefon? ...“

Oma scheint sehr gerne an diese Zeit zu denken, obwohl sie keinen Computer, kein Mobiltelefon und lange nicht einmal einen Fernseher oder ein Telefon hatten. Ich merkte, dass ich nicht mehr richtig zuhörte, sondern darüber nachdachte, wie es wohl für mich wäre, in einer Zeit zu leben, in denen die modernen Medien nicht selbstverständlich zum Alltag gehörten.

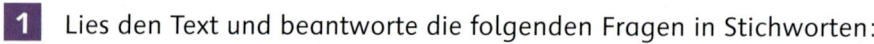

1 Lies den Text und beantworte die folgenden Fragen in Stichworten:
- Was bringt Paul zum Nachdenken?
- Worüber denkt er nach?

2 Vergleiche die Nutzung einzelner Medien früher und heute.
a. Schreibe auf, wozu früher Medien genutzt wurden und welche das waren.
b. Schreibe auf, welche Medien du heute in ähnlichen Situationen nutzt.

Musik hören – früher: ______; heute: ______

3 Auf welche Medien könntest du am ehesten verzichten? Auf welche am wenigsten? Begründe deine Antwort.

Paul kann sich einen Alltag ohne moderne Medien kaum vorstellen.
Er informiert sich darüber, welche Geräte Kinder und Jugendliche heute besitzen.

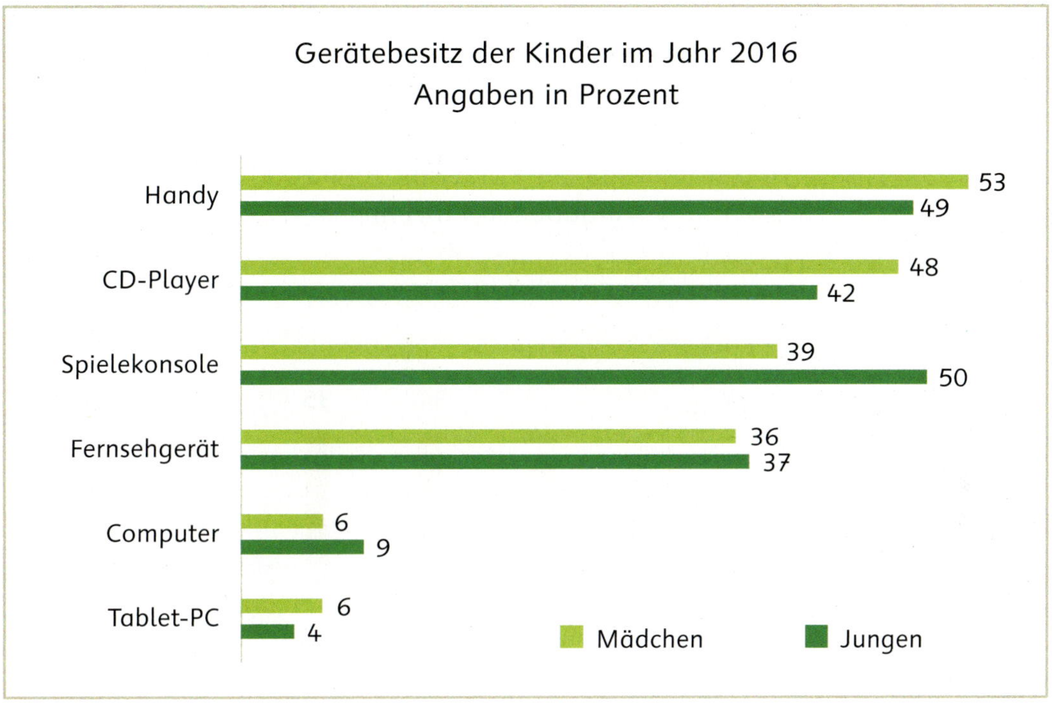

4 Lies das Diagramm und notiere Stichworte.
Wende die **Schritte 1 bis 3** des **Lese-Profis** an.

▶ Der Lese-Profi – Grafiken lesen, S. 239

Schritt 4: Nach dem Lesen

5 Fasse deine Ergebnisse zu Aufgabe 4 in einem Text zusammen.
Gehe dabei auch auf die folgenden Fragen ein:
- Welches Gerät besitzen die meisten Kinder? Welches die wenigsten?
- Was fällt dir im Vergleich der Geräte von Mädchen und Jungen auf?
- Welche Angaben überraschen dich? Welche hast du erwartet?
- Welche möglichen Ursachen kannst du für einzelne Ergebnisse angeben?

6 Stelle weitere Überlegungen an und notiere Stichworte:
- Welche technischen Geräte besitzen Kinder heute außerdem?
- Welches Gerät werden in den nächsten Jahren die meisten Kinder besitzen? Begründe deine Vermutung.

5 *Das Balkendiagramm aus dem Jahr … zeigt/veranschaulicht/stellt dar …*
Besonders auffällig/interessant/überraschend ist, dass …
Ein Grund/Eine Ursache für … könnte darin bestehen, dass …

Vertiefen: Informationen aus Diagrammen und Texten entnehmen und vergleichen

Einige Umfragen werden jedes Jahr wiederholt, um die Ergebnisse über einen längeren Zeitraum zu vergleichen. Im Jahr 2000 wurden folgende Aussagen gemacht:

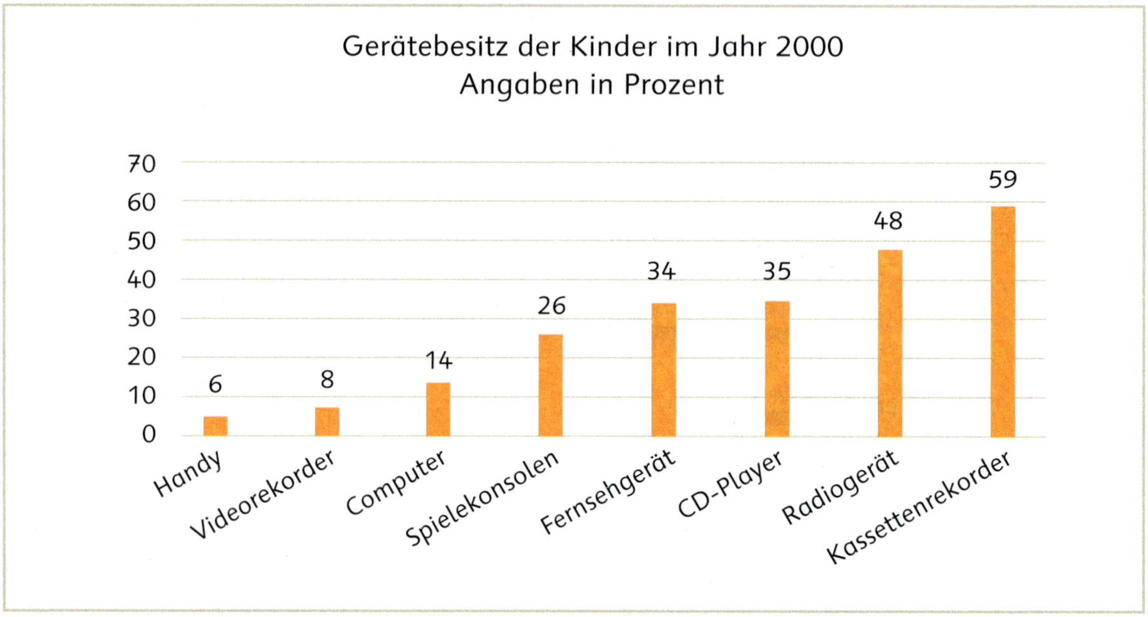

1 Lies das Säulendiagramm und notiere Stichworte dazu.

Was hat sich im Zeitraum von 2000 bis 2016 verändert?
Du findest es heraus, wenn du dieses Säulendiagramm mit dem Balkendiagramm auf Seite 253 vergleichst.

2 Beschreibe die Unterschiede und Ähnlichkeiten zwischen den Diagrammen.
Diese Fragen können dir helfen:
- Welche Geräte kommen nur in einem der Diagramme vor?
- Welche Geräte besaßen Kinder im Jahr 2000 am häufigsten/am seltensten? Welche waren es im Jahr 2016?
- Welche Werte haben sich stark verändert? Welche wenig oder gar nicht?
- Was fällt dir sonst noch auf? Was überrascht dich?

3 Fasse deinen Vergleich in einem Text zusammen.
Nutze dazu deine Ergebnisse zu den Aufgaben auf den Seiten 253–254.

3 *im Vergleich mit/im Gegensatz zu den Angaben im Jahr ...,*
anders als im Jahr ..., ebenso wie im Jahr ...,
deutlich mehr/weniger, ähnlich/gleich viele

Häufig werden Diagramme mit Texten zusammen abgedruckt, zum Beispiel in Zeitungen oder Zeitschriften.

Alleskönner

Während die ersten Handys vorwiegend zum Telefonieren und zum Schreiben von Kurznachrichten genutzt wurden, ändern die neuen Mobiltelefone die Nutzungsgewohnheiten der Menschen deutlich.
Telefonieren steht längst nicht mehr an erster Stelle. Mittlerweile sind Chatdienste, das Teilen von Bildern und das Surfen im Internet in den Vordergrund getreten. Außerdem besteht ein großes Angebot an Spielen für fast alle Handy-Modelle. Auch die schnelle Recherche im Internet oder das Streamen von Musik und Videos sind mit dem kleinen Alleskönner kein Problem mehr.

Am häufigsten eingesetztes Gerät zur Internetnutzung 2016
Angaben in Prozent

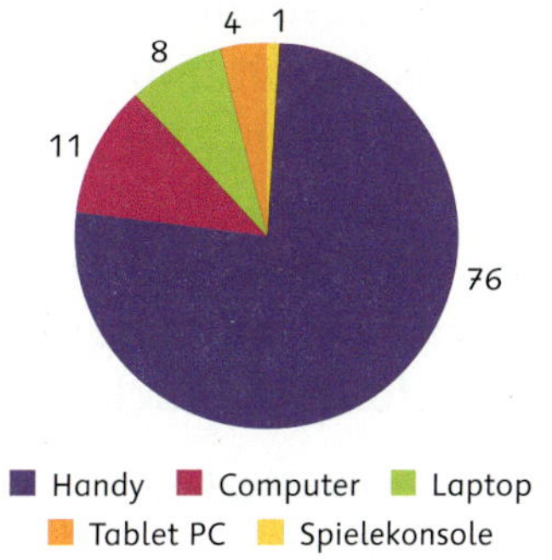

4 Lies den Zeitungsartikel.
- **a.** Notiere Stichworte zum Inhalt des Diagramms und des Textes.
- **b.** Erkläre, warum sie im Zeitungsartikel zusammen abgedruckt wurden.

5 Vergleiche das Säulendiagramm auf Seite 254 mit dem Kreisdiagramm auf Seite 255. Was lässt sich in welchem Diagramm besser darstellen?

Bearbeite mindestens eine der folgenden Aufgaben 5 1, 5 2, 5 3.

5 1 Wofür nutzt du das Handy?
- **a.** Schreibe Tätigkeiten aus dem Text „Alleskönner" auf und ergänze sie.
- **b.** Schreibe dazu, wie viel Zeit du jeweils pro Woche damit verbringst.

  telefonieren: 30 Minuten, …
- **c.** Übertrage deine Ergebnisse in ein Balken- oder Säulendiagramm.

5 2 Wie werden Medien in Zukunft genutzt werden?
Schreibe einen Tagebucheintrag einer Schülerin oder eines Schülers im Jahr 2070.

5 3 Verzicht auf Medien: Welche Herausforderung nimmst du an?
Begründe schriftlich, was dir am leichtesten und am schwersten fallen würde.
- Freunde haben Vorrang: Wenn ihr zusammen seid, verwendest du das Handy nicht.
- Verkehrschaos: Plane eine Fahrt mit öffentlichen Verkehrsmitteln ohne Hilfe des Handys oder des Internets.
- Zehnerkarte: Schreibe höchstens zehn Mal am Tag am Handy eine Nachricht (SMS / Chat).

Informationen zur Mediennutzung präsentieren

Ihr habt euch in diesem Kapitel über Funktionen von Medien informiert: über Kommunikation, Information, Spiel und Unterhaltung und über die Mediennutzung heute und früher. Bildet Experten-Gruppen.

1 a. Lest eure Ergebnisse zu den Aufgaben aus diesem Kapitel noch einmal.
b. Wählt Informationen aus, die ihr den anderen Gruppen vorstellen wollt.
c. Ergänzt sie auf den Papierbogen von Seite 237 oder beschreibt neue Bogen.

Ihr habt außerdem untersucht, wie Kinder und Jugendliche Medien nutzen. Dazu habt ihr Diagramme ausgewertet. Ihr informiert euch nun gegenseitig über die Ergebnisse.

Bildet gemischte Gruppen: , , ,

2 Stellt euch gegenseitig eure Arbeitsergebnisse aus diesem Kapitel vor.

3 Stellt in eurer Gruppe Fragen zu eurer eigenen Mediennutzung und beantwortet sie.
Nutzt die Überschriften der Diagramme, zum Beispiel:
- Wie hälst du Kontakt zu Freunden?
- Welchen Medien vertraust du am meisten?
- Was sind deine liebsten Freizeitaktivitäten mit und ohne Medien?
- Wozu nutzt du das Handy am meisten?

4 Vergleicht eure Antworten mit den Angaben aus den Diagrammen.

Mit einer Umfrage könnt ihr mehr über eure eigene Mediennutzung erfahren.

5 Was wollt ihr über die Mediennutzung in eurer eigenen Klasse herausfinden?
a. Sammelt Fragen mit möglichen Antworten auf einen Fragebogen.

Wofür nutzt du das Internet am meisten?
Hausaufgaben/Schule ☐ *Chat* ☐ *Spielen* ☐

b. Lasst euren Fragebogen von allen Mitschülerinnen und Mitschülern ausfüllen.
c. Zählt aus, wie oft welche Antworten angekreuzt wurden.
d. Stellt die Ergebnisse eurer Umfrage in einem Diagramm, einer Tabelle oder einem Text dar.

Das Lesen mit dem Lese-Profi auswerten

Beim Lesen und Verstehen von Grafiken, zum Beispiel Diagrammen, hilft der Lese-Profi. Anna, Tarik, Paul und Naomi wollen einem Diagramm Informationen entnehmen.

Anna

Ich möchte mich über das Thema des Diagramms informieren.

Ich will wissen, welche Art Diagramm es ist.

Tarik

Paul

Mich interessiert, welche Angaben das Diagramm enthält.

Ich möchte herausfinden, welche Werte besonders hoch und welche besonders niedrig sind.

Naomi

1 Welche Schritte des Lese-Profis können Paul, Naomi, Tarik und Anna helfen?
a. Lest auf Seite 239 nach.
b. Notiert passende Schritte und Fragen zu jeder Sprechblase.

2 Welche Schritte des Lese-Profis haben euch am meisten geholfen?
Welche am wenigsten?
Sprecht darüber.

Der Lese-Profi für Grafiken kann verändert und angepasst werden.

3 Erstelle deinen persönlichen Lese-Profi für Grafiken.
a. Schreibe Schritte und Fragen von Seite 239 auf, die du auch weiterhin nutzen möchtest.
b. Ergänze wenn nötig Fragen, die du hilfreich findest.
- *Was ist besonders auffällig oder überrascht mich?*
- …

4 Stellt euch gegenseitig euren persönlichen Lese-Profi für Grafiken vor.

Eine Bibliothek erkunden

Anna, Paul, Naomi und Tarik wollen in die Bibliothek gehen.

Anna

Wollen wir am Samstag einen Film zusammen anschauen?

Gibt es hier etwas Interessantes über Basketball?

Paul

Naomi

Ich mag Abenteuergeschichten! Am liebsten höre ich sie abends vor dem Einschlafen an.

Ich möchte ein Spiel ausleihen.

Tarik

1 Was interessiert Anna, Paul, Naomi und Tarik?

2 Wo sollten Anna, Paul, Naomi und Tarik suchen? Findet die passenden Regale.

Lexika, CDs und Spiele werden häufig ausgeliehen.

1

2

3

3 Wo würdet ihr in der Bibliothek nach diesen Medien suchen? Ordnet sie den Regalen auf Seite 258 zu.

4 Was würdest du ausleihen?
a. Schreibe es mit einer Begründung auf.
b. Schreibe dazu, wo du danach suchen würdest.

5 Erkundet eine Bibliothek in eurer Nähe. Verteilt die Fragen und beantwortet sie.
- Was kostet ein Bibliotheksausweis für Schülerinnen und Schüler?
- Wie ist die Jugendbuchabteilung aufgebaut?
- Wer kann euch bei eurer Suche helfen?
- Wie leiht man Medien aus?
- Was könnt ihr noch in der Bibliothek tun?

6 Was habt ihr erfahren? Tragt eure Informationen zusammen.

4 a.

	denn mir gefällt/gefallen ...
Ich würde ... ausleihen,	*denn ich finde ... spannend/gruselig.*
	denn ich interessiere mich besonders für ...

Medien mit dem Computer finden

Auf der Internet-Seite der Bibliothek kannst du nach Medien suchen. Naomi hat diese Stichworte in das Suchfeld eingegeben.

Jugendbuch + spannend

1 Welche Stichworte passen zu deinen Interessen? Schreibe auf, was du in das Suchfeld eingeben würdest.

Naomi hat auf 🔍 geklickt.
Auf dem Bildschirm erscheinen diese Ergebnisse.

Titel: Mit Jeans in die Steinzeit **Autor/-in:** Wolfgang Kuhn **Signatur:** JUG 410 Ku	Jahr: 2006 Medium: Buch Dieser Titel ist vorhanden.
Titel: Gangsta-Oma **Autor/-in:** David Walliams **Signatur:** JUG 420 Wal	Jahr: 2016 Medium: Hörbuch, CD Dieser Titel ist vorhanden.
Titel: Der Junge, der Gedanken lesen konnte **Autor/-in:** Kirsten Boie **Signatur:** JUG 420 Bo	Jahr: 2012 Medium: Hörbuch, CD Dieser Titel ist verliehen.
Titel: Alice im Wunderland **Autor/-in:** Lewis Carroll **Signatur:** JUG 400 Carr	Jahr: 1991 Medium: Buch Dieser Titel ist vorhanden.

2 Beantworte die Fragen zu den Informationen auf dem Bildschirm.
- Welche Hörbücher werden angezeigt?
- Was kann Naomi nicht ausleihen? Warum nicht?
- Welche Angaben werden noch angezeigt?

▶ Mehr über diese Jugendbücher, S. 202–233

3 Welche Titel interessieren dich? Begründe.

1 *Film + Abenteuer, Computerspiele + Schach, Autorin + Kirsten Boie*

Medien im Regal und online finden

Jedes Medium in der Bibliothek hat eine eigene Signatur. Das ist eine Kennzeichnung aus Buchstaben und Zahlen, die dir hilft, das Medium zu finden.

1 Welche Signaturen haben die Medien auf Seite 260? Schreibe sie mit dem dazugehörigen Titel auf.

Die Signatur sagt dir, wo das Medium steht.

die Signatur

- JUG – die Abkürzung für die Abteilung, zum Beispiel N für Natur, JUG für Jugendbücher, G für Geschichte, FAN für Fantasy
- 420 – die Nummer des Regals
- Wal – die Abkürzung des Namens der Autorin oder des Autors

2 In welcher Abteilung findest du Medien mit diesen Signaturen? Schreibe es auf.

Signatur: FAN 51 Fun → FAN für …

FAN 51 Fun
JUG 410 Ku
G 200 Nase

3 Seht euch das Foto am Rand an
- Wie heißt das Buch mit der Signatur **G 200 Nase**?
- Wie sind die Bücher von links nach rechts im Regal sortiert?

Du möchtest einen Titel als E-Book ausleihen?

4 Suche auf der Internetseite deiner Bibliothek nach E-Books, die dich interessieren.

a. Schreibe Informationen zum Inhalt auf.
b. Schreibe auf, wie lange du das E-Book ausleihen kannst.
c. Stelle deine Ergebnisse vor.

Mit der passenden App kannst du auf der Internet-Seite deine Wunschtitel suchen und herunterladen.

10 Grammatik

In diesem Kapitel erfahrt ihr Wichtiges über Wortarten, Satzglieder und ihre Funktionen und ihr erhaltet Tipps für euer eigenes Schreiben. Das Navi hilft euch beim Orientieren.

Die Wortarten S. 264–295

- Nomen
- Pronomen
- Adjektive
- Verben

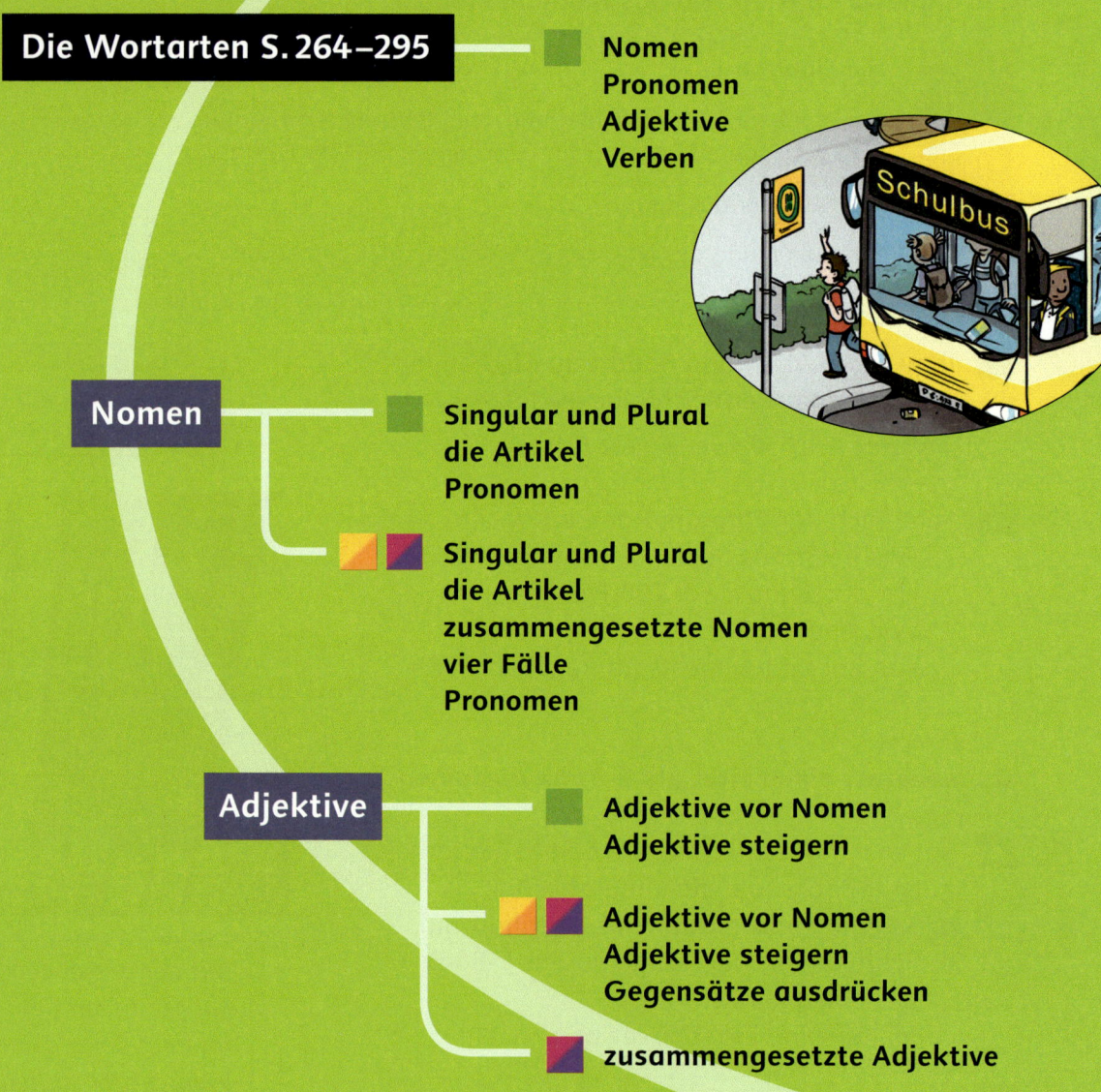

Nomen

- Singular und Plural
- die Artikel
- Pronomen

- Singular und Plural
- die Artikel
- zusammengesetzte Nomen
- vier Fälle
- Pronomen

Adjektive

- Adjektive vor Nomen
- Adjektive steigern

- Adjektive vor Nomen
- Adjektive steigern
- Gegensätze ausdrücken

- zusammengesetzte Adjektive

Verben

das Präsens
das Präteritum

das Präsens
das Präteritum
zusammengesetzte Verben

das Perfekt

das Futur
das Plusquamperfekt

Die Satzglieder S. 296–307

Satzglieder umstellen
Sätze in Felder einteilen
das Prädikat
das Subjekt

Satzglieder verwenden

das Prädikat
das Subjekt
die Objekte

adverbiale Bestimmungen

Die Wortarten im Überblick

Auf dem Weg zur Schule

*Fußballerin – das ist mein größter **Traum**!*
*Hast du heute nach der Schule **Zeit**?*
Schulbus

1 Seht euch die Bilder an.
- Welche **Personen** und **Lebewesen** seht ihr?
- Welche **Gegenstände** könnt ihr entdecken?
- Was **tut** die Frau?
- **Wie** ist der Bus?

2 **a.** Stellt euch gegenseitig weitere Fragen zu den Bildern.
b. Sammelt eure Antworten an der Tafel.

Wörter können wir nach Wortarten unterscheiden.
Jede Wortart hat andere Merkmale.

3 **a.** Welche Merkmale haben eure gesammelten Wörter?
b. Was wisst ihr über die Wortarten?

2 **a.** *Welche Person …? Welches Lebewesen …? Welcher Gegenstand …?*
Was tut …?
Wie ist …?

Nomen bezeichnen Lebewesen (Menschen, Tiere, Pflanzen) und Gegenstände. Nomen bezeichnen auch gedachte oder vorgestellte Dinge.

4 Welche Lebewesen, Gegenstände und gedachten Dinge sind auf dem Bild auf Seite 264 dargestellt?
a. Ordnet die Nomen in die Tabelle ein.
b. Ergänzt weitere Nomen.

Lebewesen	*Gegenstände*	*gedachte oder vorgestellte Dinge*
der Hund	…	…

Mit Adjektiven können wir Lebewesen und Gegenstände genauer beschreiben. Adjektive sagen, wie etwas ist.

Das Mädchen trägt eine Hose, die **lang** und **blau** ist. Der Gürtel ist **breit**. Das T-Shirt ist **hellblau**. Die Haare des Mädchens sind **braun**.

Der Junge hat **dunkelbraune** Haare. Er trägt eine **kurze**, **rote** Hose und **schwarze** Schuhe. Sein **gestreiftes** T-Shirt hat **kurze** Ärmel.

5 **a.** Wer ist hier beschrieben? Findet die Kinder auf dem Bild.
b. Schreibt die Adjektive in euer Heft.

6 **a.** Schreibt eigene Rätsel. Beschreibt die Kleidung einer Mitschülerin / eines Mitschülers.
b. Lasst die Klasse raten, wen ihr beschrieben habt.

Verben sagen, was wir tun.

7 Was tun die Schüler auf dem Schulhof?
a. Schreibt Sätze auf.
b. Markiert die Verben.

Zwei Mädchen sitzen auf der Treppe.
Ein Junge hört Musik.

8 Was tut ihr auf dem Schulhof?
a. Sammelt Verben.
b. Schreibt Sätze und stellt sie euch gegenseitig vor.

4 *der Busfahrer, die Freude, die Hose, das Schild, der Spaß, die Treppe, die Uhr, die Zeit …*

7 *eine Zeitschrift lesen, sich unterhalten, Skateboard fahren, sich verstecken, Musik hören …*

8 *Ich … Meine Freunde und ich, wir …*

**Tarik hat auf dem Weg zur Schule einen Unfall gesehen.
Er berichtet davon.**

Der Junge fuhr über **die Kreuzung**.
Sie war stark befahren.
Die Fahrerin des Autos sah den Jungen.
Sie konnte jedoch nicht mehr rechtzeitig bremsen.
Der Junge fiel vom Fahrrad und lag auf der Kreuzung.
Er weinte und jammerte.
Schnell eilten **die Fußgänger** dem Jungen zu Hilfe.
Sie beruhigten ihn und riefen den Krankenwagen.
Ein Mann schaute nach **dem Fahrrad**.
Zum Glück war es nicht ganz kaputt.

9 **a.** Beantwortet die folgenden Fragen.
- Wer rief den Krankenwagen?
- Was war zum Glück nicht ganz kaputt?

b. Stellt weitere Fragen und beantwortet sie.

**Die Wörter ich – du – er/sie/es – wir – ihr – sie sind Personalpronomen.
Sie können Nomen ersetzen.**

10 In Tariks Bericht sind Nomen durch Personalpronomen ersetzt.
Schreibt die Nomen und die passenden Personalpronomen auf.

die Ampel – sie

**Auch Paul hat den Unfall beobachtet.
Er hat einen Bericht entworfen.**

Sie war stark befahren, aber **er** fuhr trotzdem weiter.
Sie konnte nicht mehr bremsen.
Von dem Aufprall fiel **er** auf die Straße und
es lag mitten auf der Kreuzung.
Er blutete am Bein und an den Händen.
Deshalb riefen **sie** einen Krankenwagen.
Er kümmerte sich um das Fahrrad.

11 **a.** Wieso ist der Bericht von Paul schwer zu verstehen?

b. Berichtet verständlich. Ersetzt die Personalpronomen durch passende Nomen.

11 *die Autofahrerin, sein Fahrrad, die Fußgänger, der Junge, die Kreuzung, ein Mann*

Die Wortarten im Überblick

Nomen (Namenwort)	
Nomen bezeichnen **Lebewesen** (Menschen, Tiere, Pflanzen) und **Gegenstände**. Nomen bezeichnen auch **gedachte oder vorgestellte Dinge**.	*die Frau, der Hund, der Baum, das Rad* *der Hunger, das Glück, die Zeit* *Die Frau hat Zeit. Sie hält den Hund an der Leine.*
Artikel (Begleiter)	
Artikel **begleiten Nomen**. Vor einem Nomen steht oft ein **bestimmter Artikel** (der, das, die) oder ein **unbestimmter Artikel** (ein, ein, eine).	*der Mann – ein Mann* *das Kind – ein Kind* *die Uhr – eine Uhr* *An der Ecke steht ein Kind. Das Kind trägt eine Uhr. Die Uhr ist groß.*
Adjektiv (Eigenschaftswort)	
Mit Adjektiven können wir Lebewesen und Gegenstände genauer **beschreiben**. Adjektive sagen, **wie** etwas ist.	*klein, rund, blau* *Der Ball ist rund und blau. Dieser runde, blaue Ball liegt in der Ecke.*
Verb (Tuwort)	
Verben sagen, was wir **tun**.	*lesen, rennen, lachen* *Ich lese ein Buch. Du rennst zu mir. Wir lachen gemeinsam.*
Personalpronomen (persönliches Fürwort)	
Personalpronomen können wir **für Lebewesen, Gegenstände oder gedachte Dinge einsetzen**. Personalpronomen helfen dabei, häufige Wiederholungen von Nomen zu vermeiden.	*ich – du – er – sie – es – wir – ihr – sie* *Der Junge fiel vom Fahrrad. Er weinte.* *Das Rad lag auf der Kreuzung. Es war nicht ganz kaputt.* *Die Zeit vergeht sehr schnell. Sie scheint zu rasen.*

Wortart: Nomen

Der Hausmeister hat einen Stand auf dem Flohmarkt.

Ein Junge interessiert sich für den ausgestopften Fuchs.
„So ein Fuchs ist der Traum! Ist der Fuchs echt?", möchte der Junge wissen.
„Keine Angst", entgegnet der Hausmeister, „er tut dir nichts!"
Das Mädchen neben ihm strahlt. „So eine Landkarte suche ich schon lange!"
Ihre Mutter meint: „Du hast aber ein Glück. Die Landkarte ist wirklich toll!"

1 a. Nennt alle Lebewesen und Gegenstände am Stand des Hausmeisters.
b. Nennt alle gedachten oder vorgestellten Dinge, die die Personen ansprechen.

Nomen bezeichnen Lebewesen (Menschen, Tiere, Pflanzen) und Gegenstände. Nomen bezeichnen auch gedachte oder vorgestellte Dinge.

2 a. Ordnet die Nomen in eine Tabelle ein.

der	*das*	*die*
der Hausmeister	*…*	*…*

b. Ergänzt in der Tabelle weitere Nomen.

Vor einem Nomen steht oft ein Artikel (Begleiter).

▶ Der Artikel, S. 267

3 Schreibt die Nomen aus der Tabelle mit bestimmten und unbestimmten Artikeln auf.
der Hausmeister – ein Hausmeister

der – ein
das – ein
die – eine

4 Manche Gegenstände gibt es mehrmals auf dem Bild. Nennt diese Gegenstände.

1 *die Schuluhr, das Skelett, der Fuchs, eine Landkarte …*

Fast alle Nomen können im Singular (Einzahl) und im Plural (Mehrzahl) stehen.

5 **a.** Schreibt die Nomen im Singular und im Plural auf.

das Buch – die Bücher

b. Was fällt euch beim Artikel im Plural auf?

Naomi und Paul erzählen, was sie auf dem Flohmarkt gerne kaufen möchten.

Naomi

*Die Schuluhr finde ich am besten. Ich möchte sie kaufen. Meine Mutter hat mir Geld gegeben, weil sie mir eine Freude machen möchte. Ich hoffe, es reicht. **Sie** passt perfekt in mein Zimmer.*

*Ich möchte den Basketball haben. Er hat eine coole Farbe. Meine Freunde und ich spielen gerne zusammen. Heute Nachmittag wollen wir trainieren. Mein Onkel will ihn mir schenken. **Er** ist super.*

Paul

6 **a.** Wer möchte Naomi eine Freude machen?
b. Wer will am Nachmittag Basketball trainieren?

Für Nomen können wir Personalpronomen einsetzen.

► Das Personalpronomen, S. 267

ich, du, er / sie / es, wir, ihr, sie

7 **a.** Nennt die Personalpronomen, die im Dialog vorkommen.
b. Schreibt die Nomen mit den passenden Personalpronomen auf.

die Schuluhr – sie

8 **a.** Findet heraus, wen oder was Naomi und Paul in ihrem letzten Satz meinen.
b. Erklärt, warum es zu Missverständnissen kommen kann.

Wissen kompakt

Nomen im Singular (Einzahl) und im Plural (Mehrzahl)	
Fast alle Nomen können im **Singular (Einzahl)** und im **Plural (Mehrzahl)** stehen.	*der Ball – die Bälle, das Kind – die Kinder, die Uhr – die Uhren* *Der Hausmeister verkauft einen weißen Ball und einen braunen Ball. Die Bälle sind alt.*

Nomen erkennen und verwenden

1 Welche Gegenstände verkaufen die Kinder auf dem Flohmarkt?
a. Zeichne eine Tabelle in dein Heft.
b. Ordne die Nomen (Namenwörter) mit Artikel ein.

der	*das*	*die*
der Stift	*das Spiel*	*die Kette*
…		

Vor einem Nomen steht oft ein Artikel (Begleiter). Fast alle Nomen können im Singular (Einzahl) und im Plural (Mehrzahl) stehen.

2 Schreibe die Nomen aus der Tabelle mit bestimmten und unbestimmten Artikeln auf.

die Flöte – eine Flöte

der – ein
das – ein
die – eine

3 Schreibe die Nomen im Singular und im Plural auf.

das Buch – die Bücher

die Ketten, die Roller, die Stifte …

4 Welche Gegenstände würdest du auf einem Flohmarkt kaufen oder verkaufen? Schreibe 8 weitere Nomen im Singular und im Plural auf.

Nomen kannst du zusammensetzen.

5 Bilde zusammengesetzte Nomen.

der Stoff	*das Leder*	*die Feder*		
der Fuß	*das Tennis*	*die Hand*	+	*der Ball*

das Tennis + (der) Ball → (der) Tennisball

Zusammengesetzte Nomen haben immer den Artikel des zweiten Nomens.

6 a. Bilde weitere zusammengesetzte Nomen.

der Computer *das Brett* *die Karten*	*+ das Spiel*	*der Brief +*	*der Umschlag* *das Papier* *die Marke*

b. Markiere immer den Artikel des zusammengesetzten Nomens.

Tarik erzählt, was er auf dem Flohmarkt gekauft hat.

Tarik

Der Fußball ist super, weil ***der Fußball*** *moderne Farben hat. Außerdem ist* ***der Fußball*** *fast neu. Auch das Auto ist cool, denn* ***das Auto*** *fährt schnell.* ***Das Auto*** *passt in meine Sammlung. Mir gefällt auch die Pflanze.* ***Die Pflanze*** *soll für meinen Vater sein, denn* ***die Pflanze*** *passt gut auf seinen Schreibtisch.*

Tarik wiederholt einige Nomen.
Für Nomen können wir Personalpronomen einsetzen.

▶ Das Personalpronomen, S. 267

der Fußball – er
das Auto – es
die Pflanze – sie

7 a. Ersetze die markierten Nomen durch Personalpronomen.
b. Schreibe die Sätze neu auf.

Der Fußball ist super, weil er …

Naomi und Paul räumen auf. Paul weiß, wem was gehört.
Possessivpronomen sagen, wem etwas gehört …

ich – mein/meine
du – dein/deine
er – sein/seine
sie – ihr/ihre
es – sein/seine
wir – unser/unsere
ihr – euer/eure
sie – ihr/ihre

8 Wem gehört was? Schreibe auf, was Paul sagt.

Das ist mein Buch. Das ist dein Stift, Sami. …

Auf dem Flohmarkt gibt es viel zu tun.

Der Lehrer baut die Tische und Bänke auf. Die Freunde fragen **den Lehrer**, ob er Hilfe braucht. Sie helfen **dem Lehrer** beim Aufbauen und tragen die Bänke vom Auto auf den Schulhof. Das Auto **des Lehrers** steht vor dem Schulhof.

9 **a.** Wer? Wessen? Wem? Wen? Stelle Fragen zu den Sätzen.
b. Schreibe die Fragen und Antworten auf.
c. Markiere jeweils die Nomen mit ihren Artikeln.

Wer baut auf? Der Lehrer …
Wessen Auto …?

Naomis Mutter hat versprochen, die Kinder abzuholen.

Naomi hat vergessen, die Mutter anzurufen. Schnell schreibt sie der Mutter eine Nachricht. Aber das Handy der Mutter ist ausgeschaltet. Jetzt wartet die Mutter vergeblich auf einen Anruf.

10 **a.** Wer? Wessen? Wem? Wen? Stelle Fragen zu den Sätzen.
b. Schreibe die Fragen und Antworten auf.
c. Markiere jeweils die Nomen mit ihren Artikeln.

Wen hat Naomi vergessen anzurufen? …

Wer oder was …?
Wessen …?
Wem …?
Wen oder was …?

Anna hat auf dem Flohmarkt etwas zum Anziehen gekauft.

Glücklich hält Anna ______ in den Händen. Sie ist stolz, denn ______ passt ihr perfekt. Leider sind die Träger ______ abgerissen. Aber sonst fehlt ______ nichts!

das Kleid
des Kleides
dem Kleid
das Kleid

11 Schreibe die Sätze auf.
Ergänze dabei das Nomen mit dem richtigen Artikel.

Nomen erkennen und verwenden

Tarik und Anna fragen einige Gäste, wie ihnen der Flohmarkt gefällt.

Ein Besucher schwärmt: „Ein wunderschöner Nachmittag! Nette Gäste, tolle Stände – und ich als Sammler halte echte Schätze in der Hand.“ Eine Besucherin neben ihm fügt hinzu: „Ein Erlebnis ganz nach meinem Geschmack. Der Flohmarkt ist bestens organisiert und das Wetter passt perfekt. Alles in allem ein gelungenes Ereignis!“

„Mein bester Kauf war ein Globus“, erzählt eine Schülerin. „Der gehört eigentlich in ein Museum, so alt ist er“, scherzt sie. Lachend ergänzt eine Lehrerin: „Das Lexikon ist zwar auch schon veraltet und taugt nicht mehr für die Praxis. Aber fürs Museum wäre es mir zu schade!“ Am Kuchenbuffet zählt ein Lehrer schon das Geld. „Das Ergebnis kann sich sehen lassen“, meint er, „wir sind sehr zufrieden.“

1 **a.** Finde im Text alle Nomen.
b. Schreibe die Nomen im Singular und im Plural mit bestimmten Artikeln auf.

2 **a.** Sieh dir die Nomen in Aufgabe 1 an und finde Gemeinsamkeiten und Unterschiede in der Pluralbildung.
b. Formuliere Regeln und schreibe sie auf.

Zwei Nomen können ein zusammengesetztes Nomen bilden.

3 **a.** Benenne die einzelnen Gegenstände auf den Bildern.
b. Zerlege jedes zusammengesetzte Nomen und schreibe die zwei Nomen mit Artikeln auf.

4 Welches Nomen bestimmt den Artikel des zusammengesetzten Nomens? Erkläre es mit eigenen Worten.

1 *der Besucher – die Besucher …*

3 *die Briefmarke = der Brief + die Marke …*

Personalpronomen helfen, häufige Wiederholungen von Nomen zu vermeiden.

Naomi sucht auf dem Flohmarkt nach einem Buch. Wenn ein Buch spannend aussieht, nimmt Naomi das Buch in die Hand. Naomi blättert darin und liest ein wenig. Meistens legt Naomi das Buch wieder weg. Auf einmal stößt Naomi einen entzückten Schrei aus. Naomi hält ein altes Buch in der Hand. Das Buch hat Naomi schon lange gesucht.

5 In dem Text wiederholen sich häufig die Nomen Naomi und Buch.
- **a.** An welchen Stellen kannst du sie durch Personalpronomen ersetzen?
- **b.** Schreibe den Text verbessert auf.

In dem folgenden Text wurden zu viele Nomen durch Personalpronomen ersetzt.

Als er ihn auf dem Flohmarkt sieht, ist er begeistert. Er ist ausgestopft und ein wenig kaputt. Aber das stört ihn nicht. Gleich fragt er ihn, wie viel er kostet. Er nennt den Preis und erzählt, dass er früher im Biologieunterricht zum Einsatz kam. Jetzt sei er alt und werde verkauft. Er möchte ihn unbedingt kaufen, denn er passt prima in sein Zimmer.

6 Wer ist begeistert und was kauft er?
- **a.** Ersetze einige Personalpronomen durch Nomen, sodass der Text verständlich wird.
- **b.** Schreibe den verbesserten Text auf.

der Hausmeister
der Fuchs
Paul

Die Kinder haben eingekauft. Wem gehört was?

7 Entwirf einen Dialog, der klärt, wem was gehört. Verwende Possessivpronomen.
Tarik sagt: „Das ist mein Fußball. Und das? Ist das dein … ?"

Wissen kompakt

Possessivpronomen (besitzanzeigendes Fürwort)	
Possessivpronomen sagen, **wem** etwas gehört. Die **Endungen** der Possessivpronomen richten sich nach dem dazugehörigen **Nomen**.	*mein Füller, dein Buch, ihre Flöte* *der/das → mein, dein, sein/sein/ihr, unser, euer, ihr* *die/die → meine, deine, seine/seine/ihre, unsere, eure, ihre*

Naomi hat auf dem Flohmarkt etwas gekauft.

Das Buch ist schon alt. Obwohl der Einband des Buches verschmutzt ist, hält Naomi mit Freude das Buch in der Hand. Leider fehlen dem Buch einige Seiten. Trotzdem wird Naomi das Buch mit viel Spaß lesen.

8 **a.** Schreibe die Fragen ins Heft und beantworte sie in vollständigen Sätzen.
- Wer oder was ist schon alt?
- Wessen Einband ist verschmutzt?
- Wem fehlen einige Seiten?
- Wen oder was wird Naomi mit viel Spaß lesen?

b. Markiere in den Antwortsätzen das Nomen Buch mit dem Artikel.

Auch Paul hat etwas gekauft.

Der Fuchs ist ausgestopft. Obwohl das Fell des Fuchses Flecken hat, zeigt Paul große Begeisterung. Aber es ist schade, dass dem Fuchs einige Zähne fehlen. Trotzdem möchte der Junge den Fuchs unbedingt kaufen.

9 **a.** Formuliere vier Fragen zum Fuchs wie in Aufgabe 8.
b. Beantworte die Fragen in vollständigen Sätzen.
c. Markiere in jedem Satz das Nomen Fuchs mit dem Artikel.

Wissen kompakt

Nomen in vier Fällen

Nomen erscheinen in Sätzen immer in einem bestimmten **Kasus (Fall)**. Im Deutschen gibt es vier Fälle. Der **Artikel** und die **Endung** des Nomens **richten sich nach dem Fall**.

Kasus (Fall)	*Maskulinum (männlich)*	*Neutrum (sächlich)*	*Femininum (weiblich)*
Nominativ (wer oder was?)	*der Fuchs*	*das Buch*	*die Uhr*
Genitiv (wessen?)	*des Fuchses*	*des Buches*	*der Uhr*
Dativ (wem?)	*dem Fuchs*	*dem Buch*	*der Uhr*
Akkusativ (wen oder was?)	*den Fuchs*	*das Buch*	*die Uhr*

Wortart: Adjektive

Wenn keine Käufer am Stand sind, spielen die Freunde ein Ratespiel.

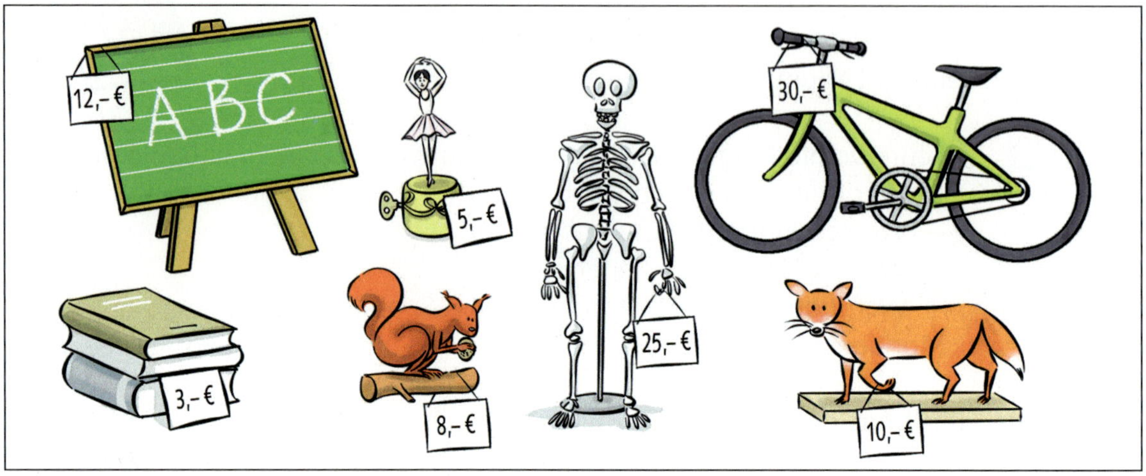

Tarik

Der Gegenstand ist groß. Er ist größer als das gruselige Skelett und er hat eine grüne Farbe. Der schwere Gegenstand ist genauso toll wie die große Tafel. Außerdem ist der Gegenstand cool und für sportliche Leute geeignet.

Ich weiß es! Es ist der teuerste Gegenstand an unserem Stand!

Anna

1 a. Welchen Gegenstand beschreibt Tarik?
b. Wie ist der Gegenstand? Nennt alle Adjektive.

▶ Das Adjektiv, S. 267

Mit Adjektiven können wir Lebewesen und Gegenstände genauer beschreiben. Adjektive sagen, wie etwas ist.

2 a. Findet in den Sprechblasen auch alle anderen Adjektive.
b. Schreibt sie in der Grundform und mit Nomen auf.

groß – der große Gegenstand

c. Findet den Unterschied in der Form der Adjektive und begründet ihn.

3 Spielt ein Ratespiel wie Tarik und Anna.
– Eine/Einer beschreibt einen Gegenstand im Klassenzimmer mit Adjektiven.
– Die anderen raten.

Die Freunde vergleichen die Verkaufsgegenstände.

die Spieluhr

Paul: Ich finde, die große Schultafel ist **toll**.
Anna: Aber die kleine Spieluhr ist **toller**.
Naomi: Nein, **am tollsten** sind die spannenden Bücher!

Tarik: Das schwere Fahrrad ist **gut**.
Naomi: Aber das alte Skelett ist **besser**.
Paul: Ich finde den Fuchs am **besten**.

Anna: Ich glaube, das Skelett ist **so alt wie** der Fuchs.
Tarik: Trotzdem ist das Fahrrad **schöner als** alles andere!

4 a. Nennt die Adjektive, die gesteigert werden.
b. Nennt auch alle anderen Adjektive und steigert sie.

Mit Adjektiven können wir Gegenstände vergleichen.
Adjektive können wir steigern.

5 a. Tragt die Adjektive in der Grundform und in den Steigerungsformen in eine Tabelle ein.
b. Ergänzt in der Tabelle weitere Adjektive.

6 Vergleicht selbst die Gegenstände miteinander. Schreibt eigene Dialoge.

Wissen kompakt

Adjektive vor Nomen			
Steht das Adjektiv vor einem Nomen, verändert sich die Endung.	*der große Flohmarkt – das große Fahrrad – die große Tafel ein großer Flohmarkt – ein großes Fahrrad – eine große Tafel*		
Adjektive steigern			
Adjektive können wir **steigern**. So können wir beschreiben, wie sich Lebewesen oder Gegenstände **unterscheiden**.	*Grundform*	*Komparativ (1. Steigerungsform)*	*Superlativ (2. Steigerungsform)*
	(so) groß (wie)	*größer (als)*	*am größten*

Mit Adjektiven beschreiben und vergleichen

Adjektive sagen, wie etwas ist: lang, schön.

1 Wie sind die Gegenstände an diesem Stand?
a. Schreibe Sätze auf.
b. Markiere die Adjektive.

Die Kette ist blau.

klein, groß, lang, rund, eckig, schmutzig, dünn, gelb, weich …

Anna und Tarik unterhalten sich über die Gegenstände.

Anna: Mir gefällt die ___ Blume. Auch die ___ Pflanze ist toll. Am schönsten finde ich die ___ Kette.

Tarik: Mir gefällt am besten der ___ Ball. Der ___ Teddy könnte meinem Bruder Sami gefallen.

große, bunte, grüne, runde, schmutzige …

2 Schreibe die Sätze auf. Ergänze passende Adjektive.

3 Welche Gegenstände sehen die Kinder an dem Stand? Bilde Sätze. Schreibe sie auf.

Anna und Tarik Die Kinder	sehen	einen	langen runden schmutzigen weichen	Ball. Schal. Teddybär.
		ein	gelbes kleines langes	Bild. Springseil.
		eine	blaue dünne bunte große	Kette. Blume. Pflanze.

Mit Adjektiven können wir Gegensätze ausdrücken:
Der Ball ist rund und nicht eckig.

schmal | bunt | klein | billig | rund | groß | schmutzig | kurz | hell | alt | weit

einfarbig | groß | teuer | neu | sauber | lang | dunkel | breit | eckig | eng

4 a. Finde die Gegensätze. Schreibe sie auf.

schmal – breit

b. Wähle 4 Gegensatz-Paare aus. Schreibe Sätze auf.

Mit Adjektiven können wir Gegenstände vergleichen.
Adjektive können wir steigern.

1 **Paul:** Die blaue Kette ist **lang**.
2 **Naomi:** Der grüne Schal ist **länger als** die blaue Kette.
3 **Anna:** Das Springseil ist **am längsten**.

5 a. Schreibe die Sätze ab.
b. Markiere die Adjektive.

6 Auch mit diesen Adjektiven kannst du vergleichen.

klein | groß | neu | dünn | weit | kurz | schwer | schmutzig

a. Bilde die Steigerungsformen.
b. Schreibe sie auf.

klein – kleiner als – am kleinsten

7 a. Vergleiche die Gegenstände von Seite 278 miteinander.
b. Schreibe die Sätze auf. Ergänze passende Adjektive.
Tipp: Du kannst dein Ergebnis von Aufgabe 6 verwenden.

1 **Der grüne Schal ist ______ als die blaue Kette.**
2 **Die Blume ist ______ als die grüne Pflanze.**
3 **Das gelbe Bild ist ______ als das rote Bild.**
4 **Der Ball ist ______ als der Teddy.**

8 Vergleiche weitere Gegenstände von Seite 278 miteinander.
Schreibe eigene Sätze auf.

Mit Adjektiven beschreiben und vergleichen

Paul hat sich auf dem Flohmarkt etwas Besonderes gekauft.

Der Fuchs hat ein weiches, rotes Fell. Seine braunen Augen leuchten hell in der Nacht. In der offenen Schnauze kann man ein paar Zähne sehen. Sie sind scharf und spitz. Mit den starken Krallen kann er sich unter der Erde einen Bau graben. Der lange, buschige Schwanz heißt in der Jägersprache „Lunte".

1 **a.** Finde im Text alle Adjektive, die den Fuchs beschreiben. Schreibe sie in der Grundform und mit Nomen auf.

weich – ein weiches Fell

b. Markiere, was sich an den Adjektiven verändert.
c. Erkläre die Veränderung mit eigenen Worten.

Auch Naomi hat eine Überraschung auf dem Flohmarkt gefunden.

Naomi hat ein _____ Geschenk auf dem Flohmarkt entdeckt. Sie hält die _____ Spieluhr vor ihr Gesicht. So eine hatte ihre Mutter als _____ Mädchen, das weiß Naomi von _____ Fotos. Naomi kauft die _____ Spieluhr und steckt sie in ihren _____ Rucksack. Das wird sicher eine _____ Überraschung!

2 Ergänze die Sätze mit passenden Adjektiven. Schreibe den Text vollständig auf.

**Mit Adjektiven können wir Lebewesen und Gegenstände genauer beschreiben.
Mit Adjektiven können wir auch Gegensätze ausdrücken.**

3 Worin unterscheiden sich die beiden Gegenstände? Bilde Gegensatzpaare.

2 *alt, besonders, blau, groß, hübsch, interessant, jung, klein, kostbar, schön, toll, ungewöhnlich, winzig, wundervoll, zierlich …*

3 *weich, neu, schmutzig, teuer, klein …*

Am Ende des Flohmarkts zeigen sich die Freunde, was sie gekauft haben.

4 **a.** Vergleiche die Gegenstände miteinander: Preis, Alter, Größe, Härte.
Die Spieluhr ist teurer als …

b. Lege eine Tabelle an. Trage die Adjektive in der Grundform und in den Steigerungsformen ein.

5 **a.** Ergänze deine Tabelle. Trage auch die Adjektive von Seite 280 ein.
b. Welche Adjektive lassen sich nicht steigern? Begründe.

Manche Adjektive können wir nicht steigern, manche steigern wir unregelmäßig.

6 **a.** Ordne die folgenden Steigerungsformen in deine Tabelle ein.
b. Verwende die Adjektive in Sätzen. Vergleiche.

höher | am meisten | nah | näher | hoch | am besten |
mehr | am nächsten | besser | gut | viel | am höchsten

„Mein Rucksack ist blau wie der Himmel", meint Naomi.
„Stimmt", sagt Anna, „er ist himmelblau."

7 Welches Nomen passt zu welchem Adjektiv?

der Himmel | das Messer | die Feder |
das Feuer | das Bild | der Nagel

schön | blau | rot |
neu | leicht | scharf

a. Bilde zusammengesetzte Adjektive.
b. Verwende die zusammengesetzten Adjektive in Sätzen.

Manche Adjektive können wir mit einem Nomen zusammensetzen.
So können wir Gegenstände und Lebewesen noch genauer beschreiben.

Wortart: Verben

Auf dem Schulfest stellen die Schülerinnen und Schüler ihre AGs vor.

Ich bereite die Musik für den Auftritt vor.

2
Ich lüfte noch rasch das Zimmer.

Jetzt hole ich noch Wasser für alle Spieler.

4
Ich klebe gerade Fotos auf ein Plakat.

A Wir treffen uns jede Woche in der Computer-AG. Meistens schreiben wir Texte am PC und prüfen die Rechtschreibung. Außerdem erstellen wir Tabellen oder gestalten Diagramme.

B Jeden Mittwoch spielen wir zusammen in der Basketball-AG. Wir zielen auf die Körbe, werfen die Bälle und zählen nach jedem Treffer die Punkte.

C Immer freitags tanzen wir in der Tanz-AG. Wir bewegen uns zu cooler Musik. Manchmal klatschen wir auch im Rhythmus und singen dazu.

D In der Schreib-AG wählen wir jede Woche ein neues Thema. Wir notieren Stichworte und entwerfen Texte. Manchmal befragen wir auch Mitschüler oder Eltern und schreiben die Interviews auf.

1 Seht euch auf Seite 282 die Bilder an und lest die Texte.
- Was tun die Schüler jetzt gerade?
- Was tun die Schüler regelmäßig in jeder AG?

Verben zeigen an, was jemand tut oder was geschieht.
Verben sagen auch, wann wir etwas tun oder wann etwas geschieht.

2 **a.** Was tut ihr jetzt gerade? Formuliert Sätze.
b. Was tut ihr regelmäßig in euren AGs? Formuliert Sätze.

Die Schreib-AG hat Großeltern zum Schulalltag früher befragt und einen Bericht für die Ausstellung geschrieben.

Früher gab es noch keine Computer und keine Handys. Die Schülerinnen und Schüler schrieben damals in Hefte oder an die Tafel. Sie telefonierten aus der Telefonzelle. In den Klassenzimmern standen zum Nachschlagen ein Lexikon und ein Wörterbuch.

Freiarbeit oder Wochenpläne kannten die Schülerinnen und Schüler damals nicht. Aber sie lernten viele Gedichte auswendig und wiederholten Merksätze gemeinsam im Chor. Sie saßen immer zu zweit in den Bänken und gingen von Montag bis Samstag in die Schule. In den Pausen machten die Mädchen am liebsten Hüpfspiele. Die Jungen spielten Völkerball.

3 Was war früher anders? Was taten die Schülerinnen und Schüler? Beantwortet die Fragen und sprecht über die Antworten.

4 **a.** Tragt alle Verben aus dem Bericht in eine Tabelle ein.
b. Ergänzt die Verben im Präsens und im Infinitiv (Grundform).

Präteritum	*Präsens*	*Infinitiv*
es gab	*es gibt*	*geben*

Wir verwenden das Präsens, um zu sagen, was wir jetzt tun oder was wir regelmäßig tun.
Wir verwenden das Präteritum, wenn wir über Vergangenes schriftlich berichten.

Naomis Ur-Großmutter berichtet von ihrem früheren Schulalltag. Sie hat für die Ausstellung einen Bericht geschrieben.

Damals fuhren noch keine Schulbusse. Alle Kinder liefen zu Fuß in die Schule. Mein Schulweg dauerte morgens und mittags 45 Minuten. Heute fährt der Schulbus regelmäßig und die Fahrt dauert 15 Minuten.

In den Pausen malten wir früher Hüpfspiele auf den Boden oder wir spielten Fangspiele. Heute stehen viele Spielgeräte auf dem Schulhof und die Kinder spielen Fußball, Basketball oder Tischtennis.

Wir schrieben nicht in Hefte, sondern auf kleine Schiefertafeln. Jedes Kind besaß einen Griffel zum Schreiben. Das war[1] ein weißer Stift. Ich entfernte die Schrift mit einem nassen Schwamm. Heute schreiben die Kinder mit Füllern in Hefte und verwenden einen Tintenkiller.

Früher hatten[2] wir auch nicht so schöne Schultaschen. Wir trugen einfache, braune Ranzen auf dem Rücken. Heute gibt es sogar Schultaschen auf Rädern.

[1] ich bin – ich war, es ist – es war
[2] wir haben – wir hatten

5 Wie war es früher – wie ist es heute?
Beantwortet die Fragen und sprecht über die Antworten.

Verben sagen, wann etwas geschieht.

6 Ordnet die Verben aus dem Bericht in einen Zeitstrahl ein.

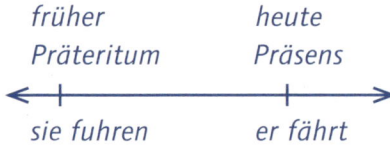

früher — *heute*
Präteritum — *Präsens*

←——|——————|——→

sie fuhren — *er fährt*
… — …

7 a. Sammelt weitere Verben.
b. Bildet das Präteritum und das Präsens.
c. Ergänzt euren Zeitstrahl.

Verb (Tuwort)	
Verben sagen, was wir tun oder was geschieht.	*lernen, dauern*
Verben in verschiedenen Zeitformen	
Verben bilden verschiedene Zeitformen. Mit den Zeitformen können wir angeben, ob etwas in der Gegenwart, der Vergangenheit oder der Zukunft geschieht.	
Präsens Wir verwenden das **Präsens**, um zu sagen, was wir **jetzt** tun oder was wir **regelmäßig** tun.	*ich lese, ich atme* *Ich lese jetzt gerade ein Buch.* *Ich lese jeden Abend vor dem Schlafen ein Buch.*
Präteritum Wir verwenden das **Präteritum**, wenn wir über Vergangenes **schriftlich** berichten. Bei einigen Verben ändert sich im Präteritum der Verbstamm. Wir nennen diese Verben auch unregelmäßige (starke) Verben.	*ich lernte, es regnete* *Gestern regnete es den ganzen Tag.* *geben – es gab, nehmen – sie nahm* *Früher gab es noch keine Computer.*
Perfekt Wir verwenden das **Perfekt**, wenn wir über Vergangenes **mündlich** erzählen. Viele Verben bilden das Perfekt mit dem Hilfsverb **haben**. Einige Verben bilden das Perfekt mit dem Hilfsverb **sein**. Oft sind es Verben der Bewegung.	*wir haben gelacht, wir sind gehüpft* *laufen, gehen, rennen, fallen, fahren, kommen*
Zusammengesetzte Verben	
Zusammengesetzte Verben stehen im Präsens und im Präteritum im Satz auseinander.	*mitbringen* *Sie bringen Holz mit.* *Sie brachten eine Tasche mit.*

Das tun wir jetzt – das tun wir immer: Das Präsens

Beim Sommerfest heute machen die Kinder verschiedene Spiel-Stationen.

1 Was tun die Kinder auf dem Sommerfest?
a. Bilde Sätze. Schreibe sie auf.
b. Markiere in jedem Satz das Verb (Tuwort).

Anna Naomi Paul Tarik	angelt hüpft läuft wirft	den Ball. Fische. auf Stelzen. mit dem Sack.

Tarik läuft auf Stelzen.

2 Was tun die Kinder noch auf dem Bild?
a. Schreibe weitere Sätze auf.
b. Markiere die Verben.

auf einer Zeitung tanzen
mit einem Fußball spielen
über ein Hindernis klettern
mit einem Seil springen

Einiges tun die Kinder jedes Jahr auf dem Sommerfest: einen Saft trinken, eine Waffel kaufen, ein Los ziehen.

3 Was tust du regelmäßig auf dem Schulfest?
Schreibe Sätze auf und markiere die Verben.

Wir verwenden Verben im Präsens (Gegenwart), um zu sagen, was wir jetzt tun oder was wir regelmäßig tun.

Verben können wir mit ich, du, er/sie/es, wir, ihr, sie verbinden. Dann verändern sich die Verben.

<table>
<tr><td>ich</td><td rowspan="3">kauf
mach
renn
spiel</td><td>e</td></tr>
<tr><td>du</td><td>st</td></tr>
<tr><td>er/sie/es</td><td>t</td></tr>
</table>

<table>
<tr><td>wir</td><td rowspan="3">kauf
mach
renn
spiel</td><td>en</td></tr>
<tr><td>ihr</td><td>t</td></tr>
<tr><td>sie</td><td>en</td></tr>
</table>

4 a. Bilde von 3 Verben die Formen. Schreibe als Wörterreihen auf.
b. Markiere, was sich verändert.

ich kaufe – du kaufst …

5 Wähle ein Verb aus und verwende jede Verbform in einem Satz.

So ein Glück!

Anna **sieht** den Eiswagen. Sie **läuft** dorthin und **liest** die Eis-Karte: „Ich **mag** am liebsten Erdbeer-Eis!" Zum Glück **gibt** es das auf dem Sommerfest. Anna **nimmt** das Eis und **wirft** die Verpackung in den Müll. Dann **isst** Anna glücklich ihr Eis.

6 a. Schreibe den Text ab.
b. Markiere die Verben.

Zu jedem Verb im Text gehört ein Verb im Infinitiv (Grundform).

7 Schreibe die Verben mit den passenden Infinitiven auf.

sie sieht – sehen

essen, geben, laufen, lesen, mögen, nehmen, sehen, werfen

Wir können Verben mit vor, auf, nach, an, ab zusammensetzen. Zusammengesetzte Verben stehen im Präsens im Satz auseinander.

8 Bilde neue Verben mit den Verben sagen, machen, malen.

vor + sagen = vorsagen, ab + sagen = absagen

9 a. Wähle 8 zusammengesetzte Verben aus. Schreibe mit jedem einen Satz.
b. Markiere die beiden Verbteile.

Ich sage den Termin morgen ab.

Das tun wir jetzt – das tun wir immer: Das Präsens

Heute findet in der Schule das Sommerfest statt. Alle machen mit.

Wie jedes Jahr besuchen die vier Freunde das Sommerfest der Schule. Zum Glück scheint heute die Sonne! Die AGs der Schule bieten wie immer ein buntes Programm und die Gäste machen an verschiedenen Stationen mit.

Zur Begrüßung ______ die Schulleiterin wie jedes Jahr eine lustige Rede. Die Schüler der Kunst-AG ______ dann ihre Ausstellung. Das Team der Garten-AG ______ stolz den gepflegten Schulgarten und eine Schülerin ______ Informationen über die Früchte. Der Hausmeister ______ wie immer die Getränke, doch heute ______ Sami ihm dabei. Mit dem Fahrrad ______ Paul durch einen Hindernisparcours und Tarik ______ auf Stelzen um die Wette. Den Hauptgewinn der Tombola ______ Naomi mit ihrem Los!

1 Was tun Paul, Sami und die anderen Gäste auf dem Sommerfest?
a. Schreibe die Sätze ab und ergänze die Verben in der passenden Personalform.

halten | *eröffnen* | *präsentieren* | *geben* | *verkaufen* | *helfen* | *fahren* | *laufen* | *ziehen*

b. Markiere die Verben.

Die Schüler der Koch-AG bereiten Kostproben für die Besucher vor.

2 **a.** Was tun Anna und Tarik? Schreibe Sätze auf.
b. Markiere die beiden Verbteile.

**Wir verwenden Verben im Präsens (Gegenwart), um zu sagen, was wir jetzt tun oder was wir regelmäßig tun.
Zusammengesetzte Verben stehen im Präsens im Satz meist auseinander.**

2 **a.** *bereitstellen, umrühren, abwiegen, zubereiten, einwickeln, abschneiden*

Das passiert morgen – das wird passieren: Das Futur

1 Was passiert nach dem Sommerfest?
Bilde Sätze. Verwende das Präsens.

morgen | am nächsten Tag | nach dem Schulfest | später | …
der Hausmeister | die Schüler | Klasse 5 a | Klasse 5 b | Tarik | Naomi | …
die Einnahmen zählen | die Schulküche putzen | die Pfandflaschen sortieren | den Müll einsammeln | …

Bald wird an der Schule das nächste Sommerfest geplant.

Wann werden wir im nächsten Jahr das Sommerfest feiern?

Welche Spielstationen werden wir vorbereiten?

Was werden wir mit dem Gewinn für die Schule kaufen?

Wo werden wir …?

Wie werden wir …?

2 **a.** Schreibe die Fragen ab und ergänze eigene Fragen.
b. Markiere die Verbformen.

Wann werden wir im nächsten Jahr das Sommerfest feiern?

c. Was drücken die Verbformen aus? Schreibe es auf.

3 Beantworte die Fragen zum nächsten Sommerfest.
Verwende das Futur.

4 Was wirst du auf dem nächsten Sommerfest tun?
Welche Pläne hast du?
Schreibe Sätze auf. Verwende das Futur.

ich werde
du wirst
er/sie/es wird
wir werden
ihr werdet
sie werden

Wissen kompakt

Um über Dinge zu sprechen, die in der **Zukunft** liegen, können wir Verben im **Präsens** mit einer Zeitangabe verwenden. Wir können auch Verben im **Futur** verwenden. Das Futur wird mit dem Hilfsverb werden und dem Infinitiv (Grundform) des Verbs gebildet.	*Morgen regnet es.* *Morgen wird es regnen.* *Wir werden die Einnahmen zählen.*

Das passierte: Schriftlich berichten im Präteritum

Nach dem Sommerfest schreibt Tarik einen Bericht für die Homepage.

Unser Sommerfest

Viele Gäste **besuchten** unser Sommerfest. Sie **erlebten** einen interessanten Tag mit vielen Aktionen. Anna **interessierte** sich für die Bastelstation. Dort **bastelte** sie einen Bilderrahmen. Dazu **brauchte** Anna Fotokarton. Diesen **malte** sie bunt an. Ein Lehrer **machte** ein Foto von Anna. Das Foto **befestigte** sie in dem Rahmen. Dann **zeigte** Anna das Foto ihren Freunden.

1 Was passierte auf dem Sommerfest?
Schreibe die Verben mit den passenden Personen auf.

sie besuchten, …

Wir verwenden das Präteritum, wenn wir über Vergangenes schriftlich berichten.

2 Diese Verben sagen, was wir heute tun (Präsens).

sie tanzt | er spielt | wir lachen | sie angelt | er rutscht | wir holen | er hüpft | sie balanciert | wir kaufen

a. Bilde die Verben im Präteritum (Vergangenheit).
b. Schreibe die Paare auf.

sie tanzt – sie tanzte, …

So geht es in Tariks Bericht weiter. Es fehlen noch die Verben im Präteritum.

Auf dem Sommerfest wählten die Kinder verschiedene Spiele: Paul ______ zuerst mit einem Sack. Dann ______ er mit dem Ball. Naomi ______ Fische. Danach ______ sie auf einer Zeitung.

3 Schreibe diesen Teil von Tariks Bericht auf.
Ergänze passende Verben im Präteritum aus Aufgabe 2.

4 Schreibe Tariks Bericht zu Ende. Formuliere 2–3 eigene Sätze.
Verwende Verben im Präteritum.

Auch Naomi schreibt einen Bericht über das Sommerfest. Hier steht der Anfang.

Unsere Spiel-Stationen

Alle Kinder hatten viel Spaß. Es gab aber einen Unfall. Tarik nahm zwei Stelzen und lief damit über den Hof. Er sah einen Stein nicht und fiel auf den Boden. Vor Schreck rief Tarik laut um Hilfe. Sami rannte zu ihm. Zum Glück war die Wunde nicht groß …

5 a. Schreibe Naomis Bericht ab.
b. Markiere die Verben im Präteritum.

Zu jedem Verb im Text gehört ein Verb im Infinitiv (Grundform).

6 Schreibe die Verben mit den passenden Infinitiven auf.

sie hatten – haben

haben, fallen, geben, laufen, nehmen, rennen, rufen, sein, sehen

Bei einigen Verben ändert sich im Präteritum der Verbstamm.

7 Hier gehören immer 3 Verben zusammen.

bringen	*er läuft*	*er las*
fahren	*er geht*	*er lief*
gehen	*er liest*	*er brachte*
laufen	*er fährt*	*er fuhr*
lesen	*er bringt*	*er ging*

a. Schreibe die zusammengehörenden Verben als Wörterreihe auf.

bringen – er bringt – er brachte

b. Wähle 3 Wörterreihen aus. Schreibe mit jedem Verb einen Satz.

8 Wie könnte Naomis Bericht enden?
Formuliere 2–3 eigene Sätze. Verwende Verben im Präteritum.

Das passierte: Schriftlich berichten im Präteritum

Letzte Woche fand das Sommerfest statt.
Für die Schulhomepage formulieren die Schüler einen Bericht.

Schüler und Lehrer gestalteten einen amüsanten Tag

Unsere Schule veranstaltete am vergangenen Samstag ein großes Sommerfest. Schüler, Eltern und Lehrer feierten gemeinsam bei wunderschönem Wetter. Die Schulleiterin begann die Veranstaltung mit einer lustigen Rede. Anschließend zeigten die Akteure ein unterhaltsames Programm.

1 Was passierte auf dem Sommerfest?
Schreibe den ersten Teil des Berichts ab und markiere alle Verben.

2 Setze mit Hilfe der Wortgruppen den Bericht im Präteritum fort.

die Eltern | die Schüler | bei den Vorführungen der Theater-AG lachen | Beifall klatschen | auf der Slackline balancieren | die Kostproben der Koch-AG essen | mit Stelzen laufen | im Schulgarten Informationen geben | auf dem Einrad fahren | …

3 **a.** Markiere in deinem Bericht alle Verben.
b. Schreibe sie mit den passenden Personen auf und ergänze jeweils den Infinitiv.

4 Welche Unterschiede und Besonderheiten zwischen den Präteritumsformen und den Infinitiven kannst du erkennen? Markiere.

Wir verwenden das Präteritum, wenn wir über Vergangenes schriftlich berichten. Bei einigen Verben ändert sich im Präteritum der Verbstamm.

5 **a.** Bilde von den folgenden Verben das Präteritum in der er- und wir-Form. Trage die Formen in eine Tabelle ein.

besuchen | fallen | kaufen | kommen | kennen | nehmen | sagen | spielen | stehen

b. Kreuze an, ob es sich um ein starkes oder schwaches Verb handelt.

Präteritum	*Infinitiv*	*starkes Verb*	*schwaches Verb*
er besuchte – wir besuchten	*besuchen*		*x*

4, **5** *Bei starken Verben ändert sich im Präteritum der Vokal im Wortstamm.*

In der SV-Sitzung besprachen die Schüler, was mit den Einnahmen des Sommerfests passieren sollte. Der Schulsprecher entwarf einen Bericht.

Wir **wollen** das Geld spenden. Die Einnahmen **sollen** für einen guten Zweck sein. Zuerst **müssen** wir einen Empfänger bestimmen. Alle **dürfen** Vorschläge machen, aber wir **können** nur einen berücksichtigen.

Achtung: Fehler!

Einige Schüler sind für eine Spende an eine Partnerschule in Kenia. Andere schlagen eine Spende für den Neubau des Jugendzentrums vor. Zum Schluss stimmen wir über die Vorschläge ab. Wir beschließen einstimmig, für das Jugendzentrum zu spenden. Bei allen Beteiligten ist die Freude groß.

In den Sätzen sind die Modalverben hervorgehoben.

6 Was drücken die Modalverben aus?
Schreibe sie auf und ordne die passende Bedeutung zu.

etwas ist erlaubt | *man wünscht sich etwas* | *etwas ist möglich* | *etwas ist notwendig*

7 Verbessere den Entwurf, indem du ihn mit Verben im Präteritum aufschreibst.

8 Was durftest, wolltest, konntest, musstest du beim letzten Sommerfest tun? Schreibe eigene Sätze mit Modalverben im Präteritum auf.

Wissen kompakt

Modalverben

Wörter wie **dürfen**, **müssen**, **sollen**, **mögen**, **wollen** und **können** sind **Modalverben**. Sie drücken eine **Erlaubnis** (dürfen), einen **Befehl** (müssen, sollen), einen **Wunsch** (mögen, wollen) oder eine **Möglichkeit** (können) aus. Die Modalverben stehen meistens zusammen mit dem Infinitiv (Grundform) eines anderen Verbs.	*er darf, er durfte* *er muss, er musste* *er soll, er sollte* *er mag, er mochte* *er will, er wollte* *er kann, er konnte* *Wir wollen die Einnahmen spenden.* *Wir wollten die Einnahmen spenden.*

Das haben wir erlebt: Mündlich erzählen im Perfekt

Paul befragt einen Schüler der Klasse 6 zum letzten Schulfest.

Wer hat im letzten Jahr die Spiel-Stationen geplant?

Welche AGs haben etwas präsentiert?

Paul

Wie lange hat das Sommerfest gedauert?

Welche Häppchen haben die Kinder der Koch-AG gekocht?

1 In den Sprechblasen sind die Verbformen hervorgehoben.
a. Schreibe sie untereinander auf.
b. Schreibe die Infinitive (Grundform) dazu.

er/sie hat geplant – planen

Wenn wir über Vergangenes mündlich erzählen, verwenden wir das Perfekt.

2 Schreibe auch diese Verben im Perfekt und im Infinitiv (Grundform) auf.

sie haben gestaltet | sie haben gekauft | sie haben gebaut | sie haben erklärt | sie haben gezeigt | sie haben gespielt

bauen | gestalten | kaufen | erklären | zeigen | spielen

3 Was könnte Paul den Schüler noch fragen?
a. Wähle 4 Verben aus Aufgabe 2 aus.
b. Schreibe Fragen auf. Verwende das Perfekt.

Der Schüler antwortet Paul. Er erzählt:

*Die Gäste sind bis zum Abend geblieben.
Bei den Spiel-Stationen sind auch Lehrer um die Wette gerannt.
Manche Eltern sind geklettert oder sie sind mit dem Sack gehüpft.*

4 Was erzählt der Schüler vom letzten Sommerfest?
a. Schreibe die Verbformen untereinander auf.
b. Schreibe die Infinitive (Grundform) dazu.

bleiben, hüpfen, klettern, rennen

Das hatten wir vorher getan: Das Plusquamperfekt

**Manchmal gibt es in der Vergangenheit zwei Zeitebenen.
Das können wir auch sprachlich mit den Verben ausdrücken.**

Auf dem Sommerfest

Jetzt war alles fertig. Die ersten Gäste kamen zum Tisch von Anna und Tarik, nachdem diese alle Kochproben schön angerichtet hatten. Vorher hatten sie in Kochbüchern geblättert und sie hatten viele interessante Rezepte gefunden. Sie waren Stunden in der Küche gewesen und hatten zahlreiche Zutaten gemischt. Nun fanden ihre Kochproben viel Interesse und so konnten sie ihre Klassenkasse wieder füllen.

1 Untersuche in dem Text die Verbformen. Schreibe die Verben in ihrer Zeitform heraus und beschreibe den Unterschied.

2 Untersuche, ob du im Text weitere Wörter findest, die eine vorhergehende Zeit deutlich machen. Schreibe diese Wörter heraus.

Wenn man in der Vergangenheit ausdrücken will, dass etwas zeitlich noch weiter zurückliegt, verwendet man das Plusquamperfekt.

3 Verbinde die folgenden Sätze zu einem Satzgefüge und verwende in dem nachdem-Satz das Plusquamperfekt. Schreibe die Sätze in dein Heft.

Sie fanden ein tolles Rezept. Sie blätterten in Kochbüchern.
Sie mischten die Zutaten. Sie backten die Kekse im Backofen.
Sie begannen mit dem Verkauf. Sie bauten den Stand auf.
Tarik füllte die Kekse in eine Schachtel. Er stellte die Schachtel neben die Teller.
Sie verteilten die Kochproben auf Teller. Sie verkauften die Häppchen.

Sie fanden ein tolles Rezept, nachdem sie in Kochbüchern geblättert hatten.

Wissen kompakt

Wenn wir in der **Vergangenheit** ausdrücken wollen, dass etwas **zeitlich noch weiter zurückliegt**, verwenden wir das **Plusquamperfekt**. Das Plusquamperfekt bilden wir mit dem **Präteritum** von **haben** oder **sein** und dem **Partizip II des Verbs**.	*sie hatten gemischt, sie waren gewesen* *Sie hatten alle Zutaten gemischt.* *Sie waren lange in der Küche gewesen.*

Die Satzglieder im Überblick

Satzglieder sind die Bausteine eines Satzes.
Aber: Welche Wörter gehören zu einem Satzglied?

Einladung | eine | Computer | am | schreibt | Linda .

1 Bildet aus den Wörtern Sätze.
- a. Schreibt jedes Wort auf eine Karte.
- b. Verteilt die Wortkarten an sechs Kinder.
  Stellt euch so auf, dass ein Satz entsteht.
  Tipp: Es gibt mehrere Möglichkeiten.
- c. Schreibt die Sätze an die Tafel.

2 Vergleicht die Sätze.
- a. Welche Wörter kann man nur gemeinsam umstellen? Markiert sie.
- b. An welcher Stelle steht das Verb in den Sätzen? Hebt es hervor.

Ryan lebt in England und ist ein Freund von Paul. Er schreibt Paul eine E-Mail.

Achtung: Fehler!

Hi Paul,
wie geht es dir?
Am Wochenende meine Schwester feierte ihren Geburtstag.
Ich ihr schenkte einen Kino-Gutschein.
Sie will sehen den neuen Piratenfilm.

3
- a. Was stimmt bei diesen Sätzen nicht? Besprecht.
- b. Schreibt die Sätze richtig auf. Es gibt mehrere Möglichkeiten.
- c. Markiert in jedem Satz das Verb.

4
- a. Lest die folgenden Sätze betont vor.
- b. Wie verändert sich der Sinn? Erklärt.

Meine Schwester findet Piraten sehr spannend.
Piraten findet meine Schwester sehr spannend.
Sehr spannend findet meine Schwester Piraten.

Sätze können wir durch Umstellen verändern. Die Teile eines Satzes, die beim Umstellen zusammenbleiben, nennen wir Satzglieder. Satzglieder können aus einem Wort oder aus mehreren Wörtern bestehen.

Wir können Sätze umstellen und verändern. Aber: Was steht wo im Satz? Bei diesen Sätzen stimmt etwas nicht.

Achtung: Fehler!

Viele Freunde zur Feier kamen.

Meine Mutter drei Kuchen hatte gebacken.

5 a. Schreibt die Sätze richtig auf.
Tipp: Es gibt mehrere Möglichkeiten.
b. Markiert in jedem Satz das Verb.

Es gibt Regeln, wo im Satz etwas steht. Dabei ist das Verb im Satz besonders wichtig. Das siehst du, wenn du den Satz in Felder einteilst. Besteht das Verb aus zwei Teilen, bildet es eine Klammer.

Vorfeld	Klammer, Verb	Mittelfeld	Klammer, Verb
Viele Freunde	kamen	zur Feier.	
Meine Mutter	hatte	drei Kuchen	gebacken.

6 Seht euch die Sätze in der Tabelle an.
An welcher Stelle steht das Verb?

7 a. Übertragt die Tabelle in euer Heft.
b. Ergänzt die folgenden Sätze. Schreibt sie nach Feldern getrennt auf.
Tipp: Tragt zuerst das Verb ein.

Linda hatte ein Quiz vorbereitet. Die Gäste passten gut auf.
Alle wollten das Spiel gewinnen. Linda stellte viele Fragen.
Am Ende gewann ihre Freundin Pia.
Sie hatte die meisten Fragen richtig beantwortet.

8 Bildet mit den folgenden Satzgliedern eigene Sätze.
Schreibt in die Felder.
Tipp: Es gibt mehrere Möglichkeiten.

meine Schwester | viele Geschenke | bekam
alle | zur Musik | tanzten
sie | nächstes Jahr | ihren Geburtstag | wird | feiern | wieder

Die einzelnen Satzglieder können wir erfragen.

Paul schreibt Ryan eine E-Mail.

Hallo Ryan,
ich lade dich herzlich ein! Unsere Schule plant vor den Ferien ein Sommerfest. Jede Klasse betreut eine Spiel-Station. Ein Mädchen organisiert eine Tombola. Die Schulband probt für einen Auftritt. Mein Freund Tarik will Waffeln backen. Auch Eltern und Freunde kommen zu dem Fest.

1 Was tut ein Mädchen? Was tut jede Klasse?

a. Fragt mit Was tut? nach dem Prädikat in jedem Satz.
b. Schreibt die Fragen und die Antworten auf.
c. Markiert das Prädikat in jedem Satz.
Tipp: Manchmal besteht das Prädikat auch aus mehreren Teilen.

Was tut Paul? Paul lädt Ryan ein.

Paul erzählt seiner Klasse von Ryan.

Ryan wohnt in England. Er hat eine Schwester und einen Hund. Seine Schwester heißt Linda. Rugby ist Ryans Lieblingssport. Ryans Großeltern wohnen in Deutschland. Seine Mutter ist Deutsche. Ryans Vater arbeitet als Polizist. In den Ferien besucht Ryan seine Großeltern. Ihr Haus liegt in den Bergen.

Paul

2 Wer oder was ist gemeint? Gestaltet ein Quiz.

a. Fragt mit Wer oder was? nach dem Subjekt in jedem Satz.
b. Schreibt die Frage auf eine Karte und die Antwort auf die Rückseite der Karte.
c. Markiert das Subjekt.
d. Spielt das Quiz: Wer kann die meisten Fragen beantworten?

Wer wohnt in England? *Ryan wohnt in England.*

3 Wen oder was sehe ich? Stellt euch Rätsel.

a. Beschreibt Personen oder Gegenstände im Klassenraum und stellt Fragen.

Ich sehe jemanden/etwas, der/die/das ist … Wen oder was sehe ich?

b. Sammelt die Antwortsätze an der Tafel.

c. Markiert das Akkusativ-Objekt.

Du siehst [Lisas Ranzen].

In den Ferien kommt Ryan nach Deutschland.

Ryan besucht seine Großeltern.
Er trifft auch viele Freunde von Timo.
Ryan will unbedingt den Freizeitpark besuchen.
Er mag Achterbahnen besonders.

4 Wen trifft Ryan? Was mag er besonders?

a. Fragt mit Wen oder was? nach dem Akkusativ-Objekt.

b. Schreibt die Fragen und die Antworten auf.

c. Markiert das Akkusativ-Objekt in jedem Satz.

Wissen kompakt

Die Satzglieder im Überblick

Das Prädikat	
Das **Prädikat** sagt, was jemand tut oder was geschieht. Mit **Was tut?** oder **Was hat getan?** fragen wir nach dem Prädikat. Das Prädikat besteht aus einem Verb. Es kann auch **aus mehreren Teilen** bestehen. Sie bilden eine **Klammer**.	*(Was tut) Ryan? Ryan (besucht) seine Großeltern.* *(Was tut) Paul? Paul (lädt) Ryan (ein).*
Das Subjekt	
Das **Subjekt** kann eine Person oder eine Sache sein. Mit **Wer oder was?** fragen wir nach dem Subjekt. Es kann aus einem oder mehreren Wörtern bestehen.	*[Wer] wohnt in England? [Ryan] wohnt in England.* *[Wer] heißt Linda? [Ryans Schwester] heißt Linda.*
Die Objekte	
Mit **Wen oder was?** fragen wir nach einem **Akkusativ-Objekt**.	*[Wen] bringt Paul mit? Er bringt [Ryan] mit.* *[Was] backt Tarik? Er backt [Waffeln].*
Mit **Wem?** fragen wir nach einem **Dativ-Objekt**.	*[Wem] gehört das Waffeleisen?* *Das Waffeleisen gehört [Frau Klein].*

Was tut …? – Das Prädikat

Paul und Ryan gehen auf das Schulfest. Dort ist viel los.

1 Anna macht Fotos für die Schülerzeitung.
2 Tarik verkauft Kostproben der Koch-AG.
3 Ein Mädchen kauft ein Eis.
4 Die Schulband spielt ein paar Lieder.
5 Einige Schüler tanzen.
6 Zwei Kinder spielen Dosenwerfen.

1 Was tut Anna? Was tun einige Schüler?

a. Frage mit Was tut? nach dem Prädikat in jedem Satz. ▶ Das Prädikat, S. 299

b. Schreibe die Frage und die Antwort auf.

c. Markiere das Prädikat.

Was tut Anna? Anna macht …

**Für das Schulfest haben die Schüler und Lehrer viel vorbereitet.
Naomi erzählt ihrer Mutter:**

Tarik hat Rezepte gesucht.
Seine Mutter hat die Zutaten eingekauft.
Die Schulband hat jeden Tag geprobt.
Herr Müller hat das Eis gekauft.
Jannis und Sofie haben die Einladungen geschrieben.
Lea und Tim haben die Tische und Stühle aufgestellt.
Einige Mädchen haben die Dekoration gebastelt.

Naomi

2 Was haben die Schüler und Lehrer getan?

a. Schreibe die Sätze ab.

b. Markiere in jedem Satz alle Teile des Prädikats.

c. Verbinde die Teile mit einer Klammer.

Tarik hat Rezepte gesucht.

Mit Was tut …? erfragen wir das Prädikat.

Wer? Was? – Das Subjekt

Auf dem Fest betreut jeder einen Stand.

Tarik backt Waffeln für die Koch-AG.
Lea betreut die Tombola.
Die Lose dafür sind in einer großen Dose.
Anna und Paul beaufsichtigen eine Spiel-Station.
Der Hausmeister verkauft Getränke.
Sami hilft am Getränkestand.
Neue Getränke müssen geholt werden.

1 Wer backt Waffeln? Was ist in einer Dose?
a. Frage mit Wer oder was? nach dem Subjekt.
b. Schreibe die Frage und die Antwort auf.
c. Markiere das Subjekt.

Wer backt Waffeln? Tarik …

▶ Das Subjekt, S. 299

Nadja interviewt Jannis für die Schülerzeitung.

Nadja: Wie gefällt dir das Schulfest?
Jannis: Die Stimmung ist toll. Viele Gäste besuchen unser Schulfest. Meine Eltern sind auch dabei. Wir haben Häppchen der Koch-AG probiert. Das Essen ist lecker. Auch die Spiel-Stationen sind super organisiert. Dort habe ich beim Aufbau geholfen. Die Arbeit hat sich gelohnt.

2 **a.** Frage auch in diesen Sätzen nach dem Subjekt.
Tipp: Das Subjekt ist nicht immer eine Person.
b. Schreibe die Frage und die Antwort auf.
c. Markiere das Subjekt.

Mit Wer oder was? erfragen wir das Subjekt.

Wen? Wem? – Die Objekte

Auf dem Sommerfest kann man tolle Preise gewinnen.

Lea organisierte eine Tombola. Die Lose dafür kaufte sie in einem Geschäft. Einige Firmen haben die Gewinne gestiftet. Auf dem Fest verkaufen die Schüler jedes Los für 50 Cent. Die Einnahmen wollen sie spenden.

1 Was organisierte Lea? Was verkaufen die Schüler?

a. Frage mit Was? nach dem Akkusativ-Objekt.

b. Schreibe die Frage und die Antwort auf.

c. Markiere das Akkusativ-Objekt.

Was organisierte Lea? Lea organisierte eine Tombola.

▶ Die Objekte, S. 299

Zum Sommerfest kommen viele Gäste.

Paul bringt Ryan mit. Anna hat ihre Eltern eingeladen. Nadja hat ihre Großeltern mitgebracht. Herr Becker hat die Schulleiterin eingeladen. Manche haben ihre Geschwister mitgebracht.

2 Wen bringt Paul mit? Wen hat Anna eingeladen?

a. Frage mit Wen? nach dem Akkusativ-Objekt.

b. Schreibe die Frage und die Antwort auf.

c. Markiere das Akkusativ-Objekt.

Wen bringt Paul mit? Paul bringt Ryan mit.

▶ Die Objekte, S. 299

Beim Aufräumen bleiben ein paar Fundsachen übrig.

Das Waffeleisen gehört Frau Klein.
Die Jacke gehört Jannis.
Sofie gehört der Geldbeutel.
Tim gehört die Schüssel.
Die Stelzen gehören dem Turnlehrer.
Die Kette gehört Anna.

3 Wem gehören die Gegenstände?
a. Frage mit Wem? nach dem Dativ-Objekt.
b. Schreibe die Frage und die Antwort auf.
c. Markiere das Dativ-Objekt.

Wem gehört das Waffeleisen? Das Waffeleisen gehört [Frau Klein].

▶ Die Objekte, S. 299

Alle helfen beim Aufräumen mit.

Ryan hilft Paul, die Waffeleisen zu säubern.
Frau Klein gibt den beiden Jungen Tipps.
Einige Eltern helfen Herrn Becker beim Abbau der Tische und Stühle.
Sami assistiert dem Hausmeister beim Einräumen der Getränke.
Die Klasse 5 a hilft der Klasse 5 b, den Müll einzusammeln.
Der Hausmeister gibt den Schülern dafür Handschuhe und Greifzangen.

4 Wem hilft Ryan? Was säubern die Jungen?
a. Schreibe die Sätze ab.
b. Frage nach den Objekten und markiere sie.

Ryan hilft [Paul] …

▶ Die Objekte, S. 299

Was tut …? Wer oder was? Wen? Wem? – Das Prädikat, das Subjekt, die Objekte

Satzglieder sind die Bausteine eines Satzes.
Durch Fragen können wir die Satzglieder herausfinden.

Für das Schulfest gestalten Anna und Paul eine Spiel-Station.

Paul trägt mehrere Dachrinnen. Anna holt vier Tennisbälle.
Dann bitten sie den Hausmeister um Hilfe.
Der Hausmeister bringt den beiden vier Eimer.
Die Eimer stellen die Freunde in eine Reihe.
Nun markiert Anna eine Linie auf dem Boden.
Hinter dieser Linie legen sie die Dachrinnen und Tennisbälle bereit.
Schon kommen die ersten Besucher an!

1 Was tut Paul? Wer bringt vier Eimer?

▶ Das Prädikat/Das Subjekt, S. 299

a. Schreibe die Sätze ab.
b. Bestimme in jedem Satz das Prädikat und das Subjekt und markiere sie.
Tipp: Manchmal bildet das Prädikat eine Klammer.

2 Wen bitten sie um Hilfe? Was bringt der Hausmeister?

▶ Die Objekte, S. 299

Frage nach dem Akkusativobjekt und markiere es in jedem Satz.

Wozu brauchen die Freunde Dachrinnen und Tennisbälle?

Anna und Paul erklären den Besuchern das Dachrinnen-Spiel:
Zuerst gibt Anna jedem Teilnehmer ein Stück Dachrinne. Sie zeigt jedem Team, wie es damit eine Kette bildet. Anschließend gibt Paul dem Ersten in jeder Reihe einen Tennisball, der durch die Dachrinnen in einen Zieleimer rollen soll. Paul erklärt den Mitspielern, dass die Dachrinnen nicht bis zum Zieleimer reichen und sich die Spieler deshalb immer wieder vorne einreihen müssen. Der Siegermannschaft gelingt es in einer bestimmten Zeit, die meisten Bälle im Zieleimer zu haben.

3 Wem erklären die Freunde das Spiel? Wem …? Frage nach den Dativobjekten.
a. Schreibe die Fragen und die Antworten auf.
b. Markiere die Dativobjekte.

1, **2** Paul | trägt | mehrere Dachrinnen.

3 Den Besuchern | erklären | sie | das Dachrinnen-Spiel.

Prädikat, Subjekt, Akkusativobjekt und Dativobjekt sind Satzglieder.

Der Hausmeister bringt den beiden vier Eimer .

Das Prädikat ist im Satz der König.
Von ihm hängen das Subjekt und auch verschiedene Objekte ab.

Wer gewinnt das Dachrinnen-Spiel?

Viele Gäste besuchen die Spiel-Station.
Das Publikum feuert die Teilnehmer an. Es gibt ihnen Tipps.
Alle Augen verfolgen gespannt das Spiel. Anna und Paul stoppen die Zeit.
Die Eltern der 5 a gewinnen den Wettbewerb.
Im Lehrerzimmer schreibt Tarik die Siegerurkunden. Naomi hilft ihm beim Schreiben.
Bei der Siegerehrung jubeln alle den Gewinnern zu.

4 Wozu brauchen wir außer dem Subjekt und dem Prädikat weitere Satzglieder?
a. Schreibe nur das Prädikat und das Subjekt der Sätze auf.
b. Überprüfe, welche Satzglieder du weglassen kannst und welche nicht. Begründe.

5 **a.** Warum sind diese Sätze schwer zu verstehen? Erkläre es mit eigenen Worten.

Das Lehrerteam erreicht. Sie bekommen.
Die Schülerinnen und Schüler gratulieren. Sie übergeben.

b. Welche Ergänzungen sind notwendig? Schreibe die Sätze vollständig auf.
c. Bestimme die Objekte und markiere sie unterschiedlich.

Was passiert nach der Siegerehrung?

6 **a.** Schreibe einen kurzen Text, in dem die folgenden Verben vorkommen. Tipp: Achte darauf, die Satzglieder so umzustellen, dass sich dein Text interessant liest.

bewundern | erlauben | gefallen | gehören | kennen | schenken | zeigen

b. Markiere in deinen Sätzen die Satzglieder.

5 **b.** *den vierten Platz, den vorletzten Platz, eine Urkunde, einen Trostpreis, den Gewinnern, dem Siegerteam …*

Wo? Wann? Wie? – Die adverbialen Bestimmungen

Die Koch-AG verkauft an einem Stand Kostproben.
Die Dekoration für den Stand haben die Schüler selbst geplant und umgesetzt.

Die Koch-AG hatte sich letzte Woche in der Schulküche getroffen und die Dekoration für ihren Stand geplant.
Am Tag nach dem Treffen besorgte Anna ein großes Blatt Papier.
Auf das Plakat schrieb Paul schwungvoll die Preise für die Kostproben.
Mit einem Pinsel malte Anna kleine Bilder neben die Ziffern.

1 Frage nach den markierten Satzgliedern.
a. Schreibe die Fragen und die Antworten auf.
b. Markiere die Fragewörter.

Wann hatte sich die Koch-AG getroffen? …

Manche Satzglieder liefern zusätzliche Informationen, zum Beispiel über Ort, Zeit oder Art und Weise. Man nennt sie adverbiale Bestimmungen.

2 Ordne zu, welches Fragepronomen zu welcher adverbialen Bestimmung passt. Übertrage die Tabelle in dein Heft und ergänze jeweils ein Beispiel.

Adverbiale Bestimmung …	*Frage*	*Beispielsatz*
des Ortes	*Wo?* *…*	*…*
…	*…*	*…*

3 Ersetze im Text oben die adverbialen Bestimmungen durch andere adverbiale Bestimmungen derselben Art. Probiere verschiedene Möglichkeiten. Wie verändert sich die Aussage der Sätze?

4 **a.** Stelle in dem folgenden Satz die Satzglieder um und schreibe fünf unterschiedliche Sätze auf.

Am Tag des Schulfests befestigen Tarik und Paul das Plakat mit dicken Klebestreifen am Stand.

b. Untersuche, welches Satzglied in deinen Sätzen besonders betont wird.
c. Formuliere eine Regel und schreibe sie auf.

2 *Adverbiale Bestimmung … des Ortes/der Zeit/der Art und Weise*

3 *gestern, am Vortag, vorhin, in der Aula, im Klassenzimmer, an den Rand, mit großen Buchstaben, sorgfältig …*

In dem folgenden Text fehlen die adverbialen Bestimmungen.
Du kannst den Text verbessern.

Achtung: Fehler!

Die drei Freunde wollten Kochproben verkaufen.
Tarik hatte mit seiner Mutter die Zutaten eingekauft.
Er stellte den Teig für die Waffeln. Anna legte ihre Muffins.
Naomi schnitt Obst klein. Sie wollte einen Obstsalat machen.
Sie boten auch Getränke an. Naomi hatte eingekauft.
Gemeinsam hatten sie den Stand dekoriert. Er sollte aussehen.

Wo? Wohin?

Wann? Wie lange?

Wie? Womit?

5 Wo wollten die Freunde Kochproben verkaufen?
Wie sollte der Stand aussehen?
- Stelle Fragen und ergänze in den Sätzen an passenden Stellen adverbiale Bestimmungen.
- Formuliere abwechslungsreiche Sätze, indem du die Satzglieder umstellst.
- Schreibe den verbesserten Text in dein Heft.

schon am Vortag | jetzt | auf dem Schulfest | den ganzen Tag | …
auf den Tisch | neben das Waffeleisen | auf einen Teller | an ihrem Stand |
in einem Getränkegroßhandel | …
mit großen Plakaten | wunderschön | besonders einladend | …

Wissen kompakt

Adverbiale Bestimmungen	
Mit einer **adverbialen Bestimmung des Ortes** können wir ausdrücken, wo etwas geschieht. Wir fragen mit **Wo?, Woher?** oder **Wohin?**.	*Wo backte Anna Muffins?* *Anna backte in der Schulküche Muffins.*
Mit einer **adverbialen Bestimmung der Zeit** können wir ausdrücken, wann etwas geschieht. Wir fragen mit **Wann?** oder **Wie lange?**.	*Wann hatte Naomi eingekauft?* *Naomi hatte gestern eingekauft.*
Mit einer **adverbialen Bestimmung der Art und Weise** können wir ausdrücken, wie oder womit etwas geschieht. Wir fragen mit **Wie?** oder **Womit?**.	*Wie sollte der Stand aussehen?* *Der Stand sollte einladend aussehen.*

11 Rechtschreiben

Viele Wege führen zu einer sicheren Rechtschreibung! Geht eure eigenen Wege und übt jeden Tag ein bisschen. Das Navi hilft beim Orientieren.

Unsere Strategien S. 310–319

Die Rechtschreibstrategien auf diesen Seiten machen euch das Rechtschreiben leichter.

- **Sprechen – hören – gliedern**
- **Wörter verlängern**
- **Wörter ableiten**
- **Nomen erkennen und großschreiben**
- **Wortfamilien richtig schreiben**

Unsere Arbeitstechniken S. 320–327

Hier findet ihr Arbeitstechniken, die ihr immer wieder anwenden könnt

- Das Abschreiben
- Das Laufdiktat
- Das Mitlesediktat
- Die Rechtschreibkartei
- Im Wörterbuch Nachschlagen
- Fehler finden – Texte überarbeiten
- Die Rechtschreibung am Computer überprüfen

1. Doppelte Konsonanten, Satzschlusszeichen
2. Nomen großschreiben, wörtliche Rede
3. Nomen mit -ung, -heit, -keit, Aufzählungen
4. Wörter mit ie und i, Komma bei weil
5. Dehnungs-h, Komma bei dass
6. Wörter mit V/v, Komma bei als
7. Wörter mit ß, Komma bei wenn

Meine Trainingseinheiten S. 328–341

Auf diesen Seiten kannst du an deinen eigenen Fehlerschwerpunkten üben.

Sprechen – hören – gliedern

Deutlich sprechen und genau hinhören hilft beim richtigen Schreiben.

Tomatensalat
Was machst du?
Ich zerlege ein Wort in Silben.
der To-ma-ten-sa-lat
Beim Sprechen und Schreiben zeichne ich Silbenbögen.

1 Übt das deutliche Sprechen und das genaue Hinhören.
Sprecht die Übungswörter deutlich in Silben:
Zeichnet dabei Silbenbögen in die Luft.
Tipps:
- Ihr könnt die Silben auch klatschen.
- Am besten stellt ihr euch hin.
  Dann könnt ihr die Silben mit dem ganzen Körper schwingen.

der Tomatensalat | die Ampel | die Blume | die Schule | der Vorname | die Laterne

2 Schreibt jedes Übungswort aus Aufgabe 1 auf. Geht so vor:
- Sprecht das Wort deutlich und zeichnet dabei Silbenbögen in die Luft.
- Schreibt das Wort auf. Schreibt nur in jede zweite Zeile.
- Zeichnet sorgfältig Silbenbögen unter das Wort.

3 Schreibt die folgenden Übungswörter als Mitlesediktat. ▶ Mitlesediktat, S. 322
Einer diktiert. Der andere zeichnet zunächst Silbenbögen in die Luft.
Dann schreibt er das Wort auf und setzt die Silbenbögen.
Nach fünf Wörtern wechselt ihr.
Tipp: Setzt i-Punkte, ä-, ö- und ü-Punkte erst,
wenn ihr die ganze Silbe geschrieben habt.

lernen | hören | die Schokolade | die Schülerin | die Überschrift | lesen | wofür | der Zauberkasten | das Vergnügen | die Schönheit

Einige Rätsel |

Wer hat welches | Lieblingsfach? |
Vor der **Stunde** zieht | Dominik sich um. | Während der Stunde |
strengt er seine **Muskeln** an | und **hinterher** würde er | am liebsten
duschen. | Sarah **dagegen** | mag Zahlen | **wirklich** sehr. | Sie
könnte | den **ganzen** Tag **rechnen** | und **Textaufgaben** lösen. |
Und Kim? | Kim **berichtet gern** | über den **Garten** seiner **Familie**. |
Er weiß eine **Menge** | über **Pflanzen** und ihre **Pflege**. |

Bei den Wahlaufgaben 4 und 5 kannst du dir jeweils eine Aufgabe aussuchen.

4 1 a. Schreibe den Trainingstext ab.
Schreibe nur in jede zweite Zeile.
b. Sprich die blau gedruckten Wörter deutlich, Silbe für Silbe.
Zeichne dabei Silbenbögen in die Luft.
c. Setze unter diese Wörter Silbenbögen.
d. Wer hat welches Lieblingsfach?

4 2 a. Schreibe die blau gedruckten Wörter aus dem Trainingstext geordnet in eine Tabelle. Setze Silbenbögen.

eine Silbe	*zwei Silben*	*drei Silben*	*vier Silben*
…	*das Rätsel*	*einige*	…

b. Schreibe in jede Spalte drei eigene Wörter.
Tipp: Prüfe die richtige Schreibung deiner Wörter mit einem Wörterbuch.
▶ Nachschlagen, S. 324

Wörter aus den Lieblingsfächern

5 1 Ordne die folgenden Wörter dem passenden Unterrichtsfach zu.
Schreibe sie geordnet und mit Silbenbögen auf.

berechnen | das Viereck | die Blütenpflanze | die Körpertemperatur | der Torwart | ungerade | das Knochengelenk | das Stadion | teilbar | der Fruchtknoten | das Gewichtheben | die Sportart | die Hauptwurzel

5 2 Wähle zwei Unterrichtsfächer aus.
Finde für jedes Fach fünf typische Wörter und schreibe sie mit Silbenbögen auf.
Tipp: Prüfe die Schreibung mit einem Wörterbuch.
▶ Nachschlagen, S. 324

Wörter verlängern

Manchmal reicht genaues Hinhören nicht aus.

p, t, k, oder b, d, g am Ende?
Felder → Feld
t oder d?
Manchmal höre ich am Ende ein t. Ich muss aber ein d schreiben.
Ich verlängere das Wort. Dann kann ich das d hören.

1 a. Seht euch das Bild an: Lest auch die Sprechblasen.
b. Bei welchen Wörtern hilft das Verlängern? Erklärt es.

Nomen verlängern: die Mehrzahl (Plural) bilden

2 Probiert zu zweit das Verlängern aus.
a. Sprecht diese Nomen deutlich aus. Hört besonders beim letzten Laut genau hin.

der Korb | der Strand | der Zug

b. Verlängert die Nomen: Bildet die Mehrzahl.
c. Schreibt die Beispiele so auf:

der Kor? *Mehrzahl: die Körbe – Einzahl: der Korb*

3 Verlängert die folgenden Nomen.
Schreibt die Nomen zuerst in der Mehrzahl und dann in der Einzahl auf.

p oder b?	*der Sta?*	*der Urlau?*	*das Ver?*	*der Die?*		
t oder d?	*das Lie?*	*das Kin?*	*das Klei?*	*das Ra?*	*der Unterschie?*	*der Wal?*
k oder g?	*der Schla?*	*der Zu?*	*der Ta?*	*der Ber?*	*der Nachschla?*	

p oder b? die Stäbe – der …

3 *die Urlaube, die Verben, die Diebe, die Lieder, die Kleider, die Räder, die Unterschiede, die Wälder, die Schläge, die Züge, die Tage, die Berge, die Nachschläge*

Die Frage p oder b, t oder d, k oder g? stellt sich auch in anderen Fällen.
Bei den Wahlaufgaben 4 und 5 kannst du dir jeweils eine Aufgabe aussuchen.

Adjektive verlängern: Wortgruppen bilden

4 1 Auch Adjektive kannst du verlängern:
Bilde mit ihnen Wortgruppen. Sprich die Adjektive deutlich und höre hin.

p oder b?	*hal? | gel? | gro? | lie?*
t oder d?	*mil? | wil? | wüten? | anstrengen? | dringen?*
k oder g?	*klu? | kar?*

ein halbes Brot → halb, …

4 2 **p** oder **b**? **t** oder **d**? **k** oder **g**?
Entscheide bei den folgenden Adjektiven über die richtige Schreibung.
Schreibe dazu Wortgruppen auf und sprich sie deutlich aus.

der? | mil? | hal? | kran? | konkre? | plum? | her? | priva?
schlan? | gro? | klu? | wüten? | elen? | spä? | flin? | star?

ein derber Stoff → derb, …

Verben verlängern: die Grundform finden

5 1 Schreibe die Verben mit Hilfe der Grundform richtig auf.

er gi?t | sie fra?t | es lie?t, sie le?t | es flie?t | er lü?t

geben → er gibt, …

5 2 Bilde von den folgenden Verben das Präteritum mit **er**, **sie** oder **es**.

fliegen | leben | beugen | geben | toben | fragen | einladen | lügen | finden

fliegen – sie flog, …

b, d oder g am Ende des Wortstamms

6 Manchmal stellt sich mitten im Wort die Frage: **p** oder **b**, **t** oder **d**, **k** oder **g**?

die Wan?zeitung | der Wal?spaziergang | das Flu?zeu? | der Freita?nachmittag

a. Schreibe die Beispiele richtig auf.
b. Schreibe auf, wie du vorgegangen bist.

Wörter ableiten

die Gänse ← die Gans
ä kommt von a

Gänse rennen –
einmal ä,
einmal e,
aber beides
klingt gleich!

1 a. Seht euch das Bild an. Lest die Sprechblase.
b. Worum geht es? Erklärt es gemeinsam.

Gänse kommt von Gans. Deshalb schreibst du ä.

2 a. Was seht ihr auf den Bildern? Schreibt die Wörter auf.
b. Habt ihr richtig geschrieben? Findet passende Wörter mit **a**.

die Zähne ← der Zahn, …

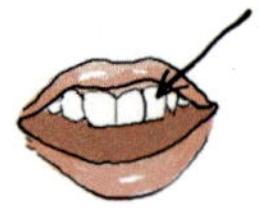

3 Finde zu den folgenden Wörtern mit **ä** verwandte Wörter mit **a**.

täglich | die Blätter | die Länder | die Wärme | gefährlich | glänzen | wählen | schälen

täglich ← der Tag,

die Bäume ← der Baum
äu kommt von au

die Bäume
die Zäune
die Träume
die Sträuße
schäumen
aufräumen

4 a. Schreibe die Wörter vom Rand untereinander auf.
b. Schreibe jeweils ein verwandtes Wort mit **au** dazu.
c. Schreibe mit jedem Wort mit **äu** einen eigenen Satz auf.

2 *der Zahn, das Dach, der Mantel, die Bank*

3 *der Tag, das Blatt, das Land, warm, die Gefahr, der Glanz, die Wahl, die Schale*

Schlechte Träume |

Von solchen Nächten | kann wohl jeder erzählen: | Man schläft ruhig und fest. | Doch plötzlich schreckt man ängstlich | und mit klopfendem Herzen hoch | oder fällt sogar fast aus dem Bett: | Man hat schlecht geträumt. | Auslöser können Geräusche im Haus sein. | Unser Gehirn läuft | auf Hochtouren | und signalisiert: | Diese Situation könnte | gefährlich sein. | Ein schlechter Traum lässt sich | aber auch anders erklären: | Täglich muss unser Gehirn | so viele Eindrücke verarbeiten, | dass es die Nacht sozusagen | zum „Aufräumen" nutzen muss. | (79 Wörter)

5 **a.** Finde im Text alle Wörter mit **ä** und mit **äu**.
Schreibe sie untereinander in eine Liste.
b. Schreibe zu jedem Wort ein verwandtes Wort mit **a** bzw. **au**.

Wörter mit ä	*Wörter mit äu*
Nächte ← die Nacht	*Träume ← der Traum*
…	…

Merke

ä und **e** klingen in vielen Wörtern ähnlich, **äu** und **eu** klingen gleich.
Leite Wörter mit **ä** und **äu** von verwandten Wörtern mit **a** und **au** ab.
Dann kannst du sie sicher schreiben.

6 Von welchen verwandten Wörtern kannst du diese Wörter ableiten?

der Behälter | die Nähe | kämmen | kräftig | das Gebäude | die Zäune | mächtig | schäumen | wählen | die Sträuße | nähen | der Bäcker

a. Schreibe die Wörter nach dem Alphabet geordnet untereinander auf.
b. Schreibe so viele verwandte Wörter mit **a** und **au** dazu, wie du findest.

7 Schreibt den Übungstext Schlechte Träume als Mitlesediktat.

▶ Mitlesediktat, S. 322

8 Diese Wörter mit **ä** sind Merkwörter.

das Mädchen | spät | während | Ärger | der März | der Lärm | das Geschäft

– Präge dir die Wörter und ihre Schreibung ein.
– Decke sie ab und schreibe sie aus dem Gedächtnis auf.

Nomen erkennen und großschreiben

Ich bin gespannt auf die Wandzeitung.
Rechtschre
Hat jeder ein Heft?
Ich brauche einen Stift.
Wo ist nur das Lineal geblieben?

1 Welche Personen und Gegenstände erkennst du? Schreibe die Nomen mit ihrem Artikel auf.

die Lehrerin, das Fenster …

Die Checkpunkte am Rand helfen euch beim Erkennen der Nomen.

2 Welche Nomen findest du in den Sprechblasen? Schreibe diese Nomen ebenfalls mit ihrem Artikel auf.

Prüfe, ob Personen und Gegenstände bezeichnet werden.

3 Lies den Text.

Die Klasse 5 b gestaltet eine Wandzeitung.
Eine Gruppe sitzt an dem Tisch mit den Bastelmaterialien.
Ein Mädchen und ein Junge arbeiten an einem Computer.
Eine Arbeitsgruppe bespricht sich in einem Sitzkreis.
Die Lehrerin unterstützt die Kinder.

4 **a.** Finde im Text die Nomen mit Artikel.
b. Schreibe sie geordnet auf.
Markiere jeweils den Großbuchstaben.

bestimmter Artikel: die …,
unbestimmter Artikel: eine …,

Prüfe, ob das Wort von einem Artikel begleitet wird.

1 *der Klassenraum, die Schülerin, der Schüler, die Schülerinnen, die Schüler, das Whiteboard, das Smartphone, die Stühle, das Fenster, der Fahrradhelm, die Wasserflasche, das Bücherregal, der Rucksack*
bestimmte Artikel: der, das, die, Plural: die   unbestimmte Artikel: ein, ein, eine, Plural: –

Von den Aufgaben 5 und 6 kannst du dir jeweils eine Aufgabe aussuchen.

Über das Thema der Wandzeitung gab es eine lebhafte Diskussion. Einige wollten sich mit beliebten Haustieren beschäftigen. Andere wollten ungewöhnliche Rekorde vorstellen. Am Ende entschieden sich alle für eine Wandzeitung über interessante Hobbys.

5 1 Schreibe den Text ab.
Markiere die Adjektive und die Großbuchstaben der Nomen, die sie begleiten.

Prüfe, ob das Wort von einem Adjektiv begleitet wird.

5 2 Schreibe den Text ab.
Ersetze dabei die Adjektive durch neue passende Adjektive.

6 1 Schreibe die Nomen mit **-ung**, **-heit**, **-keit** in eine Tabelle.

die Kurzsichtigkeit | die Kindheit | die Sendung | die Tapferkeit | die Wahrheit | die Aufmerksamkeit | die Entdeckung | die Wohnung | die Schwierigkeit | die Dunkelheit

-ung	*-heit*	*-keit*
die Sendung	*…*	*…*

6 2 **a.** Schreibe die Nomen von Aufgabe **6 1** in eine Tabelle.
b. Schreibe in jede Spalte weitere Beispiele.
Tipp: Du kannst aus den Wörtern am Rand Nomen mit **-ung**, **-heit** oder **-keit** bilden.
Du kannst auch eigene Nomen ergänzen.

schön, aufregen, flüssig, möglich, achten, neu, gesund, lösen, tätig

7 Der folgende Text ist in Großbuchstaben geschrieben.
a. Finde die Nomen mit Hilfe der Checkpunkte.
b. Schreibe den Text in richtiger Groß- und Kleinschreibung auf.

FÜR MICH IST DER ROLLSTUHLHANDBALL DAS SCHÖNSTE HOBBY. ICH MAG DAS SPIEL MIT DEM BALL, ABER AUCH DEN KONTAKT ZU DEN MITSPIELERN: DIE KÖRPERLICHE BETÄTIGUNG IST NICHT NUR GUT FÜR DIE STÄRKUNG DER MUSKULATUR. ICH LERNE AUCH, WICHTIGE REGELN ZU BEACHTEN.

Für mich ist der Rollstuhlhandball …

Wortfamilien richtig schreiben

Wörter aus einer Wortfamilie haben oft den gleichen Wortstamm. Bist du unsicher, wie du ein Wort richtig schreibst? Dann finde andere Wörter aus der Wortfamilie, die du sicher schreiben kannst.

1 **a.** Lies die Wörter der Wortfamilie **-hör-** vor. Zeichne dabei die Silben in die Luft.
b. Schreibe die Wörter auf. Markiere den Wortstamm **-hör-**.

2 Die folgenden Wörter gehören zu zwei Wortfamilien.
a. Zeichne zwei Bilderrahmen.
b. Schreibe in jeden Rahmen den Namen einer Familie. Schreibe jedes Wort in den passenden Rahmen.

die Stelle | fallen | verfallen | stellen | das Gestell | umfallen | der Unfall | die Ausstellung | der Abfall | umstellen | die Falle | die Einstellung | verstellt | abstellen | der Abfall | der Fallschirm

der Schwimmwettbewerb – ein schwieriges Wort.
Aber schwimmen, wetten und bewerben kannst du sicher schreiben!
Von den Aufgaben 3 1 und 3 2 kannst du dir eine Aufgabe aussuchen.

3 1 Schreibe zu jedem dieser Nomen ein Adjektiv der gleichen Wortfamilie auf.

die Verdünnung | die Erfrischung | die Abkühlung | die Wahrheit | die Beruhigung

die Verdünnung: dünn …

3 2 Zu welchen Wortfamilien gehören die folgenden zusammengesetzten Wörter?
a. Zerlege die zusammengestetzten Wörter.
b. Schreibe für jeden Wortstamm drei verwandte Wörter auf.

Von den Aufgaben 4 und 5 kannst du dir jeweils eine Aufgabe aussuchen.

4 1 a. Zeichne den Baum mit dem Wortstamm **-fahr-** in dein Heft.
b. Verwende aus jedem Ast ein Wort in einem Satz.

4 2 Jeder Ast des Wortfamilienbaums enthält eine Wortart.
a. Lege eine Tabelle an: für jede Wortart eine Spalte. Trage die Wörter aus dem Baum ein.
b. Finde für jede Wortart drei weitere Beispiele mit **-fahr-**.

4 3 a. Wähle mit Hilfe eines Wörterbuchs einen Wortstamm mit vielen verwandten Wörtern aus.
b. Gestalte dazu einen Wortfamilienbaum.

Mit ver- und vor- kannst du weitere Wörter einer Wortfamilie bilden.

5 1 a. Bilde aus den Verben neue Verben mit **ver-**. Schreibe die Verben auf.

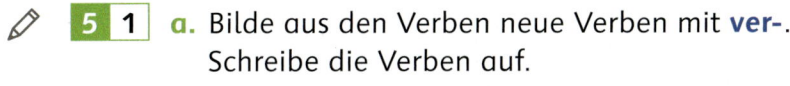

stecken | *suchen* | *raten* | *laufen*

b. Schreibe mit jedem Verb mit **ver-** einen eigenen Satz auf.

5 2 Schreibe den folgenden Text ab. Setze dabei passende Wörter mit **ver-** oder **vor-** ein.

die Verletzten, versuchen, die Verkehrsteilnehmer, verstehen, die Verkehrsunfälle, vorsichtig, die Vorfahrt, Vorsicht

Jedes Jahr wächst die Zahl der ___. Die Polizei ___ immer wieder, die ___ zum ___ Fahren aufzurufen. Trotzdem gibt es Monat für Monat Unfälle mit Toten und ___. Oft wird die ___ nicht beachtet. Viele Menschen ___ nicht, dass im Straßenverkehr die ___ das Wichtigste ist.

5 1 *ich verstecke mich/ich verstecke etwas, er versucht zu …, sie verraten etwas, ihr verlauft euch, wir verkaufen etwas*

Das Abschreiben

Richtig schreiben lernst du durch häufiges Schreiben.
Beim Abschreiben schreibst du einen Text fehlerfrei ab.
Das erfordert deine ganze Konzentration und deine beste Schrift.

1 Lies die Schritte zum richtigen Abschreiben.

Schritt 1: **Lesen**	Ich lese den Text genau. Ich kläre unbekannte Wörter.
Schritt 2: **Einprägen**	Ich präge mir eine Wortgruppe bis zum Strich genau ein. Ich lese dabei Wort für Wort, Silbe für Silbe. Ich spreche die Wörter leise aus.
Schritt 3: **Schreiben**	Ich decke den Text ab und schreibe die Wortgruppe bis zum Strich auswendig auf. Ich spreche beim Schreiben leise mit. Ich schreibe in jede zweite Zeile.
Schritt 4: **Prüfen**	Ich überprüfe, was ich geschrieben habe: Ich vergleiche Wort für Wort mit der Vorlage.
Schritt 5: **Verbessern**	Ich streiche fehlerhafte Wörter durch. Ich schreibe die Wörter richtig darüber.
Schritt 6: **Merken**	Ich schreibe die Fehlerwörter richtig in meine Rechtschreibkartei.

2 Übe das Abschreiben Schritt für Schritt mit dem folgenden Text.

Ein Ausflug in den Zoo | – Teil 1 |

Im Zoo | ist immer | etwas los. | Pia und Ben | gehen zu den Affen. | Dort ist große Aufregung. | Zwei Affen streiten sich | um eine Banane. | Was für ein Geschrei! | Die Elefanten | bewegen sich langsam | in ihrem großen Gehege. | Sie machen | einen gemütlichen Eindruck. | Mit ihren langen Rüsseln | ziehen sie Wasser | aus einer Wanne | und spritzen sich nass. | Bei den Krokodilen | wird es Marc unheimlich. | Was ist, | wenn so ein gefährliches Tier | Hunger hat? | Kommt es dann aus dem Wasser? | Rasch verlässt Marc das Tropenhaus. | „Da drin ist es ganz interessant“, | sagt er ganz cool zu den anderen, | „nur viel zu warm.“ | (107 Wörter)

Das Laufdiktat

Mit dem Laufdiktat kannst du gut allein üben, zu Hause oder in der Klasse.

1 Lies die Schritte für das Laufdiktat.

Schritt 1: **Lesen**	Ich lese den Text genau. Ich kläre unbekannte Wörter.
Schritt 2: **Ablegen**	Ich lege den Text auf einen weit entfernten Tisch.
Schritt 3: **Einprägen**	Ich präge mir eine Wortgruppe bis zum Strich genau ein.
Schritt 4: **Gehen**	Ich gehe zurück an meinen Arbeitsplatz. Ich bleibe konzentriert und spreche nicht.
Schritt 5: **Schreiben**	Ich schreibe die Wortgruppe bis zum Strich auswendig auf. Ich wiederhole die Schritte 3 bis 5 bis zum Ende des Textes.
Schritt 6: **Prüfen**	Ich überprüfe, was ich geschrieben habe: Ich vergleiche Wort für Wort mit der Vorlage.
Schritt 7: **Verbessern**	Ich streiche fehlerhafte Wörter durch. Ich schreibe die Wörter richtig darüber.
Schritt 8: **Merken**	Ich schreibe die Fehlerwörter richtig in die Rechtschreibkartei.

2 Probiere das Laufdiktat mit dem folgenden Text aus.

Ein Ausflug in den Zoo | – Teil 2 |

„Was steht denn hier auf dem Schild?", | fragt Maria, | „das ist aber ein schwieriges Wort." | „Hippopotamus amphibius", | stottert Lars, | „Flusspferd ist wohl einfacher auszusprechen." | Das große Tier kommt mit dem Kopf aus dem Wasser | und reißt sein riesiges Maul auf. | Erschrocken springt Maria zurück, | doch Lars beruhigt sie: | „Keine Angst, | Flusspferde sind Vegetarier. | Sie ernähren sich nur von Pflanzen." |

(66 Wörter)

Das Mitlesediktat

Für das Mitlesediktat suchst du dir eine Partnerin oder einen Partner. Die oder der eine diktiert, die oder der andere schreibt.

1 Lest und besprecht die Schritte für das Mitlesediktat.

Schritt 1: **Vorlesen – Mitlesen**	Die Partnerin oder der Partner liest das Diktat einmal vollständig vor.	Ich lese still mit.
Schritt 2: **Zuhören**	Sie oder er liest den ersten Satz deutlich vor.	Ich höre genau zu.
Schritt 3: **Diktieren – Schreiben**	Sie oder er diktiert jeweils eine Wortgruppe bis zum Strich. Sie oder er diktiert auch jedes Satzzeichen.	Ich schreibe die Wortgruppen nacheinander auf. Ich schreibe auf jede zweite Zeile.
Schritt 4: **Prüfen – Fehler finden**	Die Partnerin oder der Partner passt auf, dass ich alles richtig schreibe. Bei einem Fehler sagt sie oder er „Stopp!“.	Ich versuche, den Fehler zu finden. Ich lasse mir helfen.
Schritt 5: **Beraten – Berichtigen**	Sie oder er gibt Tipps zur richtigen Schreibung.	Ich streiche das Fehlerwort durch und schreibe es richtig darüber.
Schritt 5: **Merken**		Ich schreibe die Fehlerwörter in die Rechtschreibkartei.

2 Probiert das Mitlesediktat mit dem folgenden Text aus. Wechselt die Rollen nach Absatz (1).

Ein besonderes Bauwerk |

(1) Rottweil ist eine kleine Stadt | im Süden Deutschlands. | Nun möchte diese Stadt | einen Rekord brechen: | Es soll dort die längste | Hängebrücke für Fußgänger | gebaut werden. | 606 Meter lang | soll die Brücke werden. |

(2) Damit wäre sie | länger als jede andere Brücke | dieser Art auf der Welt. | Bis zu 40 Meter hoch | hängt die Brücke über einem Tal. | Die Bürger von Rottweil | haben über den Bau der Brücke | gemeinsam entschieden. | Sie sind stolz | auf ihre schöne Altstadt. |

(90 Wörter)

Die Rechtschreibkartei

In der Rechtschreibkartei sammelst du deine Fehlerwörter und schwierige Wörter.

1 Lies die Schritte zum Anlegen deiner Rechtschreibkartei.

Schritt 1: **Beschriften**	– Verwende kleine Karteikarten (DIN A7) oder stelle Kärtchen her. – Schreibe das schwierige Wort oder das Fehlerwort in die erste Zeile. – Schreibe die Grundform dazu. – Schreibe bei Nomen den Artikel dazu. – Du kannst auch Wortgruppen aufschreiben.	*er sieht* *sehen* 5 cm 10 cm
Schritt 2: **Tipps ergänzen**	– Rechtschreibtipps oder Strategien helfen beim richtigen Schreiben. – Markiere und untersuche die schwierige Stelle. – Schreibe einen passenden Tipp oder eine Strategie auf. Du kannst auch jemanden fragen.	*am kräftigsten* *kräftig* *ableiten von:* *die Kraft* ▶ Strategien, S. 310–319 ▶ Tipps, S. 328–341
Schritt 3: **Ordnen**	– Ordne deine Lernkärtchen nach dem Alphabet. – Bewahre sie in einem Karteikasten auf.	*er druckte* *beenden* *Vorsilbe be-* *beantworten,* *befragen*

2 Lege deine Rechtschreibkartei an.
Sammle darin ab sofort deine schwierigen Wörter.

3 So kannst du mit den Wörtern in deiner Kartei immer wieder üben:
- Wähle sechs Lernkärtchen aus.
- Sieh dir das Wort und die Tipps genau an. Sprich das Wort laut.
- Drehe das Kärtchen um und schreibe das Wort.
- Hast du alle Wörter geschrieben? Dann kontrolliere sie genau.

Im Wörterbuch nachschlagen

Florian schreibt einen Einkaufszettel.

1 Welches Wort sucht Florian?

a. Finde es in dem Auszug aus dem Wörterbuch.

b. Schreibe den Eintrag zu dem Wort auf.

plagen

Pi|ro̲l der, die Pirole: Singvogel

Pirol

Pi|rou|e̜t|te [pirue̜te] die *franz.*, die Pirouetten: auf dem Eis eine Pirouette drehen (Drehung um die eigene Achse)

Pirsch die: auf die Pirsch (Jagd) gehen; **pir|schen** sich anschleichen

PI̲SA-Stu|die / Pi̲|sa-Stu|die die (**P**rogramme for **I**nternational **S**tudent **A**ssessment): Untersuchung, die den Wissensstand von Schülern aus vielen Ländern vergleicht

Pis|ta̲|zie die *pers.*, die Pistazien: Baum oder Strauch in Mittelmeerländern, essbarer Samenkern der Pistazie

Pis|te die *franz.*, die Pisten

Pis|to̲|le die *tschech.*: kleine Schusswaffe; die Antworten kamen wie aus der Pistole geschossen (ohne lange zu überlegen, ohne Zögern)

Pi̲|xel das *engl.*, die Pixel, *Kunstwort aus* **pic**ture (Bild) und **el**ement (Element): einer

A B C D E F G H I J K L M N O **P**

In einem Wörterbuch sind die Wörter nach dem Alphabet geordnet.

2 Schreibe das Alphabet auf.
- Schreibe die Großbuchstaben und die Kleinbuchstaben auf.
- Verwende deine schönste Schrift.

A a B b C

Wenn die Wörter mit demselben Buchstaben beginnen, musst du auf den zweiten, dritten, vierten … Buchstaben achten.

3 Was steht außerdem auf Florians Einkaufszettel?
Schreibe die Wörter nach dem Alphabet geordnet auf:

der Pfeffer | der Salzstreuer | das Müsli | die Mandarine | die Pfirsiche | der Schafskäse | das Popcorn | die Mango | die Salzbrezel | der Salat

4 Schreibe für jeden Buchstaben des Alphabets ein Wort auf.
- Du kannst z. B. Lieblingswörter aufschreiben oder Wörter, die mit deinem Hobby zu tun haben.
- Du kannst die Anfangsbuchstaben mit Farben und in einer besonderen Schrift gestalten.
- Finde die Wörter im Wörterbuch.
  Prüfe, ob du alles richtig geschrieben hast.

Manche Wortformen findest du nicht als Stichwort im Wörterbuch.

du nimmst	**findest du unter** →	**neh|men** du nimmst, er nahm, genommen
die Museen	**findest du unter** →	**Mu|se|um** das *griech.*, die Museen

5 a. Schreibe die Beispiele auf.
b. Schreibe die Grundform (Infinitiv) der Verben auf, zu den Nomen bildest du die Einzahl (Singular).

sie liest | er traf | sie wurden | die Lexika | die Gläser | gerufen | die Pizzen | benommen

Wenn du bei einem Anfangsbuchstaben nicht sicher bist, musst du bei ähnlich klingenden Buchstaben nachschlagen.

W oder V?

6 Schlage die → Wörter im Wörterbuch nach.
Schreibe die Wörter auf.

Mit dem folgenden Spiel lernt ihr das schnelle Nachschlagen im Wörterbuch.

7
- Der erste Spieler nennt ein Wort.
- Die anderen finden das Wort so schnell wie möglich im Wörterbuch. Tipp: Die Wörter in der Kopfleiste und die Registerbuchstaben helfen dabei.
- Wer das Wort zuerst gefunden hat, sucht das Wort für die nächste Runde aus.

5 *der Vogel, die Vase, die Verletzung, der Verband*

Fehler finden – Texte überarbeiten

Möchtest du einen eigenen Text überarbeiten?
Dann prüfe zum Schluss auch die Rechtschreibung.

1 Im folgenden Text gibt es sieben Fehler.
a. Prüfe den Text. Finde die Fehler.
Tipp: Die Regeln unten auf der Seite helfen dir dabei.
b. Schreibe den Text richtig auf.

Dinosaurier

Achtung: Fehler!

Dinosaurier lebten in der kreidezeit. Sie waren Raubtiere oder Pflanzenfreser. Dinosaurier lebten entweder als Einzelgänger oder in einem rudel. Manche Dinosaurier hatten einen kleinen kopf mit einem langen hals. Im Vergleich zu ihrem masigen Körper war ihr Gehirn sehr klein. Die Schuppen, die Kralen und die Körperform ähnelten denen heutiger Kriechtiere.

2 Nomen werden oft von Artikeln oder Adjektiven begleitet.
a. Markiere die Begleiter aller Nomen in deinem Text.
b. Einige Nomen haben keine Begleiter.
Markiere diese Nomen in einer anderen Farbe.

Von den nächsten beiden Aufgaben kannst du dir eine aussuchen.

3 1 Woran erkennst du Nomen?
Berate dich mit einer Partnerin oder einem Partner.
Tipp: Ihr könnt eure Antwort auf den Seiten 316 und 317 überprüfen.

3 2 Bearbeite die Fehlerwörter aus dem Text für die Rechtschreibkartei.
Gehe vor wie in dem Beispiel.

in der Kreidezeit
Nomen großschreiben!
Artikel: die Kreidezeit

▶ Tipps für die Arbeit mit der Rechtschreibkartei, S. 321

1 **a.** *Nomen schreibst du groß: der Dinosaurier*
Nach kurzem Vokal folgen zwei Konsonanten. Das können zwei gleiche sein: essen, die Schuppen

Die Rechtschreibung mit dem Computer überprüfen

Das Schreibprogramm des Computers hilft heutzutage beim richtigen Schreiben.

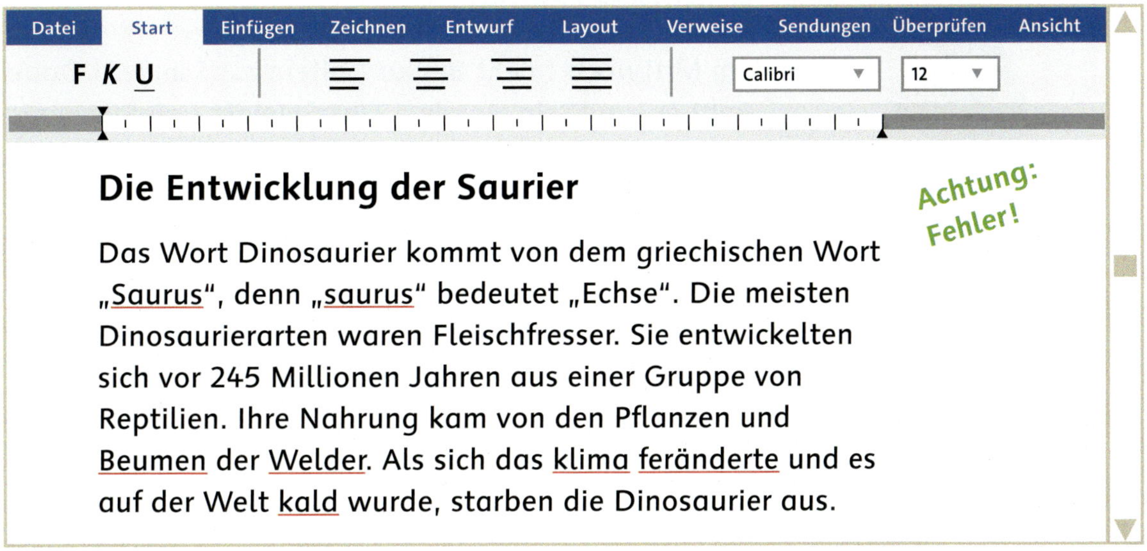

Die Entwicklung der Saurier

Das Wort Dinosaurier kommt von dem griechischen Wort „Saurus“, denn „saurus“ bedeutet „Echse“. Die meisten Dinosaurierarten waren Fleischfresser. Sie entwickelten sich vor 245 Millionen Jahren aus einer Gruppe von Reptilien. Ihre Nahrung kam von den Pflanzen und Beumen der Welder. Als sich das klima feränderte und es auf der Welt kald wurde, starben die Dinosaurier aus.

1 Seht euch das Beispiel zu zweit an.
- Wie sind die Fehler markiert?
- Welche Fehlerwörter könnt ihr verbessern?
- Was fällt euch außerdem an der Abbildung auf?

Das Programm kann beim Finden von Fehlern helfen.
Aber verlasse dich nicht darauf! Über die richtige Schreibung entscheiden musst du nämlich selbst. Im Zweifel schlägst du im Wörterbuch nach.

2 Manche Wörter kennt das Programm nicht.
Welches Wort ist gar nicht falsch geschrieben? Schreibe es auf.

3 Rechte Maustaste!
Für zwei Fehlerwörter schlägt das Programm diese Möglichkeiten vor:
- Schreibe jeweils das passende Wort auf.
- Markiere die Fehlerstelle.

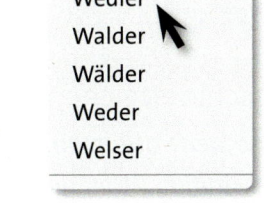

Wedler	Beamen
Walder	Begumen
Wälder	Baumen
Weder	Bäumen
Welser	Beugen

4 Ordne den drei Fehlerwörtern im letzten Satz eine passende Regel zu. Schreibe die Wörter richtig auf.

4 *Vorsilbe ver- – immer mit v!*
Nomen großschreiben!
Verlängern!

Wörter mit doppelten Konsonanten **ll**, **mm**, **nn** …, Satzschlusszeichen

Nun aber **schnell**! |

Am **Mittwoch** | geht **Benno** | **allein** zur Schule. | Dauernd | sieht er | auf sein Handy. | Das Spiel ist | einfach | zu **spannend**. | Da klingelt es | zur ersten Stunde. | Der Junge **rennt** los. | Er **will** trotzdem | noch einen Level | **schaffen**. | Aber die Tür zur **Klasse** | ist schon | **geschlossen**. | Benno stößt sich | den Kopf. | Aber es ist | nicht so **schlimm**. | Benno **muss** | ein **bisschen** | über sich selbst lachen. | (68 Wörter)

1 Was ist schon geschlossen? Beantworte die Frage schriftlich.

2 Im Text sind die Wörter mit doppelten Konsonanten **blau gedruckt**.
a. Schreibe die Wörter dreimal auf.
b. Sprich die Wörter leise aus.
Markiere die doppelten Konsonanten.

schnell, schnell, schnell, Mittwoch, …

Merke

Nach einem kurzen Vokal im Wortstamm folgen oft doppelte Konsonanten.
schaffen, schnell, bisschen, geschlossen, der Schluss

3 **a.** Schreibe die Wörter am Rand alphabetisch auf.
b. Markiere die doppelten Konsonanten.
Setze einen Punkt unter den kurzen Vokal.

die Butter, …

der Koffer, die Sonne, die Nummer, die Gruppe, der Keller, die Butter, das Wasser

4 **a.** Satzschlusszeichen: Schreibe die Beispielsätze ab.
Benno geht allein zur Schule. Geht Benno allein zur Schule?
Gehe allein zur Schule, Benno!

b. Schreibe drei eigene Sätze mit verschiedenen Satzschlusszeichen auf.

5 Schreibe den Text Nun aber schnell! ab.

► Tipps zum Abschreiben, S. 320

Doppelkonsonanten, ck, Satzschlusszeichen

Glück gehabt! |

Nach der Schule bummelt Benno | gemütlich durch die Stadt nach Hause. | Unterwegs wirft er | immer wieder | einen Blick auf sein Handy. | Er achtet nicht auf den Weg. | Hinter einer Ecke | stolpert Benno fast in eine Pfütze. | Was für ein Schreck! | „Ist dir etwas passiert?“, | fragt ein netter Mann. | „Ich habe nur einen Augenblick | nicht aufgepasst“, | antwortet Benno mit zittriger Stimme. | „Na, dann brauchst du wohl keine Brille!“, | lacht der Mann. | Benno muss auch lachen | und steckt sein Handy | erleichtert in die Jacke. | (84 Wörter)

1 Lies den Text und beantworte die Frage schriftlich: Warum stolpert Benno fast?

2 Im Text findest du Wörter mit doppelten Konsonanten.
a. Schreibe die Wörter in eine Tabelle. Schreibe die Nomen mit Artikel auf.
b. Setze jeweils einen Punkt unter die kurzen Vokale. Markiere jeweils die doppelten Konsonanten.

ll	*mm*	…	…	…
die Brille	…			
…				

3 **a.** Schreibe die Wörter mit **ck** aus dem Text untereinander auf.
b. Schreibe für jedes Wort mit **ck** drei verwandte Wörter auf.

4 **a.** Schreibe den Merksatz von Seite 328 mit einer Überschrift auf.
b. Was wird aus **k** nach kurzem Vokal? Schreibe dazu einen Merksatz auf.

5 Schreibe mit den Wörtern am Rand je einen Satz auf.
– Formuliere dabei Aussagen, Fragen und Ausrufesätze.
– Verwende die passenden Satzschlusszeichen.

der Augenblick, das Unglück, die Brücke, das Frühstück, entdecken, gucken, pflücken, verstecken

6 Schreibe den Trainingstext Glück gehabt! ab.

▶ Tipps zum Abschreiben, S. 320

Nomen großschreiben, wörtliche Rede

Die Lieblingsbücher |

Von der Lesenacht | sind alle begeistert. | **Einige Kinder** | melden sich | **am nächsten Tag** | in der Bibliothek an. | Kim sagt: | „Ich möchte | unbedingt wissen, | wie **das aufregende Abenteuer** | von Atlanta | weitergeht." | Onur meint: | „So **eine verrückte Fahrradtour** | würde ich auch | gern machen." | Lucy und Jela | wünschen sich | **das tolle Buch** über Atlanta | **zum Geburtstag**. | Mira fragt: | „Wann können wir | **die nächste Lesenacht** | veranstalten?" | Ari schlägt vor: | „Am liebsten | gleich **diesen Freitag**!" | (73 Wörter)

1 Was wünschen sich Lucy und Jela? Schreibe die Antwort auf.

2 Einige Wortgruppen mit Nomen sind im Text **blau gedruckt**.
a. Schreibe die Wortgruppen auf.
b. Unterstreiche den Großbuchstaben am Wortanfang.

von der Lesenacht, einige …

3 Einige Nomen im Text werden von einem Artikel begleitet.
Finde fünf Nomen mit Artikel. Schreibe sie auf.

> Prüfe, ob das Wort von einem Artikel begleitet wird.

4 Die Wörter **von** und **einige** sind keine Nomen.
Warum werden sie im Text großgeschrieben?
Sprich mit einer Partnerin oder einem Partner darüber.

5 Im Text gibt es wörtliche Rede.
a. Schreibe die Sätze mit wörtlicher Rede und dem Begleitsatz auf.
b. Unterstreiche den Begleitsatz.
Markiere die Anführungszeichen und den Doppelpunkt.

Kim sagt: „Ich möchte unbedingt wissen, wie das aufregende Abenteuer von Atlanta weitergeht."

Nomen großschreiben, aus Verben können Nomen werden, wörtliche Rede

Nach der Lesenacht |

Am Tag nach der Lesenacht | helfen alle beim Aufräumen. | Um das Zusammenrollen der Schlafmatten | und das Verpacken der Schlafsäcke | kümmern sich alle gemeinsam. | Beim Ausfegen des Klassenraums | unterstützt Onur Selina | mit Handfeger und Schaufel. | Das Abhängen der Buchplakate | übernehmen Ari und Lucy. | „Am liebsten würde ich gleich noch die Klassenbibliothek neu ordnen“, meint Kim. Jela antwortet: „Für das Ordnen der Bibliothek sollten wir uns mehr Zeit nehmen.“ Das Reinigen der Tische und der Tafel ist auch notwendig. (91 Wörter)

1 **a.** Was würde Kim am liebsten noch tun? Schreibe den Satz auf.
b. Was meint Jela dazu? Schreibe es auf.
c. Welches Wort hast du im ersten Satz kleingeschrieben, aber im zweiten Satz großgeschrieben? Markiere es.

Merke

Nominalisierung: Verben können Nomen werden.
Der Artikel **das** und die Wörter **beim** und **zum** machen aus Verben Nomen.
*Timo reinigt einen Tisch. – Das **R**einigen der Tische übernimmt Timo.*

2 **a.** Schreibe alle nominalisierten Verben aus dem Text auf. Schreibe sie untereinander und mit dem Begleiter auf.
b. Schreibe die Grundform (Infinitiv) daneben.
c. Markiere bei jedem Verb den Anfangsbuchstaben.
d. Verwende drei der Verben als Nomen in eigenen Sätzen.

3 Der Text enthält zwei Sätze mit wörtlicher Rede.
a. Schreibe die Sätze mit dem Begleitsatz auf. Markiere die Begleitsätze.
b. Vergleiche die beiden Sätze und formuliere zwei Regeln zur Zeichensetzung.
Wenn der Begleitsatz vor der wörtlichen Rede steht, dann endet er mit …

4 Schreibe den Trainingstext Nach der Lesenacht ab.

▶ Tipps zum Abschreiben, S. 320

Nomen mit -ung, -heit, -keit großschreiben, Komma bei Aufzählungen

So eine Aufregung |

Im Fußballverein Einheit Korth | herrscht große Aufregung. | Am Wochenende wird | in einem wichtigen Spiel | über den Meistertitel | entschieden. | Fabian ist | ein erfahrener Stürmer | und spielt aufmerksam, | schnell und sicher. | Doch ausgerechnet | jetzt kämpft er | mit einer starken Erkältung. | Der Arzt | schreibt Fabian krank, | obwohl Fabian ihm | von der Wichtigkeit | des Spieles erzählt. |

Auch der Trainer | ist der Meinung, | dass Fabian nicht | spielen kann. | „So eine Gemeinheit“, | findet Fabian. | Aber in Wahrheit | weiß er, | dass die Krankheit | ihn müde, | unsicher, | kraftlos und lustlos | macht. | Am Freitag | gibt es plötzlich | eine Neuigkeit: | Das Spiel wird verschoben! | So hat Fabian | die Gelegenheit | mitzuspielen. |

(103 Wörter)

1 Welche Neuigkeit gibt es plötzlich vor dem wichtigen Spiel? Schreibe die Antwort auf.

2 Im ersten Absatz sind die Nomen auf **-ung**, **-heit** und **-keit blau gedruckt**.
a. Schreibe die Nomen mit Begleiter auf.
b. Markiere die Großbuchstaben am Anfang.

> Wörter auf -ung, -heit, -keit sind Nomen. Nomen schreibst du groß.

3 Finde im zweiten Absatz die Nomen auf **-ung**, **-heit** und **-keit**. Schreibe sie mit Begleiter auf. Markiere die Großbuchstaben.

4 Im Text gibt es zwei Sätze mit **Aufzählungen**.
a. Schreibe die Sätze auf.
b. Markiere die Kommas.

> **Aufzählung:** Wenn du Wörter aufzählst, trennst du sie durch **Komma** voneinander. Vor und steht **kein** Komma.

5 Schreibe den Text So eine Aufregung ab.

► Tipps zum Abschreiben, S. 320

Nomen mit -ung, -heit, -keit, -schaft, -nis großschreiben, Komma bei Aufzählungen

Der Tag der Entscheidung |

Endlich findet das Fußballspiel | um die Meisterschaft statt. | Dies ist | ein großes, wichtiges und bedeutsames Ereignis | für den SV Einheit Korth. | Denn die Mannschaft steht zum ersten Mal | seit Jahren im Finale. | Auch für die Zuschauer soll das Spiel | ein spannendes Erlebnis werden. | Fabian und die anderen Spieler sind gut vorbereitet. | Sie passen die Bälle zielsicher, | erarbeiten sich Torchancen, | nutzen die Freiräume | und wehren die Gegner fair ab. | Dennoch endet die erste Halbzeit | mit 0:1 für den Gegner. | In der zweiten Halbzeit | zeigt der SV Einheit Korth noch mehr Einsatzbereitschaft | und dann ist es so weit: | Fabian schießt das 1:1. | Die Zuschauer jubeln. | Die Gegner verstärken die Verteidigung. | Die Spannung steigt. | Endlich! | In der 90. Minute schießt Fabian das 2:1. | Das ist der Sieg! | Ein tolles Ergebnis! | (130 Wörter)

1 Beantworte die Frage schriftlich.
Warum ist das Fußballspiel ein großes Ereignis für den SV Einheit Korth?

2 **a.** Finde im Text alle Nomen auf **-ung**, **-heit**, **-keit**, **-schaft**, **-nis** und schreibe sie auf.
b. Prüfe, welchen bestimmten Artikel die Nomen jeweils haben.
Formuliere Regeln und schreibe sie auf.
Nomen auf -ung, … haben den Artikel … Nomen auf …

> Wörter auf -ung, -heit, -keit, -schaft, -nis sind Nomen.
> Nomen schreibst du groß.

3 Finde zu diesen Wörtern verwandte Nomen auf **-ung**, **-heit**, **-keit**, **-schaft** oder **-nis**. Schreibe die Wörter und die Nomen auf.
der Bote, kennen, geheim, hoffen, das Land, finster, fein, der Freund, eigen, heiter

4 Im Text gibt es zwei Sätze mit Aufzählungen.
a. Schreibe die Sätze auf.
b. Schreibe zwei eigene Sätze mit Aufzählungen auf.

> **Aufzählung:** Wenn du Wörter oder Wortgruppen aufzählst, trennst du sie durch **Komma** voneinander. Vor und steht **kein** Komma.

5 Schreibe den Text Der Tag der Entscheidung ab.

Wörter mit **ie**, Komma bei **weil**

Ein Hundeleben |

Meine Besitzer | **verbieten** alles, | was Spaß macht. | Ich soll nicht | faul auf dem Sofa | **liegen**. | Aber ich bin doch | gar nicht faul! | Ich denke nur | ganz **viel** nach, | zum **Beispiel** | über Knochen. | Das muss | doch auch | mal sein! | **Schließlich** | **wiege** ich | zu wenig | für meine Hunderasse. | Das hat | der **Tierarzt** | gesagt. | Außerdem | soll ich nicht | so laut bellen, | weil ich | mit meiner | **tiefen** Stimme | den **Briefträger** | erschrecke. |

(70 Wörter)

1 Welcher Satz steht nicht im Text? Schreibe den Satz auf.

Schließlich wiege ich zu wenig für meine Hunderasse.
Schließlich belle ich ganz heiser.

2 Im Text sind die Wörter mit **ie** markiert.
- **a.** Finde die Wörter mit **ie**.
- **b.** Schreibe die Wörter mit **ie** auf.
- **c.** Sprich die Wörter beim Schreiben mit übertrieben langem **ie**.

Merke

Die meisten Wörter mit einem lang gesprochenen **i** werden mit **ie** geschrieben.

3
- **a.** Schreibe mit den Wörtern am Rand je einen Satz auf.
- **b.** Markiere in den Wörtern das **ie**.

liegen, spielen, riechen, wiegen, interessieren

4 Komma in Sätzen mit **weil**:
Im Text findest du einen Satz mit **weil**.
- **a.** Schreibe den Satz ab.
- **b.** Markiere **weil** und markiere das Komma.

5 Schreibe mindestens einen eigenen Satz mit **weil** auf.

6 Schreibe den Text Ein Hundeleben ab.

▶ Tipps zum Abschreiben, S. 320

Wörter mit lang gesprochenem i, Komma bei weil

Auf den Hund gekommen |

Meine Besitzer gehen gern spazieren. | Sie nehmen mich immer mit. | Dann spielen wir mit dem Ball | oder rennen über die Wiesen. | Alles riecht ganz wundervoll. | Manchmal entdecke ich unterwegs verschiedene Tiere: einen Igel | oder ein Kaninchen. | Kaninchen laufen ziemlich schnell davon. | Weil sie sich vor Gefahr schützen wollen, | rollen sich die Igel zusammen. | Manchmal beschnuppere ich neugierig eine solche Igelkugel. | Das kann schmerzhaft enden, | weil die Stacheln in meine empfindliche Nase stechen. | (76 Wörter)

1 Lies den Text und beantworte die Frage schriftlich:
Was kann für den Hund schmerzhaft enden?

2 Finde die Wörter mit **ie**.
a. Schreibe die Wörter mit **ie** nach dem Alphabet geordnet auf.
b. Markiere jeweils das **ie**.

3 Im Text sind drei Wörter mit einem lang gesprochenen **i** blau gedruckt.
a. Schreibe die Wörter auf. Markiere das lang gesprochene **i**.
b. Schreibe mit jedem der drei Wörter einen eigenen Satz auf.

Merke

Nur in wenigen Wörtern folgt nach dem lang gesprochenen **i** kein **e**.
Diese Wörter musst du dir merken.
dir, die Bibel, der Biber, mir, die Brise, die Fibel, der Igel, wir, der Liter, der Tiger, das Benzin, das Klima, das Kino, die Maschine, prima, die Margarine

4 **a.** Schreibe die Wörter aus dem Merkwissen alphabetisch geordnet auf.
b. Wähle fünf Wörter aus und schreibe mit ihnen Sätze oder eine kurze Geschichte. Markiere jeweils das lang gesprochene **i**.

5 Komma in Sätzen mit **weil**: Im Text findest du zwei Sätze mit **weil**.
Schreibe die beiden Sätze ab. Markiere jeweils **weil** und das Komma.

6 Schreibe den Text Auf den Hund gekommen ab.

▶ Tipps zum Abschreiben, S. 320

Wörter mit Dehnungs-h, Komma bei dass

Gute **Fahrt**? |

Jedes **Jahr** | haben viele Menschen | zur gleichen Zeit Ferien. | Dann wollen alle | sofort in den Urlaub | **fahren**. | Der **Straßenverkehr** | nimmt plötzlich | **sehr** stark zu. | Die Straßen sind | diesem **Verkehr** | aber oft nicht gewachsen. | Es besteht | die **Gefahr**, | dass sich | lange Staus bilden. | Manche Staus | auf den **Autobahnen** | werden **zehn** oder **mehr** | Kilometer lang. | Doch viele Familien | **nehmen** das | in Kauf. | Denn sie wissen, | dass sie nach der | Fahrt | mit einem wunderbaren Urlaub | **belohnt** werden. | (76 Wörter)

1 Warum nimmt der Straßenverkehr jedes Jahr plötzlich sehr stark zu? Schreibe deine Antwort auf.

2 Im Text sind die Wörter mit einem Dehnungs-**h** **blau** gedruckt. Schreibe die Wörter auf. Markiere den langen Vokal und das **h**.

3 Übe das deutliche Sprechen und das Hinhören.
a. Sprich die Wörter aus Aufgabe 2 deutlich in Silben: Zeichne dabei Silbenbögen in die Luft.
b. Sprich und schreibe die Wörter gleichzeitig. Zeichne Silbenbögen unter jedes Wort.

> Wörter mit **Dehnungs-h** sind **Merkwörter**.

4 **a.** Schreibe zu diesen Wörtern mit **h** jeweils drei verwandte Wörter auf.

fehlen | *der Fehler* | *fehlerhaft* | *fehlerfrei*

b. Markiere den langen Vokal und das Dehnungs-**h**.

fehlen – der Fehler – fehlerhaft – fehlerfrei

5 **dass** leitet einen Nebensatz ein.
a. Im Text findest du zwei Sätze mit **dass**.
Schreibe die Sätze auf. Unterstreiche **dass** und markiere das Komma.
b. Schreibe eigene **dass**-Sätze mit den folgenden Satzanfängen:

*Ich hoffe, **dass** …* | *Wir wissen, **dass** …* | *Sie denkt, **dass** …*

Wörter mit Dehnungs-h, Komma bei dass

Gute Fahrt? |

Jedes ______ haben viele Menschen | zur gleichen Zeit Ferien. | Dann wollen alle sofort | in den Urlaub ______. | Der Straßenverkehr nimmt | plötzlich ______ stark zu. | Die Straßen sind diesem ______ | aber oft nicht gewachsen. | Es besteht die ______, | dass sich lange Staus bilden. | Manche Staus auf den Autobahnen | werden ______ Kilometer lang. | Doch viele Familien ______ das | in Kauf. | Denn sie wissen, | dass sie nach der anstrengenden ______ | mit einem wunderbaren Urlaub ______ werden. | Und alle schlechten ______ | sind vergessen. | (81 Wörter)

1 Überfliege den Text. Worum geht es?
Fasse den Text in zwei Sätzen mit eigenen Worten zusammen.

2 Schreibe den Text ab.
Setze dabei die passenden Wörter mit Dehnung-**h** in die Lücken ein.

fahren | *Jahr* | *zehn oder mehr* | *Gefühle* | *Verkehr* | *belohnt* | *Fahrt* | *Gefahr* | *sehr* | *nehmen*

3 Auch folgende Wörter haben ein Dehnungs-**h**.

bezahlen | *führen* | *rühren* | *stehlen* | *die Wahrheit* | *das Frühstück* | *die Uhr* | *die Vorfahrt* | *wählen* | *die Lehrerin* | *berühmt* | *erzählen*

a. Schreibe die Wörter auf. Markiere jeweils den langen Vokal oder Umlaut und das Dehnungs-**h**.
b. Schreibe zu jedem Wort mindestens drei verwandte Wörter auf. Das können auch zusammengesetzte Wörter sein.
c. Schreibe mit jedem Wort einen Satz auf.

Wörter mit **Dehnungs-h** sind Merkwörter.
– Präge sie dir ein.
– Wenn du bei einem Wort unsicher bist, suche ein verwandtes Wort, das du sicher schreiben kannst.

4 **a.** Markiere in deinem Text von Aufgabe 2 die Sätze mit **dass**.
b. Schreibe drei eigene Sätze mit **dass** auf.
c. Welche Sätze lassen sich so umstellen, dass der Nebensatz vorn steht? Schreibe sie umgestellt auf.

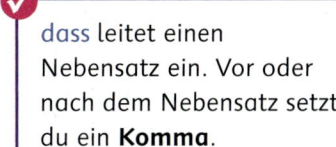

dass leitet einen Nebensatz ein. Vor oder nach dem Nebensatz setzt du ein **Komma**.

Wörter mit V und v, Komma bei als

Papagei Veilchens Reise |

Die Klasse 5 c | möchte ihrer Patenklasse 2 c | Lieblingsbücher **vorstellen**. | Daniel hat | ein lustiges Buch | über einen besonderen **Vogel** | **vorbereitet**. | Der Papagei Veilchen | heißt wie die Blume. | Denn er ist | so **violett** | wie manche Veilchen. | Er lebt | in einer **Villa**. | Als die Familie | **verreist**, | **vergisst** sie | den Vogel. | Deshalb **verschwindet** | Veilchen durch ein | offenes Fenster. | Eine abenteuerliche | Reise beginnt. | (63 Wörter)

1 Warum heißt der Papagei Veilchen?
Schreibe deine Antwort in einem vollständigen Satz auf.

2 Im Text sind die Wörter mit **V/v blau gedruckt**.
a. Schreibe die Wörter mit **V/v** untereinander auf.
b. Schreibe die Nomen mit dem bestimmten Artikel und dem Plural auf.

3 a. Schreibe neben die Verben in Aufgabe 2 die Grundform.
b. Schreibe mit jedem Verb einen Satz auf.

Wann kannst du dein Lieblingsbuch vorstellen?

> Wörter mit ver- und vor- schreibst du immer mit v.

4 Wie sprichst du das **V/v**?
Ordne die Wörter zusammen mit einer Partnerin oder einem Partner in eine Tabelle ein.

sprich wie W/w	*sprich wie F/f*
violett	*...*

5 **als** leitet einen Nebensatz ein.
Im Text Papagei Veilchens Reise gibt es einen Satz mit **als**.
a. Schreibe den Satz auf.
b. Markiere **als** und das Komma.
c. Schreibe zwei eigene Sätze mit **als** auf.

2 *das Veilchen – die Veilchen, der Vogel – die Vögel, die Villa – die Villen*

Wörter mit V und v, Komma bei als

Wellensittich vermisst! |

Als Daria nach der Schule | heimkommt, | entdeckt sie in ihrem Zimmer | einen Wellensittich. | Er muss aus Versehen | hineingeflattert sein, | als ihr Vater zum Lüften | das Fenster öffnete. | Der Vogel hat sich | im Vorhang verheddert. | Daria rettet das Tier | und setzt es vorsichtig | in den alten Vogelkäfig aus dem Keller. | Und nun? | Wie verhält man sich richtig | bei einem Tierfund? | Vermutlich vermisst sein Besitzer | das verlorene Tier längst. | Daria versucht, | im Internet Antworten | zu finden. | Auf einer Website | des Tierschutzbundes | findet sie Tipps | zum richtigen Verhalten: | Es ist verboten, | zugelaufene Tiere | einfach zu behalten. | Aber an Tierheime, | die Polizei und sogar an ein Fundbüro | kann man sich vertrauensvoll wenden. | (111 Wörter)

1 Wie verhält man sich richtig bei einem Tierfund? Schreibe es auf.

2
a. Finde im Text alle Wörter mit **V / v** am Wortanfang.
b. Schreibe die Wörter untereinander auf.
c. Schreibe neben jedes Verb seine Grundform.

3 Welche Wörter mit **V / v** in Aufgabe 2 gehören zu einer Wortfamilie?
a. Markiere sie jeweils in derselben Farbe.
b. Schreibe hinter jedes Wort zwei bis drei verwandte Wörter.

vermisst: vermissen, missen, der Misserfolg, die Vermisstenanzeige

▶ Wortfamilien, S. 318

Wörter mit ver- und vor- schreibst du immer mit v.

4
a. Schreibe je fünf Wörter mit **Ver- / ver-** und **Vor- / vor-** auf.
b. Finde zu jedem Wort verwandte Nomen, Verben und Adjektive.

Merke

Nebensätze mit als können am Anfang oder am Ende eines Satzgefüges stehen.
Als ______ (gebeugtes Verb), ______.
______, als ______ (gebeugtes Verb).

5
a. Schreibe Sätze mit **als** aus dem Text Wellensittich vermisst! auf.
b. Zeichne zu jedem Satz das passende Satzschema.

Wörter mit ß, Komma bei wenn

Das Völkerball-Fest |

Die ganze Schule | hat **Spaß** | beim Völkerball. | Deshalb gibt es | jedes Jahr | ein großes Fest. | Jedes Mal | kümmert sich | eine andere Klasse **fleißig** | um die Organisation. | Die **Spielstraße** | neben der Schule | und die Sporthalle | werden reserviert. | So kann man | **draußen** spielen. |

Wenn es regnet, | kann die Halle | genutzt werden. | **Außerdem** bereiten | alle Klassen | **süße** und salzige | Snacks vor. | Wenn es **heiß** ist, | gibt es Eis. | Wenn es kühl ist, | wird Tee verteilt. | Bei dem Fest | geht es nicht | um den Sieg. | Eine Belohnung gibt es | **schließlich** nur | für faires Spiel und | für die beste Stimmung. | (97 Wörter)

1 Was wäre für dich das Beste beim Völkerball-Fest? Schreibe mindestens einen Satz auf.

2 Im Text sind die Wörter mit ß **blau gedruckt**.
a. Schreibe die Wörter mit ß auf. Schreibe die Nomen mit Artikel auf.
b. Schreibe mit fünf Wörtern mit ß eigene Sätze auf.

3 a. Sprich deine Wörter aus Aufgabe 2 langsam und deutlich. Zeichne Silbenbögen in die Luft.
b. Kreise jedes ß wie in dem Beispiel ein.
c. Markiere den langen Vokal vor ß in einer Farbe. Markiere **ei** oder **au** in einer anderen Farbe.

der Fußball, der Blumenstrauß

> ß folgt nach einem lang gesprochenen Vokal oder nach ei oder au.

4 Das Wort **wenn** leitet einen Nebensatz ein. Finde im Text drei Sätze mit **wenn**.
a. Schreibe die Sätze auf.
b. Markiere **wenn** und das Komma.

5 Schreibt den Text als Mitlesediktat.

▶ Tipps zum Mitlesediktat, S. 322

Wörter mit ß, Komma bei wenn

Fußballmeister! |

Zur Meisterschaft im Fußball | begrüßte uns die Schulleiterin | auf dem großen Rasenplatz. | Sie wünschte allen Klassen | viel Spaß. | Wir spielten mit gemischten Mannschaften | und schafften es bis ins Finale. | Im Endspiel gegen die 6b | strengten wir uns noch einmal richtig an. | Wenn Tim in der 23. Minute | den Elfmeter | nicht verschossen hätte, | wären wir mit 1:0 | in Führung gegangen. | Aber wir ließen uns nicht entmutigen. | „Ihr werdet gewinnen, | wenn ihr so weiterspielt", | feuerte uns unsere Klassenlehrerin an. | Und tatsächlich, | kurz vor Spielende gab es links außen | eine große Chance. | Lilli war zur Stelle | und traf: Tor! | Wir waren auf der Siegerstraße | und brachen in Jubel aus. | Schließlich gewinnt man nicht jeden Tag die Schulmeisterschaft. | (117 Wörter)

1 Wer schoss das entscheidende Tor? Antworte in einem vollständigen Satz.

Merke

ß kann nach einem lang gesprochenen Vokal oder nach einem Zwielaut (**ei, au**) folgen.

2 **a.** Schreibe die Wörter mit **ß** aus dem Text ab.
b. Markiere jeweils den langen Vokal und das **ß**.

3 Deutlich sprechen – genau hinhören!
a. Lest die Beispiele am Rand vor.
b. Besprecht, wie die **s**-Laute jeweils klingen: stimmlos (scharf) oder stimmhaft?

der Kreis – die Kreise,
weiß – weißer Schnee

4 **a.** Prüft diese Beispiele am Rand wie in Aufgabe 3.
b. Schreibt die Wörter auf und verlängert sie.

der Beweis, das Maß, der Stoß, der Fuß, süß, der Preis

Merke

Nebensätze mit **wenn** können am Anfang oder am Ende stehen.
Wenn ___ (gebeugtes Verb), ___ .
___ , wenn ___ (gebeugtes Verb).

5 **a.** Schreibe die beiden Sätze mit **wenn** aus dem Text Fußballmeister! auf.
b. Zeichne zu jedem Satz das passende Satzschema.

6 Schreibe den Text Fußballmeister! ab.

▶ Tipps zum Abschreiben, S. 320

Zum Nachschlagen

Texte erschließen: Der Lese-Profi – meine Lesestrategie

▶ Sachtexte, S. 70–107
▶ Märchen, S. 146–183
▶ Gedichte, S. 184–201
▶ Jugendbücher, S. 202–233

Mit dem Lese-Profi kann ich einem Text Schritt für Schritt wichtige und interessante Informationen entnehmen.
Ich entscheide selbst, welche Schritte mir beim Lesen helfen.

Schritt 1: Vor dem Lesen **Ich sehe mir die Bilder an, ich lese die Überschrift.**	– Welche Informationen geben mir die Bilder und die Überschrift? – Was könnte der Inhalt des Textes sein? – Was weiß ich schon darüber?
Schritt 2: Beim ersten Lesen **Ich sehe mir den ganzen Text an oder lese ihn einmal durch.**	– Was fällt mir auf (z. B.: einige Wörter sind blau gedruckt, es gibt Abschnitte, es gibt weitere Überschriften)? – Was weiß ich nun über den Inhalt des Textes?
Schritt 3: Beim genauen Lesen **Ich lese den Text genau: Satz für Satz und Abschnitt für Abschnitt.**	– Welche Informationen erhalte ich in den Abschnitten? – Was sind wichtige Wörter/Schlüsselwörter? – Welche Wörter verstehe ich nicht? Wo finde ich Erklärungen? – Kann ich die W-Fragen beantworten?
Schritt 4: Nach dem Lesen **Ich arbeite mit dem Inhalt des Textes.**	– Welche Informationen sind für mich wichtig? – Was ist meine Aufgabe: Was soll ich mit den Informationen des Textes tun?

Nach dem Lesen
Ich arbeite mit dem Inhalt. Das können zum Beispiel folgende Aufgaben sein:
- *Ich fasse die Informationen des Textes mit meinen Worten zusammen.*
- *Ich schreibe Stichworte zu den wichtigen Informationen auf.*
- *Ich erstelle eine Mind-Map.*
- *Ich schreibe mit den Informationen des Textes einen eigenen Text.*

Texte planen, schreiben, überarbeiten: Der Schreib-Profi – meine Schreib-Strategie

▶ Beschreibungen, S. 28–65
▶ Mutgeschichten, S. 108–145

Der Schreib-Profi hilft mir beim Planen, Schreiben und Überarbeiten.

Schritt 1: **Vor dem Schreiben** **Ich plane meinen Text.** **Ich mache Notizen (zum Beispiel Stichworte oder eine Gliederung).**	– Für wen schreibe ich? – Was will ich mit meinem Text erreichen? – Was will ich schreiben? – Welche Wörter und Wortgruppen brauche ich?
Schritt 2: **Beim Schreiben** **Ich schreibe den Text.** **Ich kann Hilfen benutzen:** **– meine Notizen** **– die Checkliste** **– ein Wörterbuch**	– Was muss mein Text enthalten? – Was darf mein Text nicht enthalten? – Wie kann ich meinen Text aufbauen? – Wie formuliere ich meinen Text?
Schritt 3: **Nach dem Schreiben** **Ich überprüfe meinen Text mit der Checkliste.** **Ich lasse mir von anderen ein Feedback oder Tipps geben.** **Ich überarbeite meinen Text.**	– Erfüllt mein Text seinen Zweck? – Kann ich meinen Text lesen und verstehen? – Können andere meinen Text lesen und verstehen? – Sind alle Wörter richtig geschrieben?

Methoden zum gemeinsamen Lernen und Arbeiten

▶ Think – Pair – Share, S. 17, 189

Think – Pair – Share

In diesem Dreischritt Think (Denken) – Pair (Austauschen) – Share (Besprechen / Präsentieren) könnt ihr Aufgaben gemeinsam bearbeiten.

Schritt 1 – Think:
Du erarbeitest für dich Ergebnisse zu einer Frage, zu einer Aufgabe oder einem Thema.

Schritt 2 – Pair:
Die Ergebnisse zu Schritt 1 besprecht ihr zu zweit oder in einer Gruppe.

Schritt 3 – Share:
Die Ergebnisse der Partnerarbeit oder Gruppenarbeit zu Schritt 2 präsentiert ihr in der Klasse.

▶ Das Gruppenpuzzle, S. 106, 256

Das Gruppenpuzzle

In einem Gruppenpuzzle erarbeitet ihr ein Thema, indem ihr es in kleine Teilthemen gliedert.

Vorbereitung:
Ihr teilt die Klasse in Stammgruppen auf und verteilt die Teilthemen. Mindestens eine Schülerin / ein Schüler pro Stammgruppe übernimmt ein Teilthema.
Wichtig: In jeder Stammgruppe verteilt ihr dieselben Teilthemen.

Schritt 1 – Think:
Du bearbeitest in deiner Stammgruppe dein Teilthema und wirst dabei zur Expertin / zum Experten.

Schritt 2 – Pair:
Du triffst dich mit den anderen Expertinnen / Experten zu deinem Teilthema. In Expertengruppen vergleicht, besprecht und überarbeitet ihr gemeinsam eure Arbeitsergebnisse zu Schritt 1.

Schritt 3 – Share:
Ihr wechselt zurück in eure Stammgruppe. Dort stellt ihr die überarbeiteten Ergebnisse zu Schritt 2 vor.

▶ Der Galeriegang, S. 64

Der Galeriegang

In einem Galeriegang informiert ihr euch und andere über ein Thema, indem ihr es in kleine Teilthemen gliedert. Ihr präsentiert die Informationen anschaulich.

Vorbereitung:
Ihr teilt die Klasse in Stammgruppen auf. Als Stammgruppe wählt ihr ein Teilthema oder bekommt eines zugeteilt.

Schritt 1 – Think:
Du bearbeitest in deiner Stammgruppe euer Teilthema und wirst dabei zur Expertin / zum Experten.

Schritt 2 – Pair:
Du stellst deine Arbeitsergebnisse zu Schritt 1 in der Stammgruppe vor. Ihr besprecht in der Stammgruppe alle Arbeitsergebnisse und gestaltet gemeinsam eine Präsentation, z. B. auf einem Plakat.

Schritt 3 – Share:
Ihr bildet neue Gruppen aus mindestens einer Expertin / einem Experten aus jeder Stammgruppe. Gemeinsam wandert ihr von Plakat zu Plakat. Ihr stellt das Plakat vor, das ihr mitgestaltet habt, und beantwortet Fragen.

▶ Das Placemat, S. 65

Das Placemat (Platzdeckchen)

Mit einem Placemat sammelt und diskutiert ihr Ergebnisse oder Meinungen zu einem Thema oder zu einer Frage.

Vorbereitung:
Ihr teilt die Klasse in Gruppen auf. Jede Gruppe zeichnet ihr Placemat und schreibt das Thema oder die Frage in das mittlere Feld:

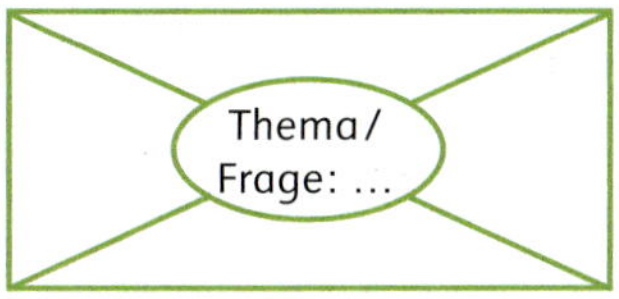

Placemat für vier Schüler/Schülerinnen

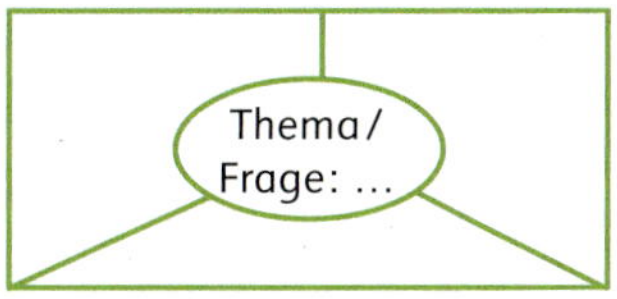

Placemat für drei Schüler/Schülerinnen

Schritt 1 – Think:
Du schreibst Stichworte zum Thema oder zur Frage in ein Außenfeld. Ihr dreht das Placemat nach einiger Zeit und ergänzt Stichworte in den Außenfeldern.

Schritt 2 – Pair:
Ihr vergleicht und besprecht die Stichworte in den Außenfeldern. Zuletzt einigt ihr euch auf gemeinsame Ergebnisse und schreibt sie in das mittlere Feld.

Schritt 3 – Share:
Ihr präsentiert die Arbeitsergebnisse aus eurem Placemat in der Klasse.

▶ Die Graffiti-Methode, S. 237

Die Graffiti-Methode (Rotation)

Mit der Graffiti-Methode sammelt ihr Ideen oder tragt euer Wissen zu einem Thema zusammen.

Vorbereitung:
Ihr verteilt große Papierbögen auf mehreren Tischen im Raum. Auf jedem Bogen steht eine Frage oder ein Teilthema zu einem übergeordneten Thema. Ihr teilt die Klasse in Kleingruppen auf. Jede Kleingruppe geht zu einem Tisch.

Schritt 1 – Think:
Du schreibst während einer festgelegten Zeit Stichworte zu eurer Frage oder zu eurem Teilthema auf den Papierbogen.

Schritt 2 – Pair:
Auf ein Zeichen wechselt ihr als Gruppe zum nächsten Papierbogen. Ihr lest, was auf dem Papierbogen steht, und ergänzt.

Schritt 3 – Share:
Sobald ihr wieder am Ausgangsbogen angekommen seid, lest ihr die Stichworte der anderen Gruppen. Wichtige Ergebnisse präsentiert ihr anschließend in der Klasse.

Sachregister

Textquellen

Bydlinski, Georg (geb. 1956 in Graz/Österreich): Wann Freunde wichtig sind (S. 188). Aus: Wasserhahn und Wasserhenne. Gedichte und Sprachspielereien. Wien (DachsVerlag) 2002, S. 11. Wann Freunde auch noch wichtig sind (S. 192). © Georg Bydlinski, www.georg-bydlinski.at

Carroll, Lewis (geb. 1832 in Daresbury/Großbritannien; gest. 1898 in Guildford/Großbritannien): Alice im Wunderland (S. 228, 229–231). Aus: Alice im Wunderland. Aus dem Englichen von Angelika Beck. Köln (Anaconda) 2011, S. 42–46.

Dragt, Tonke (1930 in Batavia/in dem heutigen Jakarta Indonesien): Das Geheimnis des siebten Weges (S. 224, 225–226). Aus: Das Geheimnis des siebten Weges. Aus dem Niederländischen von Liesel Linn. Hemsbach (Gulliver von Beltz und Gelberg) 1984/1989, S. 15–17, 23–25, 38–41.

Elsäßer, Tobias (geb. 1973 in Stuttgart): Linus Lindbergh und der Riss in der Zeit (S. 203). Aus: Linus Lindbergh und der Riss in der Zeit. Mannheim (FISCHER Sauerländer) 2012.

Frank, Karlhans (geb. 1937 in Düsseldorf; gest. 2007 in Gelnhaar): Du und ich (S. 189). Aus: Texte dagegen. Autorinnen und Autoren schreiben gegen Fremdenhass und Rassismus. Hrsg.: Silvia Bartholl. Weinheim, Basel (Beltz & Gelberg), 1993, S. 174.

Grimm, Jacob (geb. 1785 in Hanau; gest. 1863 in Berlin) **und Wilhelm** (geb. 1786 in Hanau; gest. 1859 in Berlin): Die drei Brüder (S. 156–157) (vereinfachter Text). Aus: Märchen, hrsg. v. Friedrich Stephan (Arena Verlag), S. 131–133.

Hebel, Johann (geb. 1760 in Basel; gest. 1826 in Schwetzingen): Drei Wünsche (S. 180–181) (vereinfachter Text). Aus: Schatzkästlein des rheinischen Hausfreundes. Nachdruck der Ausgabe von 1811 sowie sämtliche Kalendergeschichten aus dem „Rheinischen Hausfreund“ der Jahre 1808–1818. Frankfurt a. M., Insel Taschenbuch, 2006.

Hoppe, Felicitas (geb. 1960 in Hameln): Iwein Löwenritter (S. 203). Aus: Iwein Löwenritter. Erzählt nach einem Roman von Hartmann von der Aue. Frankfurt am Main (FISCHER KJB) 2011.

Kliebenstein, Juma (geb. 1972 im Saarland): Der Tag, an dem ich cool wurde (S. 205, 206–207). Aus: Der Tag, an dem ich cool wurde. Hamburg (Verlag Friedrich Oetinger) 2010, S. 7–9, 82.

Kraft, Mia: Timon: Das Erdmännchen aus dem Film (S. 82). Originalbeitrag.

Kreft, Marianne (geb. 1939): Petra (S. 184 und 186). Aus: Überall und neben dir. Hrsg.: Hans-Joachim Gelberg Weinheim (Beltz & Gelberg) 1989, S. 24.

Kuhn, Wolfgang (geb. 1928 in Friedberg/Hessen; gest. 2001): Mit Jeans in die Steinzeit (S. 215, 216–217). Aus: einfach lesen! Mit Jeans in die Steinzeit. Ein Leseprojekt zum gleichnamigen Buch von Wolfgang Kuhn, erarbeitet von Michaela Greisbach. Berlin (Cornelsen Verlag) 2015, 3. Auflage, S. 62–65.

Manz, Hans (geb. 1931 in Wila/Schweiz); gest. 2016): Fünf Freundinnen (S. 198, B). Aus: Die Welt der Wörter. Sprachbuch für Kinder und Neugierige. Weinheim und Basel (Beltz) 1991, S. 32.

Freundschaft rechnet nicht? (S. 185). Ebenda, S. 253.

Nechtah, Reni: Ein Reptil mit Bart? Die Bartagame (S. 88–89). Originalbeitrag.

Ratgeber, Kati: Das Chamäleon im Wohnzimmer? (S. 98–99). Originalbeitrag.

Rauner, Lieselotte (geb. 1920 in Bernburg/Saale; gest. 2005 in Bochum): Freundschaft (S. 187). Aus: Poesiekiste. Sprüche fürs Poesiealbum. Hrsg.: Joachim Fuhrmann. Reinbek bei Hamburg (Rowohlt) 1991, S. 41.

Schulz, Max: Der Tigersalamander (S. 104) Originalbeitrag.

Schwarz, Regina (geb. 1951 in Bonn-Beuel): Keine Freundschaft (S. 187). Aus Großer Ozean. Gedichte für alle. Hrsg.: Hans Joachim Gelberg. Weinheim und Basel (Beltz) 2000, S. 29.

Lückenbüßer (S. 198, A). Aus: Was für ein Glück. Hrsg.: Hans-Joachim Gelberg. Weinheim (Beltz & Gelberg) 1993. S. 109.

Spohn, Jürgen (geb. 1934 in Leipzig; gest. 1992 in Berlin): Jederzeit (S. 186). Aus: Drunter und Drüber: Verse zum Vorsagen Nachsagen Weitersagen. München (C. Bertelsmann) 1981, S. 107.

Thomas, Volker: Fliegen kann er, aber bellen nicht: Der Flughund (S. 72–74). Originalbeitrag.

Die Lieblinge im Zoo: Die Erdmännchen (S. 78–79). Originalbeitrag.

Ein Drache aus der Urzeit: Der Komodowaran (S. 84–85). Originalbeitrag.

Eine Zunge – so schnell wie ein Pfeil: Das Chamäleon (S. 92–93).

Originalbeitrag. Der Lurch, der sich selbst reparieren kann: Das Axolotl (S. 100–101). Originalbeitrag.

Timm, Uwe (geb. 1940 in Hamburg): Der Schatz auf Pagesand (S. 203). Aus: Der Schatz auf Pagesand. München (dtv) 2016.

Trefflich, Heike: Meine Freunde. Aus: Unterm Lyrikmond. Gedichte für alle Lebenslagen. Hrsg.: Hans-Peter Kraus.

Walliams David (geb. 1971 in Merton, London)**:** Gangsta-Oma (S. 220, 221). Aus: Gangsta-Oma. Aus dem Englischen übersetzt von Salah Naoura. Reinbek bei Hamburg (Rowohlt Verlag) 2016, S. 61–63.

Welsh, Renate (geb. 1937 in Wien/Österreich): Die Brücke (S. 185). Aus: Das Sprachbastelbuch. Hrsg.: Hans Domengo. München (Jugend und Volk) 1975, S. 37.

Wittkamp, Frantz (geb. 1943 in Wittenberg): Warum Raben sich streiten (S. 194). Aus: Überall und neben dir. Hrsg.: Hans-Joachim Gelberg Weinheim (Beltz & Gelberg) 1989, S. 12.

Zöpfl, Helmut (geb. 1937 in München): Ein Freund (S. 196). Aus: Eine ganze Welt voll Wunder. Donauwörth (Auer) 1989, S. 25.

Unbekannte und ungenannte Verfasser

Der Brunnengeist (S. 148–149) (vereinfachter Text). Aus: Rumänische Märchen und Sagen aus Siebenbürgen, gesammelt und ins Deutsche übertragen von Franz Obert, Hermannstadt 1925, Nr. 13, S. 25.

Der Däumling (S. 162–163) (vereinfachter Text). Aus: Cemal Yalaz (Hrsg.): Türkische Märchen (Königsfurt-Urania Verlag) 2013, S. 125–128.

Von der Prinzessin unter der Erde (S. 168–170) (vereinfachter Text). Aus: Märchen der Welt. Gesammelt und erzählt von Erik Jelde. (Knaur Verlag) 2006.

Prinzessin Ardita (S. 173–174) (vereinfachter Text). Aus: Silvia Hüsler: Prinzessin Ardita. Ein albanisches Märchen auf Deutsch und Albanisch (Lehrmittelverlag des Kantons Zürich) 2001.

Das Mädchen aus dem Straußenei (S. 176–177). Aus: Lene Mayer-Skumanz: Das Mädchen aus dem Straußenei. Aus: Hoffentlich bald, Geschichten, Lieder, Gedichte, Spiele. Wien (Herder) 1983.

Wahre Freundschaft soll nicht wanken (S. 198, C). Worte und Weise aus Franken, in mehreren textlichen und melodischen Varianten seit Mitte des 18. Jh. bekannt. Aus: Das große Buch der deutschen Volkslieder. Leipzig (Edition Peters) 1980, S. 164.

Grafik: Balkendiagramm: Kontakt zu Freunden (S. 240). Angaben aus: KIM-Studie 2016, Kindheit, Internet, Medien. Basisuntersuchung zum Medienumgang 6- bis 13-Jähriger in Deutschland. © Medienpädagogischer Forschungsverbund Südwest, S. 38.

Grafik: Welchen Medien vertrauen Kinder und Jugendliche am meisten? (S. 245, 246). Angaben aus: JIM-Studie 2016,

Jugend, Information, (Multi-)Media, Basisstudie zum Medienumgang 12- bis 19-Jähriger in Deutschland. © Medienpädagogischer Forschungsverbund Südwest, S. 13.
Grafik: Liebste Freizeitaktivitäten 2016 (S. 248). Angaben aus: KIM-Studie 2016, Kindheit, Internet, Medien. Basisuntersuchung zum Medienumgang 6- bis 13-Jähriger in Deutschland. © Medienpädagogischer Forschungsverbund Südwest, S. 15.
Grafik: Wie häufig lesen Kinder Bücher in ihrer Freizeit 2016? (S. 250). Angaben aus: JIM-Studie 2016, Jugend, Information, (Multi-)Media, Basisstudie zum Medienumgang 12- bis 19-Jähriger in Deutschland. © Medienpädagogischer Forschungsverbund Südwest, S. 16.
Grafik: Bücher lesen* 2006–2016 (S. 251). Angaben aus: JIM-Studie 2016, Jugend, Information, (Multi-)Media, Basisstudie zum Medienumgang 12- bis 19-Jähriger in Deutschland. © Medienpädagogischer Forschungsverbund Südwest, S. 15.
Grafik: Gerätebesitz der Kinder im Jahr 2016 (S. 253). Angaben aus: KIM-Studie 2016, Kindheit, Internet, Medien. Basisuntersuchung zum Medienumgang 6- bis 13-Jähriger in Deutschland. © Medienpädagogischer Forschungsverbund Südwest, S. 9.
Grafik: Gerätebesitz der Kinder im Jahr 2000 (S. 254). Angaben aus: KIM-Studie 2000, Kinder und Medien, Computer und Internet. Basisuntersuchung zum Medienumgang 6- bis 13-Jähriger in Deutschland. © Medienpädagogischer Forschungsverbund Südwest, S. 16
Grafik: Am häufigsten eingesetztes Gerät zur Internetnutzung 2016 (S. 255). Angaben aus: JIM-Studie 2016, Jugend, Information, (Multi-)Media, Basisstudie zum Medienumgang 12- bis 19-Jähriger in Deutschland. © Medienpädagogischer Forschungsverbund Südwest, S. 25.
Wörterbucheinträge Pirol–Pixel (S. 324) aus Heinrich Pleticha / Hans Peter Thiel (Hrsg.): Von Wort zu Wort. Berlin (Cornelsen Verlag) 2008, S. 329.

Originalbeiträge
Wer sucht mit? (S. 42).
Hilfe: Armbanduhr verloren! (S. 42).
Rätsel 1–4: Welches Tier bin ich? (S. 71).
Ein Nachtjäger mit Babygeschrei – der Riesengalago (S. 77).
Da war ich mutig! (S. 120).
Durch dick und dünn (S. 197).
Von 100 Jugendlichen verbringen mehr als 1 Stunde am Tag mit (S. 235).
Diese Medien werden von 100 befragten Jugendlichen regelmäßig benutzt (S. 238).
Durchschnittliche Mediennutzung von Jugendlichen pro Tag (S. 238).
Was Jugendliche an einem Tag ohne Medien tun würden (S. 239).
Dein neues Handy, Oma! (S. 252).
Alleskönner (S. 255).
So ein Glück! (S. 287).
Unser Sommerfest (S. 290).
Unsere Spielstationen (S. 291).
Schüler und Lehrer gestalten einen amüsanten Tag! (S. 292).
Auf dem Sommerfest (S. 295).
Einige Rätsel (S. 311).
Schlechte Träume (S. 315).
Die Wandzeitung (S. 316).
Ein Ausflug in den Zoo – Teil 1 (S. 320).
Ein Ausflug in den Zoo – Teil 2 (S. 321).
Ein besonderes Bauwerk (S. 322).
Dinosaurier (S. 326).
Die Entwicklung der Dinosaurier (S. 327).
Nun aber schnell! (S. 328).
Glück gehabt! (S. 329).
Die Lieblingsbücher (S. 330).
Nach der Lesenacht (S. 331).
So eine Aufregung (S. 332).
Der Tag der Entscheidung (S. 333).
Ein Hundeleben (S. 334).
Auf den Hund gekommen (S. 335).
Gute Fahrt? (S. 336).
Gute Fahrt? (S. 337).
Papagei Veilchens Reise (S. 338).
Wellensittich vermisst! (S. 339).
Das Völkerball-Fest (S. 340).
Fußballmeister (S. 341).

Bildquellen

S.3: Shutterstock/Hugh Lansdown; S.6: Juma Kliebenstein: „Der Tag, an dem ich cool wurde." Hamburg, Verlag Friedrich Oetinger 2010; S.10 (1): stock.adobe.com/Alfred Hofer/alho007; S.10 (2): stock.adobe.com/bluebeat76; S.10 (3): Shutterstock/Suphatthra olovedog; S.10 (4): stock.adobe.com/REDPIXEL; S.10 (5): stock.adobe.com/vitalena; S.10 (6): stock.adobe.com/Uwe Merkel/Aguaviva; S.10 (7): Shutterstock.com/Lukeriya; S.13 (1): stock.adobe.com/WavebreakMediaMicro; S.13 (2): stock.adobe.com/cppzone; S.18 (1): shutterstock/Gosteva; S.18 (2): stock.adobe.com/Syda Productions; S.18 (3): stock.adobe.com/ET1972; S.20: shutterstock/OZaiachin; S.21: stock.adobe.com/Tinga; S.22 (1): stock.adobe.com/Satit_Srihin; S.22 (2): stock.adobe.com/rsooll; S.22 (3): stock.adobe.com/matimix; S.22 (4): stock.adobe.com/Kzenon; S.29: shutterstock/Mikhail Bakunovich; S.63: V.I.F. e.V. Alte Schule Ribbeck; S.70 (1): stock.adobe.com/donyanedomam; S.70 (2): mauritius images/Reinhard Dirscherl/Alamy; S.70 (3): mauritius images/Science Source; S.70 (4): Shutterstock/Steve Bower; S.70 (5): Shutterstock/belizar; S.71 (1): stock.adobe.com/Dibrova/Oleksandr Dibrova; S.71 (2): stock.adobe.com/Wojciech; S.71 (3): stock.adobe.com/creativenature.nl; S.72 (1): Shutterstock/Super Prin; S.72 (2): Shutterstock/Hugh Lansdown; S.73 (1): Shutterstock/Super Prin; S.73 (2): Shutterstock/Hugh Lansdown; S.73 (3): Shutterstock/Helagar; S.74: Shutterstock/nitat; S.75: Shutterstock/Hugh Lansdown; S.77 (1): imago/Anka Agency International; S.77 (2): Shutterstock/Marek Szumlas; S.78 (1): Shutterstock/TTshutter; S.79 (2): Shutterstock /Bildagentur Zoonar GmbH; S.79 (3): stock.adobe.com/micha_ef; S.81 (1): Shutterstock/irakite; S.81 (2): Shutterstock/BradleyvdW; S.84 (1): Shutterstock/Joe McDonald; S.84 (2): Shutterstock.com/Sanit Fuangnakhon; S.84 (3): Clip Dealer/lifeonwhite.com; S.84 (4): stock.adobe.com/nattanan726; S.85 (1): Shutterstock/Honey Cloverz; S.85 (2): Shutterstock/Ingvars Birznieks; S.85 (3): Shutterstock/Sergey Uryadnikov; S.88 (1): Shutterstock/AridOcean; S.88 (2): stock.adobe.com/Otto Durst; S.89 (1): stock.adobe.com/nessaja; S.89 (2): Shutterstock/Naphat Panthukumphol; S.90: DK Wissen. Tiere. Die Tierwelt in spektakulären Bildern. Dorling Kindersley Verlag GmbH, München; S.92: stock.adobe.com/João Makray; S.94 (1): stock.adobe.com/mgkuijpers; S.94 (2): stock.adobe.com/jeanctc; S.94 (3): stock.adobe.com/Cathy Keifer; S.94 (4): stock.adobe.com/gordzam; S.94 (5): stock.adobe.com/Cathy Keifer S.94 (6): stock.adobe.com/witoon214; S.98: stock.adobe.com/Juhku; S.100 (1): Clip Dealer; S.100 (2): stock.adobe.com/Vera Kuttelvaserova; S.101: stock.adobe.com/lapis2380; S.102: Shutterstock/Lapis2380; S.104: Shutterstock/Matt Jeppson; S.106 (1): Shutterstock/TTshutter; S.106 (2): Shutterstock/Joe McDonald; S.106 (3): stock.adobe.com/Cathy Keifer; S.106 (4): stock.adobe.com/lapis2380; S.197: Shutterstock.com/Sergey Novikov; S.199 (1): stock.adobe.com/simoneminth; S.199 (2): stock.adobe.com/foto_tech; S.200: Shutterstock/pack (Heft), Shutterstock/Alex Gorka (Schriftzug); S.202 (1): Anna Woltz: „Haifischzähne". Hamburg, Carlsen Verlag, 2022; S.202 (2): Uwe Timm „Der Schatz auf Pagensand". München: dtv 2016; S.202 (3): Felicitas Hoppe: „Iwein Löwenritter". Frankfurt a. Main, FISCHER KJB 2011; S.204: Juma Kliebenstein: „Der Tag, den dem ich cool wurde". Hamburg, Verlag Friedrich Oetinger 2010; S.214: Wolfgang Kuhn: „Mit Jeans in die Steinzeit". München dtv 2015; S.220: David Walliams: „Gangsta-Oma". Reinbek bei Hamburg, Rowohlt Verlag 2016; S.224: Tonke Dragt: „Das Geheimnis des siebten Weges". Weinheim, Gulliver von Beltz und Gelberg 2016; S.228: © 2011 Anaconda Verlag GmbH, Köln, ISBN 978-3-86647-694-3; S.228 (2): © Splitter Verlag; S.228 (3): Lewis Carroll, Alice im Wunderland, 978-3-570-22258-4 ist im cbj TB Verlag, München, in der Verlagsgruppe Random House GmbH, München erschienen; S.234: imago/Westend61 (Sofa); S.234: stock.adobe.com/alextan8 (CD); S.234: Shutterstock.com/Ilin Sergey (USB-Stick); S.234: stock.adobe.com/Nenov Brothers (Radio); S.235 (1): Shutterstock/Andrey Popov; S.235 (2): Shutterstock.com/fizkes; S.235 (3): mauritius images/Westend61; S.237 (1): Shutterstock.com/Anatoly Maslennikov; S.237 (2): stock.adobe.com/fotomek; S.237 (3): Shutterstock/matsabe; S.247: Shutterstock/Sergey Uryadnikov; S.251: Shutterstock/iLight photo; S.252 (1): stock.adobe.com/Maksym Yemelyanov; S.252 (2): mauritius images/Pitopia; S.259 (1): DK Wissen. Tiere. Die Tierwelt in spektakulären Bildern. Dorling Kindersley Verlag GmbH, München; S.259 (2): Shutterstock/Redshinestudio; S.259 (3): stock.adobe.com/Daniela Stärk; S.270: Shutterstock/Ta_Ro (bunter Stoffball); stock.adobe.com/whatamiii (Federball); stock.adobe.com/janvier (Lederball); stock.adobe.com/Scanrail (Fußball); stock.adobe.com/Digitalpress (Handball); stock.adobe.com/Hayati Kayhan (Tennisball); S.273: stock.adobe.com/Hayati Kayhan (Tennisball); stock.adobe.com/whatamiii (Federball); stock.adobe.com/Scanrail (Fußball); stock.adobe.com/Maurice Tricatelle (Eintrittskarte); stock.adobe.com/puckillustrations (Postkarte); stock.adobe.com/industrieblick (Wanderkarte); Colourbox (Briefpapier); Shutterstock.com/Kheat (Briefmarke); Shutterstock.com/Claudio Divizia (Briefumschlag); S.284 (1): stock.adobe.com/MAK; S.284 (2): Shutterstock/Sompoch Tangthai; S.284 (3): stock.adobe.com/mariesacha; S.299: stock.adobe.com/Bastos; S.302: stock.adobe.com/Bildagentur-o; S.303: Shutterstock/wsf-s; S.308: stock.adobe.com/Woodapple; S.309 (1): stock.adobe.de/SAWImedia; S.309 (2): stock.adobe.com/Jamrooferpix; S.324: Shutterstock.com/Bildagentur Zoonar GmbH; S.326: stock.adobe.com/Herschel Hoffmeyer; S.330: Anna Woltz: „Haifischzähne". Hamburg, Carlsen Verlag, 2022; S.332: Shutterstock.com/Monkey Business Images; S.336: stock.adobe.com/pure-life-pictures

Illustrationen

Christian Bartz, Berlin: 206, 210, 216–217, 221, 226, 230, 233; **Raimo Bergt**, Berlin: 241–243, 258 (unten), 262, 268, 270, 278, 280–281, 282. **Volkhard Binder**, Sickerhoog: S. 62, 95; **Tobias Dahmen**, Utrecht: S. 146, 148–149, 151, 153, 156–157, 159–160, 162–163, 165, 167–170, 173–177, 180–182; **Alexandra Langenbeck**, Toronto: S. 11, 12, 14, 21, 24, 107–109, 116–117, 122, 125, 127, 129–130, 132–134, 138, 141–142, 183, 209, 236, 244, 257–258 (oben), 262, 264, 269, 271, 276, 286, 288, 294, 298, 300–301; **Olav Marahrens**, Hamburg: S. 28, 30, 32–33, 36, 38, 40, 43–44, 46–50, 52, 56, 58, 61, 66, 68; **Dorina Tessmann**, Berlin: S. 184, 187–188, 192, 194, 196, 198; **Christa Unzner**, Berlin / Brignoles: S. 310, 312, 314, 316, 318–321, 323–325, 328–329, 332, 334–336, 338, 340.